문답으로 읽는

일본교과서 역사왜곡

문답으로 읽는

일본교과서
역사왜곡

역사비평사

문답으로 읽는 일본교과서 역사왜곡

1판 1쇄 발행   2001년 10월 20일
1판 5쇄 발행   2006년 5월 20일

지은이   일본교과서바로잡기 운동본부
펴낸이   김백일
펴낸곳   역사비평사

출판등록   제1-669호 (1988. 2. 22)
주소   서울시 종로구 가회동 175-2
전화   741-6123~5
팩스   741-6126
홈페이지   www.yukbi.com
전자우편   yukbi @ chol.com
ISBN   89-7696-900-6   03900

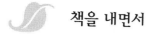 **책을 내면서**

일본은 약 20년 전인 1982년에도 한일관계를 왜곡한 교과서를 만들어 배포하려고 시도한 바 있었다. 그때는 한국을 비롯한 이웃나라들의 강력한 반발에 밀려 일본정부는 왜곡을 수정할 수밖에 없었다. 그뿐 아니라 1990년대의 일본교과서는 오히려 많은 발전을 보여줬다. 난징대학살에 대해서도 기록하였고, 드디어는 '일본군 위안부'의 아픈 이야기도 교과서에 등장하게 되었다. 그런데 20년이 지난 지금에 와서 그런 긍정적인 변화를 모두 뒤집어엎으려는 시도가 다시 일본에서 등장했다.

그 시도의 중심에는 '새로운 역사교과서를 만드는 모임'(새역모)이 서 있다. 그들은 예전보다 훨씬 조직적으로 그리고 강도 높게 교과서왜곡을 시도했다. 그들의 세력은 비록 일본사나 한국사 전공자를 포괄하지는 못했지만, 정·관계와 재계 그리고 학계와 법조계를 포함한 지식인 사회 전반을 동원하는 위력을 과시했다. 또한 그들은 보수언론과 시민들의 지지까지 끌어들였다. 한편으로 그들의 '운동'은 일본사회의 전반적 우경화라는 조건을 기반으로 하고 있다. 그들의 위험한 교과서가 일본 문부과학성의 검정을 통과했을 때 일본 지식인사회와 한국을 비롯한 아시아 국가들은 적지 않은 당혹감을 느껴야 했다. 그들의 움직임에 정부 관료도 개입되어 있는 정황들이 드러나면서 그들이 생각보다 큰 세력을 형성하고 있음을 실감했던 것이다. 문제의 심각성은 고이즈미 일본총리의 태도가 미온적이다 못해 강압적이었다는 점에서 증폭되었다.

하지만 그들의 세력이 큰 만큼 그들을 반대하는 세력의 대응도 예전과는 달랐다. 일본 시민사회에는 '새역모'에 대적할 만한 '어린이와 교과서 전국네트워크 21'과 같은 시민단체들이 조직되어 있었다. 뿐만 아니라 지식인사회가 여전히 건전하게 살아 있음을 보여주는 징표도 여기저기서 나타났다. 한국의 경우도 예전과는 판이하게 다른 모습을 보여주었다. 20년 전 관변단체를 중심으로 한 '반일운동'이 주류를 이루었던 대응 양상과는 아주 달랐다. 80개 이상의 시민단체들이 긴급히 모여 공동대응을 모색했다. 그리고 그 외 개별단체들도 각자의 위치에서 시의적절한 활동을 모색했다.

가장 큰 변화는 무엇보다 한국의 시민운동이 맹목적인 반일운동에서 벗어나 차분하고 본질적인 대응을 모색했다는 점이다. 일본의 논리를 반박하는 각종 학술대회와 토론회들이 개최되었다. 일본의 논리를 보여주는 많은 서적들도 번역 출간되었다. 다른 한편 일본의 진보적 시민단체들과의 연대도 활기차게 모색되었다. 한국의 시민단체들은 일본 시민단체들과 연대하여 일본정부에 직접 항의하기 위한 시위를 일본 문부과학성 앞에서 벌이기도 했다. 또한 세계각국에서 동시다발적인 국제연대시위를 벌이기도 했다. 그 결과 일본과 국제사회의 여론을 환기시키는 계기를 마련하였다.

일본 내의 민주적·진보적 세력들과 한국을 비롯한 각국의 여러 가지 대응의 결과 새역모의 '위험한 교과서' 채택률은 0.04%에도 미치지 못하는 결과를 나타냈다. 한국과 일본의 시민운동이 거둔 결코 작지 않은 성과였다. 그렇지만 아직 문제는 남아 있다. 이번 교과서운동의 사회적 배경이 되고 있는 일본사회의 우경화는 여전히 빠른 속도로 진행되고 있다. 고이즈미 총리는 전범들이 같이 합사되어 있는 야스쿠니신사 공식참배를 강행했다. 그리고 우리나라에 대한 침략이나 아시아 침략전쟁에 대한 정부차원의 공식적이고 법적인 반성은 이루어진 바 없다. 더욱이 문제의 교과서들은 여전히 침략전쟁을 아시아 해방전쟁으로 미화하고 있다. 그들은 '전쟁할 수 있는 나라' 일본을 향한 전진을 멈추지 않고 있는 것이다. 4년 후 그들은 자신들의 다짐대로 '복수'를 위한 더 위험한 교과서를 들고나올 것이다.

우리에게 장기적이고 차분한 대응이 절대적으로 필요한 이유가 여기에 있다. 이번 사건을 계기로 모아진 역량을 효과적으로 활용하여, 본질적인 대응을 위한 준비를 차근차근 체계적으로 해나가는 것이 무엇보다 중요하다. 그것을 통해 우리 자신의 위치를 돌아보고 문제점을 고쳐나가는 한편, 일본의 논리를 제대로 분석하여 극복방안을 모색하여야 하는 것이다.

일본교과서바로잡기 운동본부는 그러한 일을 지속적으로 해나가고자 한다. 이를 위해 우선 우리의 문제의식을 드러내고 대중들과 공유하는 일이 필요하다고 생각한다. 그것이 이 책을 준비하게 된 이유다. 이 작업은 오히려 때늦은 감이 없지 않다. 사회 전반적으로 문제를 개괄적으로라도 파악하고자 하는 욕구가 끓어넘치고 있다는 점을 인식하면서도 그것을 일찍 조직해내지 못한 것은 운동본부의 역량상 한계라고 인정할 수밖에 없다. 그리고 막상 책을 내려고 하니 형식과 내용 면에서 다소 거친 부분들과 미흡한 점들이 눈에 띄는 것 또한 사실이다.

어쨌든 많은 사람들이 일본의 의도를 이해하고 우리의 과제를 인식하는 데 이 책이 도움이 되기를 바란다. 앞으로 운동본부에서는 일본의 왜곡논리를 극복할 수 있는 논리와 실례들을 학문적으로 강구하고 그 결과를 공유해나갈 것이다. 독자들께서 이 책에 대한 여러 지적뿐만 아니라 운동본부의 활동과 방향에 대해서도 아낌없는 성원과 질책을 해주실 것을 당부드린다. 마지막으로 어려운 출판환경 속에서도 선뜻 출판을 결정해준 김백일 사장과 이상실 단행본 팀장을 비롯한 역사비평사 여러분께 감사의 말을 전한다.

2001년 10월
일본교과서바로잡기 운동본부 상임대표
서 중 석

문답으로 읽는
일본교과서 역사왜곡

I

무엇이 문제인가

일본사회의 우경화, '일본주의로의 회귀'

　메이지시대를 대표하는 일본의 사상가인 나카에 조민(中江兆民, 1847~1901)의 저서 중 『삼취인경륜문답(三醉人經綸問答)』(1887)이라는 책이 있다. 술에 취한 세 사람이 각기 다른 입장에서 메이지유신 후 근대화 정책을 강력하게 추진하던 19세기 후반 일본사회의 진로에 대해 대화를 나누는 내용이다. 이 책에는 각기 다른 생각을 지닌 세 사람의 지식인이 등장한다. 이상주의적 평화주의자인 양학신사(洋學紳士)는 절대적 평화론을 주장하면서 이렇게 말한다. "만일 군사력의 완전 철폐로 인한 군사력 공백을 틈타 외적이 침략해와도 이쪽이 몸에 조금의 쇳덩어리도 지니지 않고 한 발의 총알도 지니지 않고 예의 바르게 받아들인다면 그들은 어떻게 할까요? 칼을 휘둘러 바람을 가르면 칼날이 아무리 날카롭다고 해도 바람을 어떻게 할 수는 없겠지요. 우리들이 그 바람이 되지 않겠습니까?" 다시 말하면 '영토가 좁고 인구가 적은 나라의 경우는 도의로 자신을 지켜야 한다'고 역설한다. 이에 대해 일본 전통의상을 애용하는 국가주의자인 호걸(豪傑)은, 사람에게는 피할 수 없는 악(惡)의 요소가 있듯이 나라에게도 전쟁이란 피할 수 없는 '나라의 분노'가 있다고 말한다. 따라서 나라 간의 다툼을 피하는 것은 겁쟁이의 소행일 뿐이며 오히려 전쟁을 통해 나라는 경제적으로도 강성해질 수 있다고 말한다. 이에 대해 현실주의자로 등장하는 남해선생은, 외교방침은 평화우호를 원칙으로 하되 무력 수단을 사용하지 말고 언론, 출판 등에 대한 정부의 개입을 점차 완화하고 교육이나 상공업을 점차로 번성시켜야 한다고 말한다. 세 사람의 각기 다른 생각은 19세기 후반기 일본사회의 방향을 둘러싼 지식인 사회의 생각을 대변하지만 현실은 우리가 잘 알고 있는 것처럼 국가주의자인 호걸의 길을 걷게 되었다.

21세기 벽두에 19세기 사상가의 책을 떠올린 것은 나카에의 문제제기가 현대 일본사회의 혼란을 잘 드러내고 있기 때문이다. 메이지유신부터 1945년 패전까지를 호걸 노선이라 한다면, 1945년부터 현재까지의 노선은 남해선생 노선이다. 그리고 사회당을 비롯한 반전 평화세력의 생각은 양학신사 노선이다. 따라서 최근 교과서왜곡 사건으로 '유명세'를 타게된 '새로운 역사교과서를 만드는 모임'은 호걸 노선으로의 회귀를 주장하는 셈이 된다. 문제는 이와 같은 호걸 노선으로의 회귀가 왜 지금에 와서힘을 얻게 되었는가라는 점이다.

교과서왜곡 사건은 일본사회의 장기적 우경화 흐름의 귀결점이다. 물론 1990년대 후반 이후 계속되고 있는 우경화 흐름이 사실 새로운 것이라고는 할 수 없다. 일본의 대표적인 역사학자인 나카무라 마사노리(中村政則)는 일본에서는 메이지유신 이후 서구화와 국수화, 국제주의와 민족주의의 사이클이 대략 30년마다 번갈아 일어났다고 말한다. 19세기 말이 첫번째 파도이고, 1920년대 민주주의와 세계주의에 대한 반동으로 1930년대 나타나는 군국주의화가 두 번째 파도이며, 미군정에 의해 추진된 민주적 개혁에 대한 반동으로 1950~60년대 나타난 일부 우익의 국가주의적 주장이 세 번째 파도라면, 1990년대 후반부터 개시된 일본사회의 우경화는 네 번째 파도라는 것이다. 따라서 민족주의와 국제주의를 왔다갔다하

는 왕복 운동은 일본 근현대의 특유한 운동법칙 같은 것이며 따라서 교과
서왜곡 등의 우경화 흐름도 장기적인 흐름 속에서 보면 결국은 후퇴할 것
이라는 낙관적인 전망이 성립할 수 있다. 그러나 우경화를 제도적인 차
원, 운동적인 차원, 사상적인 차원에서 나누어볼 때, 과거에도 운동적 및
사상적인 차원에서 우익에 의한 우경화 시도가 적지 않게 있었다. 문제는
1990년대 후반 이후 나타난 우경화 흐름이 과거와는 달리 운동적인 차원
이나 사상적인 차원에 그치지 않고 제도적인 성과물을 얻어내고 있다는
점이다. 이번에 문제가 된 왜곡교과서의 검정 통과뿐이 아니다. 이미
1999년에 '주변 사태법'이 제정되어 자위대의 해외활동에 대한 법적 족쇄
가 대폭 완화되어 헌법 9조에 묶여 있는 자위대의 '군대'로서의 기능이 한
층 강화되었다. 이는 일본 전후사회의 가장 중요한 구성요소인 비무장 평

〈동아일보 만평〉 2001. 2. 22

화주의를 무력화시켜 장차 헌법개정으로 연결될 가능성을 보여주고 있는 셈이다. 또한 같은 해 '국기·국가법'이 제정되어 침략주의와 천황주의의 상징물인 히노마루와 기미가요에 법적 근거가 부여됨으로써 학교 교육현장에서 '국가주의 교육'의 기반이 마련되었다.

그렇다면 이번 교과서왜곡을 비롯한 '일본주의로의 회귀'가 제도적 성과를 얻어내고 있다는 것은 무엇을 뜻하는 것일까? 그리고 전후 일본사회를 이끌어왔던 전후 민주주의는 어떠한 역사인식을 가지고 있는가? 그리고 지금 왜 전후 민주주의가 퇴조하고 '우경화' 흐름이 힘을 얻게 되었을까?

전후 민주주의 역사인식

교과서 왜곡 주도세력은 현재와 미래의 일본사회에 대해 '절망적인 인식'에 서 있다. 청소년 범죄의 급증, 교육 붕괴 등 최근 젊은 세대들의 '공공성 붕괴', 일본정치의 리더십 부족, 저자세 외교 등을 일본인 및 일본국가 체제의 붕괴 위기로 파악하고 이제야말로 일본 국가 및 일본국민이 자기 정체성 찾기에 나서야 할 때라고 주장한다. 이들은 일본국가 및 일본인의 자기 정체성의 붕괴는 일본 '전후 민주주의'의 귀결점이며, 따라서 전후 민주주의의 원점이었던 '과거사(군국주의)에 대한 부정'에 대한 '새로운 부정'을 통해 일본국가의 형성과정을 '긍정적으로' 재해석, 혹은 복원해야 한다고 말한다. 따라서 이들이 주요 공격대상으로 삼은 것은 패전 이후에 쌓아올린 비무장 평화주의라는 전후 민주주의 성과물에 바탕을 둔 역사인식이다.

전후 민주주의 역사인식은 전쟁에 대한 일정한 자기 반성 위에 쌓아올린 전후 일본사회의 중요한 가치체계다. 이는 과거의 전쟁행위와 군국주의에 대한 일정한 반성을 전제로 한다. 그러나 사실 일본의 전후 비무장 평화주의는 일종의 정치적 타협점 위에 만들어진 '허상'일 수 있다. 일본의 비무장 평화주의가 전전의 전쟁과 군국주의에 대한 전면적인 부정에서 비롯되었다는 점은 잘 알려져 있다. 그러나 반성 대상으로서의 '전쟁'에 대한 견해야말로 전후 민주주의 역사인식의 한계를 보여준다. 전후 일본 사회에서 폭넓게 받아들여졌던 과거사에 대한 반성 대상으로서의 전쟁이란, 도쿄재판에서 '평화에 대한 죄'로서 재판 대상으로 삼은 1928년 장작림 사건에서 1945년 전쟁 종결 때까지를 말한다. 즉 미국을 비롯한 연합국에 대한 무모한 전쟁이 심판 대상일 뿐이었다. 따라서 청일전쟁이나 러일전쟁, 그리고 이 과정에서 전개되었던 식민지전쟁(침략)은 반성이나 심판 대상에 포함되지 않았다. 다만 전쟁 과정에서 자행된 '인도에 대한 죄'로서 강제연행이나 종군위안부 문제가 거론될 수 있을 뿐이다. 이와 같은 해석은 일본의 유명한 역사소설가인 시바 료타로(司馬遼太郎)의 '메이지(明治)까지는 좋았는데, 쇼와(昭和)시대부터 잘못되었다'는 역사인식으로 연결된다. 따라서 메이지유신 이후의 기나긴 침략전쟁 역사를 1930년대 일본의 몰지각한 군인들의 상황판단 오류로 전가하여 전쟁책임을 개인화시키면서('지도자책임론') 천황제라는 국체(國體)로서의 책임 및 일본국민 '개(個)'로서의 책임에 대한 자각 기회를 결과적으로 박탈한 셈이었다. 이와 같은 역사인식은 청일전쟁이나 러일전쟁이 청나라 및 러시아의 남하(일본 침략의 의도)에 대한 자위전쟁이었으나, 1930년대 이후의 전쟁은 '무모하고도 잘못된' 전쟁이었다는 단절론적 역사인식으로 연결된다. 따라서 1920년대 다이쇼(大正) 데모크라시나 '소일본주의'의 가능성을 강조하면 강조할수록 1930년대 이후의 '탈선'은 부각되는 구조를 가지게 되고 타이완 및 조선침략의 역사는 가려져버리는 것이다. 따라서 전후 민주주의의 과거사 부정은 어디까지나 1930년대 이후의 '개전행위' 및 전쟁중의 '비인도적 행위'에 대한 반성이었을 뿐, 메이지유신 이후의 거대한 흐름에 대한 반성은 아니었던 셈이다. 즉 '탈아입구(脫亞入歐)'가 문제가 아니라 '탈구입아(脫歐入亞)'의 '탈선'이 문제였던 셈이다. 전후 민주주의 역사인식은 도쿄재판에서 주어진 역사인식의 토대 위에 서 있는 것이다. 이는 1980년대 초 이전까지 교과서문제의 주요 쟁점이 '식민지 지배'가 아니라 '평화' 문제나 '15년 전쟁'을 둘러싸고 일어났다는 점을 통해서도 확인할 수 있다.

우경화의 조건

일본의 전후 민주주의는 잘 알려져 있는 것처럼 뛰어난 생산력 수준에 바탕을 둔 경이로운 경제성장, 보수(자민당)와 혁신(사회당 등)의 대립 및 공존을 바탕으로 하는 의회민주주의 제도, 헌법 9조에 바탕을 둔 비(경)무장 평화주의가 미일 동맹체제에 바탕을 둔 '냉전'이라는 조건 속에서 발전한 체제다. 따라서 외부적으로는 미일 안보체제로 대표되는 냉전적 질서에 '안주'하는 것이 무엇보다도 중요한 조건이었다. 이는 미국이 군사적 리스크를 부담하고 일본이 군사기지를 제공하는 미일 간 '역할 분담'에 의해 명분으로서의 평화노선이 유지되었다고 볼 수 있다. 그리고 이와 같은 구도 속에서 일본에게는 병참기지로서, 한국을 포함한 주변국에게는 전투기지로서의 역할이 각각 미국에 의해 강제되었다. 또 이와 같은 구도를 유지하기 위해서 일본을 포함한 주변국에는 미국이 부여한 각각의 '역할 분담'에 안주할 수 있는 안정된 정치체제가 필요했으며 이 필요는 일본에서는 자민당 장기집권, 주변국에서는 반공군사독재라는 형태로 나타났다. 그리고 이에 대한 반대급부로서 일본을 포함한 주변국에 미국은 원조나 시장을 제공하여 안정적인 경제성장을 보장하는 일종의 '냉전형

발전'이 정착하였다.

　그리고 내부적으로는 자민당과 사회당으로 대표되는 보수와 혁신의 대립과 공존이라는 중요한 역할이 있었다. 사회당은 개헌 저지선인 $\frac{1}{3}$ 의석을 유지함으로써, 자민당의 개헌을 통한 일방적 '우경화' 흐름을 막는 역할을 해왔다. 일본의 전후 민주주의가 $\frac{1}{3}$ 민주주의로 불리는 이유가 여기에 있다. 사회당은 정권획득을 통해 절대적 평화체제를 일본사회에 실현시키지는 못했어도 개헌저지선을 유지함으로써 전후 민주주의의 '방파제' 역할을 해왔던 셈이다. 지금 일본사회가 누리고 있는 장기간의 평화상태와 높은 생활수준은 일본이 전쟁이라는 비극적 역사에 대한 일정한 반성 위에서 쌓아올린 '전후 민주주의'라는 새로운 가치체계가 위에서 말한 대내외적 조건에 지탱되어 달성된 결과인 것이다.

　그러나 최근 일본사회에는 이런 '방파제' 역할을 할 만한 사회 세력이 거의 전멸 상태에 있다. 전후 민주주의를 지탱해왔던 대표적인 진보적 노동운동 조직인 소효(總評)는 이미 해체되었으며 사민당으로 이름을 바꾼 사회당은 그 의석수가 현재 19석에 불과하다. 1958년 166석, 1990년 139석과 비교하면 거의 '괴멸'에 가깝다. 그렇다고 해서 자민당의 일방독주가 예상되는 것도 아니다. 자민당 득표율을 보면 1986년 34.6%에서 2000년 20.3%로 급격히 떨어졌다. 전후 민주주의 체제의 양축에 변화가 생기면서 정당체제의 유동화가 진행되고 있는 것이다. 외부적 조건의 변화도 예사롭지 않다. 미국은 기존의 미일 간 역할 분담에 변화를 꾀하고 있다. 미국이 일방적으로 부담하던 군사적 리스크를 일본이 제한적으로 분담할 것을 요구하고 있는 것이다. '주변 사태법'은 이와 같은 미국의 요구가 반영된 셈이다. 미국의 대일정책 변화는 결과적으로 일본의 군사행동을 제약하는 헌법 9조의 개정으로 연결될 가능성이 크다. 이와같은 대내외적인 조건 변화가 장기적으로 일본사회의 변화를 요구하고 있는 셈이다. 따라서 교과서왜곡 그룹을 포함한 우익세력의 대두와 일본사회의 우경화는 전후 민주주의 체제의 유동화에 따른 것이라 할 수 있다.

문제는 유동화의 귀결점일 것이다. 일본사회는 양학신사, 남해선생, 호걸 중에 누구를 선택할 것인가? 이 선택은 동시에 '냉전이라는 온실' 속에서 자란 '전후 민주주의'에 대한 일본사회의 심판을 뜻한다. 이 선택이 19세기에 그랬던 것처럼 동아시아의 운명을 결정할 수도 있다. 그러나 이 선택은 현재 교과서왜곡 사건에서 드러난 한국·중국 대 일본이라는 국가 간 대립이 아니라 반전평화세력 대 전쟁세력 간 대립으로 전환되어야 한다. 우리가 일본사회의 '선택'에 수수방관할 수 없는 이유가 여기에 있는 것이다.

권혁태(성공회대학교 일본학과 교수)

미국의 동아시아전략과 일본의 정신상황

　전후 일본의 지도집단은 왜 반성하지 않는가. 이 질문에 대한 가장 적절한 답은 그러한 범죄에 참여했던 군국주의 시대 일본사회와 패전 후 일본 재건을 주도한 정치사회세력이 역사적으로 강한 연속성을 띠고 있다는 사실에서 발견할 수 있다. 일본 지배세력의 전전(戰前)과 전후(戰後)의 연속성은 독일의 경우와 극명하게 대조되며, 그것은 다시 자신들 과거에 대한 전후 독일의 인식과 일본의 행동이 크게 다른 근본 배경이다. 그럼 일본의 경우에는 왜 그같은 지배세력의 연속성이 보장되었는가. 간단히 말해 왜 전범세력이 전후에도 일본사회와 정치를 장악한 채로 남았는가.

　일본이 자기성찰적 역사의식을 결여한 정신적 장애자가 된 일차적인 배경은 일본 패전 후 동아시아질서의 성격에 있다. 일본이 물러간 뒤 한반도의 북쪽과 중국대륙 전체는 이 지역의 봉건적 사회질서와 일본 제국주의에 가장 강력하게 저항했던 공산주의 세력에 의하여 장악되었다. 이러한 동아시아의 역사적 상황은 미국의 세계전략과 동아시아정책을 매개로 일본과 한반도 남쪽의 사회와 정치 향방에 중대한 유산을 남겼다. 일본을 항복시키고 동아시아 패권을 장악한 미국의 전략은 일본 군국주의 유산의 청산이 아닌 반공제일주의로 전환되었다. 반공을 절대시하는 미국의 세

계전략에 협조하는 한, 미국은 천황과 보수적 일본 지배층의 역사적 연속
성을 보장하기로 마음먹었다. 기시 순스케 같은 A급 전범들이 전후 일본
재건세력의 중심인 자민당을 창당하고 기시 자신은 총리가 되었는데, 이
사실은 그같은 역사적 상황을 극명하게 상징한다. 결국 일본은 반성할 필
요가 없었을 뿐만 아니라, 반성을 거부하는 세력이 일본의 현재와 미래의
중심에 그대로 남게 되었던 것이다. 그리고 한국전쟁을 계기로 일본은 미
국과 공식적인 동맹관계를 맺었다. 이제 반성하지 않는 일본과 그 지배세
력은 미국의 주도하에 국제적 면죄부를 받으며 경제재건과 군사 재무장의
길을 걷기에 이르렀다.

전후 냉전의 시작과 함께 본격화된 미국의 대일본정책은 한반도에도 직
접적인 영향을 미쳤고 그것은 다시 동아시아에서 진정한 일본비판의 역사
의식이 존재할 수 없는 상황을 더욱 심화시켰다. 남한에서 미군정의 엄호
하에 정치권력을 장악한 세력은 군국주의 일본에 협력했던 친일세력이었

〈한국일보 만평〉 2001. 7. 11

다. 일제청산의 의지를 가졌던 남한내 정치세력은 해방 공간에서 이미 시작된 반혁명과 한국전쟁기간을 거치면서 폭력적 과정을 통해 몰락했다. 그 후 남한 정치권력은 반공주의에 입각한 미국의 동아시아 지역통합 전략을 충실히 이행하면서 반성 없는 일본과 연대하였다. 이런 상황에서 남한은 일본의 반성을 촉구하는 국제세력이 될 수 없었다. 만주에서 일본 관동군 장교를 역임한 박정희가 1960년대 군사쿠데타를 통해서 남한의 독재권력으로 등장할 수 있었다는 사실은 그런 역사적 배경 속에서만이 가능한 일이었다.

중국과 한반도의 북쪽을 지배하게 된 공산주의 정권들은 응당 일본의 반성을 촉구했다. 그러나 이들 공산주의 국가들의 대일본 반성촉구는 냉전 논리 속에 파묻혀 들리지 않았으며 그런 목소리는 미국 패권하의 아시아 국가들에서는 오히려 억눌림을 당했다. 그런 주장에 진정으로 동조하는 것은 이적행위로 취급될 정도였다. 그 결과 난징대학살이나 종군위안부와 같이 일본 제국주의가 한반도와 중국대륙 그리고 동남아시아에서 저지른 만행들에 대한 비판적 인식 자체가 일본인과 남한인 사이에서 존재할 수 없는 정치적 기억상실의 상황으로 치달아갔다. 그런 문제에 대한 역사적 의식들은 정사가 아니라 은밀한 달빛으로만 비추어지는 야사의 영역에 가두어졌던 것이다.

동아시아에서의 이같은 상황은 같은 냉전체제하에서도 유럽에서의 독일 경우와 크게 다른 것이었다. 그리고 그것은 유럽 국제질서의 성격이 당시 동아시아질서의 구조와 갖는 차이점과 깊은 관련이 있다. 그 차이점은 결국 독일은 파시즘 세력이 서독과 동독 모두에서 철저하게 제거되고 그 정당성이 부정되었다는 것, 즉 역사적 연속이 아닌 단절이 관철되었다는 점에 있다. 왜 그런 차이가 발생했는가. 동아시아에서는 일본의 과거를 비판할 수 있는 주요 세력들이 중국과 같이 공산화되어 있어서 냉전을 추구한 미국의 일본비호정책을 견제할 수 있는 국제적 힘으로 큰 영향을 주지 못했던 데 비해서, 전후 유럽에서는 반공 냉전주의 일변도의 미국의 전후처리 정책을 견제할 수 있는 힘있는 국제세력이 존재했다. 프랑스와 영국을 비롯한 유럽 민주국가들은 독일침략의 직접적인 피해자들로서 소련 공산주의 못지않게 독일 파시즘의 부활을 강력히 경계하였다. 일본은 미국 단독으로 점령되었지만 독일은 소련, 미국과 함께 영국, 프랑스에 의해서 분할점령되었다는 사실로 인해 독일의 과거청산은 다른 이웃나라들의 영향을 크게 받을 수 있었다. 독일에게 당한 유태민족이 미국을 비롯한 국제사회에서 가진 영향력과 노력도 독일의 과거가 적당히 잊혀지는 것을 불가능하게 만들었다. 또한 일본과 달리 독일은 끝내 분단되었다. 그리고 공산화된 동독은 군국주의 독일의 과거와 더욱 철저하게 단절하는 자기성찰의 영역이 존재했다. 아울러 독일의 역사적 전통에는 권위주의와 파시즘 전통과 함께 사회민주주의와 자기성찰적 철학의 전통이 함께 존재했다는 정치적 정신적 전통의 측면 역시 무시할 수 없을 것이다.

1980년대 미국 레이건정권은 신냉전을 추구했다. 동아시아에서 일본은 그 정책의 선봉이 되었다. 민주화운동에 대한 피의 억압을 통해 등장한 한국의 전두환정권은 미국의 협조를 통해 국제사회에서 면죄부를 받는 대가로 일본과 함께 레이건정권을 뒷받침하며 세계적인 냉전정책의 추진력이 되었다. 한미일 3각 군사협조체제는 이때 공고해졌다. 반면 유럽에서 서독과 동독은 미국의 신냉전 전략에 맹종하지 않고 자신들만의 미니데탕트(mini-detente)를 추진해 추후 평화적 통일의 기틀을 다져갔다.

1990년대 탈냉전 세계에서 미국의 동아시아전략은 냉전시대 군사안보전략의 기본틀을 유지하는 것이었다. 일본과 한국과의 군사동맹을 더욱 공고히 하는 것이 그 핵심의 하나였다. 이를 정당화하기 위해 미국은 유럽에서도 동아시아에서도 새로운 위협을 강조했다. 북한의 핵문제와 중국의 위협 등이 그 대표적인 소재들이었다. 그런 가운데 일본의 군사적 역할의 광역화, 결국 군사대국화의 국제적 이데올로기적 명분을 제공했다. 이같은 미국의 동아시아전략은 갈수록 심화되는 일본의 정신적 정치적 우경화와 깊은 관련을 갖고 추진되어왔다.

동아시아에서 미국이 일본의 군국주의 부활을 견제하는 가장 중요한 세력이라는 항간의 일반적인 가설의 허구성을 우리가 분명하게 직시하지 않으면 안 되는 것은 바로 그와 같은 맥락에서다. 일본의 군국주의가 발호한 것은 러시아가 피폐하고 중국이 반식민지화되어 대륙에 거대한 권력공백이 있었을 때다. 러시아와 중국이 유라시아대륙에 저처럼 건재하고 있는 지금 일본을 견제하는 데 미국의 존재가 가장 중요하며 필수적이라는 주장은 코믹한 허구에 불과하다. 중국이 통일된 강력한 국가를 유지하는 한, 일본의 우경화와 군사대국화는 가능하지만 일본의 대륙침략은 불가능하다. 이런 조건에서 미국의 역할은 일본의 군사대국화와 우경화를 견제하는 것이 아니라 그것을 부추기는 후견인으로 작용하고 있다. 미국은 태평양전쟁에서 일본 군국주의를 붕괴시킨 나라지만, 전후 냉전시기엔 중국과 소련 봉쇄를 내세워 일본의 군사대국화를 국제적으로 지원하고 부추겨온 장본인이었다. 지금도 미국은 중국위협론을 내세워 일본의 우경화를 근원적으로 뒷받침하는 실체의 하나다. 장차 일본이 핵무장을 한다면 중국의 위협 때문이 아니라, 중국위협을 앞세운 미국의 공격적 군사안보정책이 아시아질서를 긴장시킨 결과로 말미암게 될 것이다.

그것과 직접적으로 연관된 것으로 한국인들의 사유를 점령해온 하나의 허구가 주한미군이 있어야 미국이 일본을 견제할 것이라는 신화다. 주한미군이 없으면 미국은 아시아에서 빠져나간다는 논리다. 이것처럼 틀린 말이 없다. 미국이 아시아에서 손을 뗀다는 것은 곧 세계에서 손을 뗀다는 것이다. 미국이 그럴 수 있다고 생각한다면 그처럼 커다란 착각과 오산은 없다. 미국은 주한미군이나 한미동맹에 관계없이 균형자로서 또는 패권자로서 행동할 것이다. 그리고 아시아 최대의 지정학적 변수로 남아 있을 것이다. 그리고 현재 미국의 지정학적 역할은 일본과의 동맹을 강화하여 대륙을 견제한다는 쪽에 두어져 있다. 미국이 아시아에서 일본을, 특히 일본 군국주의 부활을 견제하는 일종의 진보적 역할을 하는 핵심적 세력이라는 주장은 그러기에 미일동맹 성격에 대한 근본적으로 잘못된 해석에 기초하고 있다.

이것은 한국의 외교와 안보전략이 한편으로는 장차 일본의 위협을 은근히 강조하는 가운데, 그 위협에 대응하기 위해서라도 한미동맹과 주한미군의 역할에 정신적으로 깊이 의존하는 것이 얼마나 중대한 모순을 안고 있는가를 말해주는 것이기도 하다.

이승만을 비롯한 한국의 보수세력은 감정적 반일을 내세우곤 했다. 그러나 실속에 있어서는 미국을 매개로 한미일 3각 협력체제를 구축해왔다. 즉 한일 보수지배세력 간에는 미국을 매개로 강력한 연대가 맺어져왔다. 반성하지 않는 일본 지배세력과 '묻지마 연대'를 해온 셈이다. 그 묻지마 연대를 정당화하는 중요한 근거의 하나는 언제나 북한의 위협이었다. 김영삼정부 때 그같은 북한을 표적으로 한 한일 간의 연대는 미국이 국제화시킨 북한의 핵무기개발 의혹문제를 근거로 더욱 강화되었고, 1990년대 일본의 우경화과정은 그러한 국제상황과 깊은 관련을 맺고 있었다. 반성을 거부하는 일본 보수세력과 한국내 냉전 기득권세력 간의 그같은 몰역사적 연대는 전후 반세기에 걸친 미국의 패권적 지배와 깊은 관련이 있다.

한국의 기득권세력과 보수언론들은 한편으로는 일본의 역사교과서 왜곡을 비판하면서도 다른 한편으로는 북한의 위협을 앞세우며 한반도와 동아시아에서 군비경쟁과 대결주의 정책을 추진하는 미국과 일본의 안보전략을 적극적으로 지지하고 맹종하는 논리를 펴왔다. 그러한 태도가 곧 일본의 우경화와 군사대국화를 부추기는 것이지만, 한국내 보수세력은 그에 대한 자기성찰이 없다. 이것이 바로 한미일 3각 보수동맹이 작동하는 이데올로기적 장치의 한 가지 핵심이다.

이같은 한미일 보수세력 간의 역사를 묻지 않는 야합 상황은, 북한과 중국의 위협을 앞세우며 미사일방어체제를 건설하는 공격적인 동아시아 전략을 추진하는 미국의 21세기 안보전략을 배경으로 지속될 것이다. 그럴수록 올바른 성찰적 역사의식을 공유하는 일본과 한반도의 시민사회세력 내부의 진보적 연대가 절실하다. 일본의 보수세력은 왜곡된 역사교과서 보급을 위해 총력을 기울이고 있지만 일본의 양심적 시민세력이 그것을 저지하는 데 결정적 역할을 하고 있다. 한일 시민사회 간의 진보적 연대가 필요하고 타당한 것은 이를 통해서도 새삼 재확인되고 있는 것이다.

이삼성(가톨릭대학교 국제학부 교수)

일본의 교과서제도와 문제점*

일본의 교과서제도

1) 교과서제도의 변천

일반적으로 교과서제도에는 ① 자유발행 · 자유선택, ② 검정, ③ 국정의 세 종류가 있다. 일본의 교과서제도는 근대(메이지시대)에 ①→②→③으로 변화했다. 국민 사상을 통제하기 위해서였다. 제2차 세계대전 후 미군 점령하에서, 미국 교육사절단은 교과서의 자유발행 · 자유선택을 권고했다. 그러나 문부성은 검정제도를 채용하고, 검정권은 감독청에 있다고 규정했다. 감독청에는 문부성 또는 도도부현(都道府縣)에 신설되는 공선제(公選制) 교육위원회가 예정되었으나, 교과서 용지 부족을 이유로 '당분간' 문부성이 검정권을 행사하는 것으로 되었다. 이 잠정조치가 1953년 항구화되어 현재까지 이르고 있는 것이다. 일본정부는 집필지침인 학습지도요령과 검정제도를 이용해 학교의 교육내용을 통제하고 있다.

----

* 이 글은 미야하라 다케오 일본 역사교육자협의회 상임위원의 「일본의 교과서제도와 교과서운동」을 토대로 정리 · 추가한 것이다. 원래의 글은 2001년 6월 23일 대한출판문화회관 강당에서 개최된 「일본의 역사왜곡과 한일 교과서 바로잡기운동」 심포지엄에서 발표되었다.

2) 법적 구속력을 갖게 된 학습지도요령

1952년 미군의 점령정치가 끝나면서 민주교육을 비판하는 복고조의 교육정책이 시작되고, 1953년 중학교 사회과에 지리·역사·공민(公民) 분야가 도입되었다. 최초의 1955년판 중학교 역사교과서 내용구성은 아래에 보는 것처럼 다양했다.

N사	4대문명	일본전근대사				세계전근대	일본근현대
T사		일본전근대사	서양전근대사			서양근현대	일본근현대
O사	4대문명	일본고대	서양중세	일본중세	서양근세	일본근세 서양근대	일본근현대

1947년판·1951년판 중학교 학습지도요령은 모두 '시안(試案)'으로 명기되고 구속력은 없었다. 그러나 1958년의 학습지도요령이 정부기관지인 『관보』에 고시되면서 법적 구속력을 가지게 되었다. 여기에서는 '일본사와 세계사의 내용 비율은 대략 7 : 3정도, 일본사와 세계사를 완전히 분리하여 학습시키는 것은 바라지 않는다'고 규정하여 이전에 다양했던 각 출판사의 교과서 내용구성은 획일적으로 되었다.

1962년판	4대문명 일본고대 일본중세 서양근세 일본근세 서양근대 일본근현대

교과서는 검정을 통과하여 실제로 학교현장에서 쓰이지 않으면 아무 소용이 없기 때문에 제작에 수년의 시간과 비용을 투자한 교과서 출판사로서는 학습지도요령을 무시할 수 없었다.

3) 교과서 편집·검정 과정

1989년 검정규칙이 전면개정된 후 교과서는 다음과 같은 과정으로 만들어지고 있다.

◆ 일본교과서의 편집 · 검정 과정

① **교과서회사의 기획회의** ┌ 역사학자 · 교육학자 · 현직교사

　　　　 편집 · 집필자 선정 　　 (학습지도요령의 편집협력자)

　(사용개시 3~4년 전)　　　└ (민간교육단체 회원)

　(소학교 · 중학교는 4년마다 검정을 수리한다)

② **편집회의** 　편집방침 작성 · 집필 　┌ 본문은 주로 역사학자가 집필

　　　　 원고심의 　　　　　└ 칼럼 · 학습은 현장교사가 집필

③ **문부과학성에 검정신청** 　신청본(백표지본) 제출

④ **검정조사심의회의 심사**

　* 「교과서검정과」 교과서조사관(사회과 15명) 대학원수료자 · 강사 · 조
　 교수(전임)

　* 교과용도서검정조사심의회(사회과 25명) 대학교수 · 소중학교장 · 전
　 직 외교관(겸임)

⑤ **검정의견 통지** 　(결정유보인 채로) 교과서심사관 → 교과서회사로 문서교
　부 · 설명

⑥ **수정표(修正表) 제출** 　교과서회사 → 문부과학성 → 검정조사심의회 (반론
　서제출)

⑦ **검정조사심의회의 재심사** → 합격 · 불합격 결정 → 교과서회사로 문서교부

⑧ **견본책 작성** 　제출용 · 전시회용 · 납본용으로 1만 부 인쇄

⑨ **교과서전시회** 　전국 약 500여 곳의 채택구마다 전시회를 개최

⑩ **교과서채택** 　소 · 중학교는 4년마다, 전국에서 약 500곳의 채택구단위로
　채택

⑪ **교과서(공급본)의 사용개시** 　(기획개시부터 3~4년 후) 개정판 기획 · 편집
　개시 → ①

① 교과서회사는 사용개시 3~4년 전에 기획회의를 열어 역사학자 · 교육학자 · 현직교사 중에서 편집 · 집필자를 선정한다. 교과서회사에는 노동조합이 강한 회사와 약한 회사가 있고, 편집담당자도 조합운동을 열심히 하는 사람과 그렇지 않은 사람이 있다. 그것이 편집 · 집필자의 선정에 영향을 준다. 편집 · 집필자는 학습지도요령의 편집협력자 · 관제연구회(官製研究會) 회원과 민간교육단체 회원 중에서 선정된다. 현재 소학교(한국의 초등학교-편집자) 사회과는 5개 회사이고, 중학교 사회과는 8개 회사이다.

④ 검정을 신청한 교과서는 교과용도서검정조사심의회(敎科用圖書檢定調査審議會)에서 심사를 받는다. 검정조사심의회 위원(사회과 25명)은 대학교수, 소 · 중학교장, 전직 외교관(겸임) 중에서 선임된다. 심의회의 조사자료를 작성하여 검정결과를 교과서회사에 전달하는 것은 교과서검정과(敎科書檢定課)에 소속된 전임 교과서심사관(사회과 15명)들이 맡고 있다.

⑤ 심의회 심의 결과는 검정의견을 일람표로 만들고, 합격여부는 결정 보류인 상태로 교과서심사관으로부터 교과서회사에 문서로 통지된다. 이때 교과서회사의 사원과 함께 편집집필자도 문부과학성에 가서 설명을 듣는다.

⑥ 교과서회사는 검정의견에 따라서 수정표를 작성하여 문부과학성에 제출한다. 검정조사심의회는 재심사를 하여 합격 · 불합격을 결정한다.

⑧⑨ 검정에 합격하면 문부과학성제출용 · 전시회용 · 납본용으로 견본본을 1만 부 인쇄한다. 교과서전시회는 47개 도도부현에서 약 500여 곳의 채택구별로 열린다. 이 채택은 4년 간 변경할 수 없다(이전에는 3년이었다).

2001년 교과서 검정·채택과정과 문제점

　2002년에 일본 중학교에서 사용될 역사교과서의 검정도 위의 과정을 그대로 밟았다. 문제가 된 '새로운 역사교과서를 만드는 모임'(이하 '새역모'로 줄임)에서 집필한 후소샤 교과서는 무려 137군데의 검정의견을 받았다. 후소샤는 문부과학성 지시대로 수정하여 4월 3일 최종적으로 검정합격 통지를 받았다. 7개 출판사가 교과서전시회를 대비해 견본용 도서를 준비하는 동안 후소샤는 관행을 어기고 교과서를 단행본으로 출판하였다. 교과서 채택을 위한 공정한 룰을 벗어나 여론몰이를 통해 채택과정에 부당한 압력을 넣겠다는 술책이었다. 실제로 후소샤의 단행본 교과서는 50만 부 이상이나 팔린 것으로 집계되었다.

　교과서전시회는 6월 중순에 시작되어 7월 중순에 끝났다. 7월 16일부터 8월 15일까지는 교과서채택기간으로서 향후 4년 간 사용될 교과서를 8

후소샤 간 공민교과서·역사교과서 표지

개 교과서 중에서 하나 채택하는 기간이었다. 결과적으로 문제가 되었던 후소샤 교과서는 0.039%라는 미미한 채택률을 기록하게 되었지만, 기록에 보이지 않는 사실은 4년 뒤를 어둡게 하고 있다. 채택제도에 문제가 있는 것이다.

원래 일본에서는 교과서 채택을 각 학교별로 하게 되어 있었고, 학교별 채택은 교과담당 교사의 판단에 크게 의존하였다. 1963년 소·중학교 교과서가 무상으로 배포되면서 학교별 채택은 채택구별 채택으로 변경되고 현장교사는 채택권을 빼앗기게 되었다. 채택구별 채택은 몇 개의 행정단위를 묶고 채택위원들이 하나의 교과서를 채택하면, 그 채택구 내의 모든 공립학교가 그 교과서를 사용하도록 하는 제도이다.

그 후 전일본교직원조합(이하 '일교조'로 줄임)은 채택위원에 조합원을 추천하고, 도시부(都市部)에서는 학교투표제를 만들어 현장교사의 입장을 반영하였다. 학교투표제는 각 학교에서 교과담당자를 중심으로 조사·연구·검토하여 사용하고 싶은 교과서를 1~3위까지 선택해서 직원회의에서 확인하여 각 교과마다 희망순위를 기입한 서류를 교장이 관할

2002년도 중학교 역사교과서 채택률

순위	출판사	채택률	현행 순위 채택률
①	동경서적	51.2%	← ① 40.4%
②	오사카서적	14.0%	← ② 18.8%
③	교이쿠출판	13.0%	← ③ 18.0%
④	데이코쿠서원	10.9%	← ⑦ 1.9%
⑤	일본서적	5.9%	← ④ 13.7%
⑥	시미즈서원	2.5%	← ⑤ 3.9%
⑦	니혼분교출판	2.3%	← ⑥ 3.3%
⑧	후소샤	0.039%	← - -

교육위원회를 통해서 채택구별 교육위원회에 제출하고, 채택구의 교육위원회는 관내 학교에서 가장 선호하는 교과서를 선택하는 제도이다.

그러나 '새역모'는 자기들이 만든 교과서가 현장교사들에게 큰 지지를 받고 있지 못하기 때문에 이 제도의 폐지를 '교육위원의 권한을 침범한다'는 이유로 각 지방의회에 일제히 청원했다. 그 결과 2001년 채택과정에서는 학교투표제 방식이 거의 폐지되고, 보수적인 교육위원들에게 채택권이 넘겨졌다. 동경의 예를 보면, 1997년 채택과정에서는 일교조의 입김이 강하게 작용한 일본서적 교과서가 23개 지구에서 채택되었다. 그런데 올해에는 일본서적 교과서가 단 두 곳에서만 채택되었다. 8개 교과서 중 유일하게 '일본군 위안부' 문제를 서술하는 등 비교적 좋은 평가를 받은 일본서적의 채택률이 낮은 사실에서, 채택과정에서의 현장교사 배제가 가져올 4년 뒤의 결과를 충분히 예상할 수 있다.

채택과정·채택권 문제 외에 2001년 후소샤 교과서 불채택운동을 성공적으로 이끈 일본 시민단체들은 아예 검정제도 자체를 인정하지 않고 있다. 한국에서 검정통과된 교과서의 재수정을 요구하는 운동을 전개했을 때, 이것을 방관하면서 불채택운동을 준비한 이유도 바로 여기에 있다. 일본 시민단체의 주장은 자유발행·자유선택이다. 검정제도는 교과서 집필자 및 교사의 창의성을 억압할 뿐 아니라 세 차례의 교과서공격에서 보듯이 국가가 특정한 의도하에 국가가 요구하는 이데올로기를 강요할 수 있다. 국가는 일종의 검열인 '학습지도요령'으로 그 내용을 통제하며, 상업적 이익을 생각해야 하는 출판사로서는 '학습지도요령'을 전면적으로 무시할 수 없기 때문이다. 2001년 후소샤 교과서가 검정을 통과할 수 있었던 것도 학습지도요령에서 그러한 빌미를 주었기 때문이다.

장신(역사문제연구소 연구원)

무엇이 왜곡되었는가 - 전근대사 서술의 특징

들어가는 말

　일본에서 최근 발간된 후소샤 중학교 역사교과서는 많은 부분이 일본에게 불리한 내용은 누락시키고 일본사를 우월하고 발전된 것으로 보는 역사관에 입각하여 서술되어 있다. 특히 근현대 부분에서 일본의 대외침략을 정당화하는 내용이 가장 큰 문제라고 생각되지만 이점은 전근대 부분에도 그대로 적용되고 있다.

　전근대 내용만을 보아도 전체적으로 편협한 민족주의, 국수주의에 바탕한 서술을 보이고 있으며, 본문마다 일본 역사의 우월성을 전면에 깔고 있다. 세계 최고 문명, 임나일본부설에 대한 긍정이나 고려 말~조선 초 왜구를 조선인이나 중국인이 주체가 되었다고 서술하는 것을 비롯하여 임진왜란을 한 개인의 망상에서 비롯된 것으로 서술하는 등 도처에 왜곡된 양상이 보인다. 이러한 역사관과 역사서술은 지극히 위험한 것이다. 앞으로 한·일 양국 연구자들의 양심적이고 진지한 학술적 접근을 기대하며, 전근대 시기 내용 가운데 한국사 관련 부분에 대한 번역과 간단한 비판을 하고자 한다.

제1장 원시와 고대 일본

벼농사 시작(28쪽)

죠몽시대 식료(食料)는 주로 수렵과 채집에 의존하였지만 간단한 밭농사도 행해지고 있었다. 지금으로부터 약 6,000년 전에는 쌀 생산도 부분적으로는 시작되었다고 생각된다. 벼는 일본에 본래부터 자생하던 식물이 아니다. 대륙에서 오랜 옛날에 전래되어 있었다.*

그러나 약 2,400년 전인 죠몽시대 말이 되면 관개용 수로를 수반한 수전도작(水田稻作)이 큐슈(九州) 북부에 나타나, 그 후 서일본(西日本)에서 동일본(東日本)으로 점차 확산되었다.**

수전도작은 장강(長江 : 양쯔강) 유역의 강남(江南)을 원류로 하여 전해졌다고 보고 있다. 도래한 루트는 장강 하류에서 북큐슈로 직접 넘어왔거나, 또는 산뚱(山東)반도에서 조선을 거쳐 남하하여 넘어왔거나 둘 중 하나, 혹은 두쪽 모두일 가능성이 높다.

서일본에서 동일본으로(28쪽)

수전에 의한 벼농사와 함께 야요이(彌生)토기가 만들어졌다. 죠몽토기보다도 문양(文樣)이 적고 얇으며 붉은 빛을 띤 항아리나 독, 고배(高杯 : 음식을 담는 그릇) 등인데 실용적이다. 벼이삭을 잘라 수확하기 위해 반달칼(石包丁)이 사용되었다. 이삭은 잘 건조시킨 후에 고상식(高床式) 창고에 저장하였다. 사

---

* 일본에서의 벼농사 시작은 대륙에서 영향받은 것으로 생각하고 있다. 중국을 거쳐 일부는 한반도를 거쳐 일본에 벼가 건너갔다고 할 때, 기원전 6,000년이라는 연대는 중국에서의 벼농사 시작과 관련된 연대를 너무 염두에 둔 서술이다.

** 일본 고고학계 탄소연대(C14) 측정에 의하면 일본에서 벼를 비롯한 낟알 곡식이 재배되기 시작한 것은 기원전 1,500년경부터이며, 본격적으로는 야요이시대 이후로 보고 있다. 구체적인 연대 근거 없이 벼농사 시작 시기를 기존 학계 입장보다 이른 시기에 설정하고 있다. 대개 일본 학계에서는 야요이식 토기와 수전농경의 개시는 동시기로 보고 있다. 그러나 최근 죠몽 말기의 토기가 출토됨과 동시에 그곳에서 수전유적이 발견되어 일본에서의 수전농경이 죠몽 말기까지 올라갈 가능성이 높다고 본다. 다만 이것은 과도기적 현상으로 수전 농경이 정착하고 농업이 생활양식 전체에 규정력을 갖게 되는 의미에서 본다면 역시 벼농사 시작은 야요이시기에 설정하는 것이 타당하다 하겠다.

람들은 공동으로 작업하였으며 수혈주거가 몇 개 모여 촌을 만들어 살았다. 촌에서는 풍요로운 수확을 기원하거나 수확에 감사하는 제사가 행해졌다.

벼농사로 식료생산이 향상되자 인구가 증가하여 촌은 점차 발전하였다. 촌 사이의 교류가 시작되는 한편으로 수전과 용수, 수확물을 둘러싼 다툼도 일어 나 촌을 지키기 위해 주위에 호(濠)나 책(柵)이 설치되었다. 촌에는 공동작업을 지휘하고 제사를 주재하는 지도자가 나타나 싸움이 일어났을 때는 큰 역할을 하였다. 이윽고 촌이 합쳐져 쿠니(國)가 생겨난다. 이들 소국(小國) 지도자를 왕(王)이라고 한다.

그 즈음 대륙에서 청동기와 철기도 전래되었다. 이윽고 국내에서도 생산이 시작되어 검과 창 등의 무기, 제사에 사용되는 동경(銅鏡)과 동탁(銅鐸) 등이 제작되었다. 기원전 4~3세기경부터 기원후 3세기경까지 약 600년 계속된 이 시대를 야요이시대라고 한다.

그러나 죠몽문화가 갑자기 변화하여 야요이문화로 바뀐 것은 아니다. 마치 메이지(明治)시대의 일본인 의복이 일본옷(和服)에서 양복으로 점차 바뀐 것처 럼 밖에서 들어온 사람들이 전해온 새로운 기술이나 지식이 본래 일본열도에 살고 있던 사람들의 생활을 바꾸어갔던 것이다.*

국내통일 진행(35쪽)

도대체 이렇게 거대한 권력은 언제 시작되고, 언제 거대해졌을까?

언제 시작되었는가는 깊은 수수께끼에 싸여 있지만 언제 거대해졌는가는 대 체로 알고 있다. 4세기다. 이것은 고분이 보급되는 모습에서 판단할 수 있다.

바로 이 즈음, 중국은 내란으로 세력이 약해져 있었다. 그 사이 조선반도 북부 에서는 고구려가 강국으로 성장하고 남부에서는 백제와 신라가 대두하였다.**

----

* 본 후소샤 교과서의 전체적인 서술 내용 가운데 대륙으로부터의 문화 수용 문제는 비교적 객관적인 입장 을 견지하고 있다.

** 이 문장은 백제와 신라 성립이 서기 4세기부터라는 시각에서 쓴 글이다. 우리 학계 기본입장은 『삼 국사기』 초기 기록을 그대로 다 수용하지는 않더라도 기원 전후한 시기부터 고대국가를 형성해나가는 과정을 일정하게 반영하고 있다. 『삼국사기』 초기 기록을 불신하는 일본 학계 입장을 그대로 반영한 서 술이다.

한편 중국 역사서에 '왜'로 불리던 당시 일본은 3세기 후반부터 5세기 초까지 중국의 문자기록에서 완전히 모습을 감춘다. 일본열도에서 중국의 영향력이 약화된 이 시기에 이러한 주변 제국(諸國)의 움직임에 맞추기라도 하듯이 야마토 조정에 의한 국내 통일이 진척된 것이다.

조선반도 동향과 일본(37쪽)

고대 조선반도와 일본열도의 동향은 중국 대륙 정치 움직임 하나에 크게 좌우되었다. 220년에 한이 망하고부터 589년 수가 중국을 통일할 때까지 약 370년 간, 중국은 소국이 병립하는 상태로, 조선반도에 미치는 정치적인 영향력은 얼마간 약해졌다. 급속하게 강대해진 고구려는 313년 이 무렵 중국 영토였던 낙랑군(현재의 평양부근을 중심으로 한 지역)을 공격하여 멸망시켰다. 중국을 중심으로 한 동아시아 민족 질서는 느슨해졌는데, 야마토 조정도 이에 대응하여 반도로의 활발한 움직임을 보였다.

고구려는 반도 남부의 신라와 백제를 압박하고 있었다.* 백제는 야마토 조정에 구원을 앙청(仰請)하였다.** 본래 일본열도 사람들은 철자원을 구하려고 조선반도 남부와 교류하고 있었다. 이에 4세기 후반 야마토 조정은 바다를 건너 조선으로 출병하였다. 야마토 조정은 반도 남부의 임나(任那 ; 加羅)라는 지역에 거점을 둔 것으로 여겨진다.***

----

* 우리 학계에서는 4세기 후반 고구려는 백제와 치열한 전쟁을 벌였지만 신라와는 사이가 좋아 주로 고구려가 신라를 지원하는 관계에 있었다고 보아 이 부분은 역사적 사실에 대한 오류라고 지적하였다. 그러나 일본측 반론, 즉 고구려가 신라에 많은 영향력을 행사하던 시기였다라는 주장이 오히려 정확한 인식이라 생각한다.

⇨ **[일본측 검토결과]** 일본 학계에서는 4세기 말부터 5세기 초에 신라가 고구려에 인질을 보낸 것, 고구려가 신라 왕위 계승에 간섭한 점 등에 비추어, 신라가 고구려에 종속되어 있다는 것은 폭넓게 인정되고 있음. 이를 '신라 및 백제를 압박하고 있다'고 표현한 것은 학설상황에 비추어 명백한 오류라고는 할 수 없으며 제도상 정정을 요구할 수 없음.

** 여기서 유념해야 될 것은 기원후 4세기 당시 왜가 한반도 남부에서 활동한 것은 당시 왜가 백제나 가야에 의해 쉽게 동원할 수 있는 세력이기 때문이지 결코 군사력을 유지하고 있었기 때문이라고 할 수 없다. 설사 4~6세기 당시 왜가 강한 군사력을 가지고 있었다고 하더라도 왜의 한반도 출병이 곧 군사정벌을 위한 것이었다고 볼 수 없을 것이다. 그리고 백제로서 군사를 요청한 사실을 '우리러 청했다'고 한 것은 지나치게 왜의 세력을 높게 평가하는 데서 나오는 것이다.

*** 본문 내용상 백제 요청으로 왜병이 출병하였다면 그 지역이 백제 지역이어야지 가야 지역이 되는

조공(38쪽)

고구려는 남하정책을 취했다. 바다를 건넌 야마토 조정 군세는 백제와 신라를 도와 고구려와 격렬하게 싸웠다. 이 사실은 414년에 세워진 고구려 광개토왕 비문에 4세기 말부터 5세기 초의 사건으로 기록되어 있다.*

고구려는 백제 수도 한성(지금의 서울)을 빼앗고 남부를 석권하였다. 그러나 백제와 임나를 지반(地盤)으로 한 일본군 저항에 부딪쳐 정복은 이루지 못하였다.**

5세기 중엽 중국에서는 남쪽에 송(宋), 북쪽에 북위(北魏)가 건국하여 이른바 남북조시대를 맞이하였다. 동아시아에서는 강국에 그 주변 나라들이 공물을 바쳐(조공) 신하 나라가 될 것을 맹세하는 외교가 행해지고 있었다. 야마토 조정과 백제는 중국 남조에 조공하였다. 5세기를 통하여 10회 가까이 '왜의 5왕'이 송에 사자를 보냈다. 한편 고구려는 북위에 조공하여 동맹관계에 있었다. 야마토 조정과 백제가 굳이 송의 조공국이 된 것은 송의 힘을 빌려 고구려를 견제하기 위한 것이었다. 그러나 고구려와 북위는 육지로 연결되어 있는 데 비하

것 또한 이해가 되지 않는다. 광개토왕비에 보면 4세기 이후 한반도에서 활동한 왜는 일정한 거점을 두지 않고 단지 용병으로 활동했음이 기록되어 있다. 특히 4세기 이후 왜인들은 야마토 조정의 통제 없이 한반도 남부지역에서 약탈행위를 일삼고 있음이 『삼국사기』 등에 기록되어 있다. 따라서 4세기 후반에 야마토 조정이 통일된 국가를 수립한 것 자체가 학계에서 부정되고 있으며, 또한 왜가 군사적 정복에 의해 지배기구로 임나, 임나일본부를 형성시킨 것도 인정되지 않고 있다.
⇨ **[일본측 검토결과]** 일본 학계에서는 '임나일본부설'을 지지하고 있지 않으나 한반도 남부 가야 제국에 대해 어떤 형태로든 왜의 영향력이 있었다는 것은 폭넓게 인정하고 있음.
본 기술은 '임나일본부'를 명기하고 있지 않고, 또한 '거점을 둔 것으로 여겨진다'고 하여 단정적 표현을 피하고 있음. 학설상황에 비추어 명백한 오류라고는 할 수 없으며, 제도상 정정을 요구할 수 없음.

* 신라의 지원 요청으로 고구려 군이 왜군을 격퇴하였으므로(광개토왕 비문), 명백한 오류다.
⇨ **[일본측 검토결과]** 일본 학계에서는 고구려 남하에 대해 신라와 백제가 왜에 구원을 요청하였다고 보는 견해도 있으나 광개토왕 비문에는 신라가 왜에 구원을 요청하였다고 기록되어 있지 않고 역으로 신라가 고구려왕에 귀의한 것으로 명기되어 있음. 이러한 상황에 비추어 본 기술은 적절하지 않고 오류로 생각되며, 정정할 필요가 있음.

** 문장 자체가 일본군이 백제와 임나를 지배하고 있었고, 고구려와 대립한 주체가 일본인 것처럼 서술한 것은 명백한 오류다. 백제 땅이나 어떤 정치적 권리가 있는 왜군이 상설적으로 주둔한 사실은 없으며, 또 광개토왕 비문에 의하면 왜군은 고구려군이 가는 곳마다 패퇴되었으므로 명백한 오류다.
⇨ **[일본측 검토결과]** 일본 학계에서는 4~5세기에 왜가 한반도에서 백제와 연합하여 고구려와 싸웠다는 것이 폭넓게 인정되고 있음. 또한 '지반으로 하였다'는 기술이 '상설적인 주둔'을 의미하지는 않음. 학설상황에 비추어 명백한 오류라고는 할 수 없어, 제도상 정정을 요구할 수 없음.

여 송, 백제, 일본 삼국은 바다를 사이에 두고 있었다. 그 때문에 불리한 동맹관계였다. 야마토 조정의 반도정책은 점차 부진에 빠지고 난관에 봉착하였다.*

기술 전래와 씨성(氏姓)제도(39쪽)

중국은 기원전 단계에서 이미 문자, 철학, 법, 관료조직, 고도의 종교 등을 충분히 갖춘 고대 제국시대를 경과하였다. 문화는 높은 곳에서 낮은 곳으로 흐르는 법이다. 중국 문화는 조선반도를 통하여 일본에 유입되었다. 전쟁 등으로 백제와 교류가 활발해짐에 따라 사람들 왕래가 빈번해졌다.

주로 5세기 이후 대륙과 반도로부터 기술을 가진 사람들이 일족, 혹은 집단으로 이주하였다. 그들은 토목, 고급 견직물, 고온에서 구운 견고한 토기(스에키) 제작 등을 일본열도 사람들에게 전했다. 철제 농기구나 무기도 대량으로 만들어지게 되었다. 이 즈음 한자 사용도 드디어 정착하였고 유교도 전래되었다. 한자·한문을 쓰는 것이 미숙한 열도인에게 밖에서 온 사람이 지도를 하였고 외교문서나 조정의 기록 작성을 도왔다. 기술과 문화를 전한 이 사람들은 귀화인이라고 불린다. 야마토 조정은 그들을 주로 긴키지방에 거주케 하여 정권에 봉사하도록 하였다.

야마토 정권의 정점에 선 사람은 오키미(대왕)라고 불렸으며, 아직 천황이라는 칭호는 없었다. 지방 호족은 같은 혈연을 중심으로 한 우지(氏)라는 집단을 만들었는데 오키미로부터 오미(臣)나 무라지(連)와 같은 가바네(姓)를 받아 우지마다 정해진 일을 맡았다. 이것을 씨성제도라고 한다. 유능한 귀화인은 이러한 제도 속에 조직되어 있었다.

야마토 조정의 자신감(40쪽)

6세기가 되면서 반도의 정치정세에 변화가 생겼다. 그렇게도 무위(武威)를 자랑하던 고구려가 쇠퇴하기 시작하고, 지원국이던 북위도 조락하게 되었다. 그 대신 신라와 백제 국력은 증대하였다.** 임나는 양국으로부터 압박을 받

----

* 5세기 중엽 한반도 남부의 고대 역사가 마치 야마토 정권의 정책에 따라 좌우된 것으로 서술하고 있는데, 이는 사실과 다르다.

** 고구려는 북위와 우호적 교역관계를 유지하였지만 때로는 대결관계로 악화되기도 하였으므로 북위를

았다. 고구려가 강대해진 시대에는 생각할 수도 없던 정세 변화였다. 임나는 신라로부터 침략받았고 백제로부터는 영토 일부의 할양(토지를 다른 곳에 나누어주는 것)을 요구받았다.*

그러나 백제와 야마토 조정의 연휴(連携)만은 계속되었다. 신라, 고구려가 연합하여 백제를 위협하던 시기였기 때문이다.** 538년(일설에는 552년) 백제의 성명왕은 불상과 경전을 일본에 헌상하였다. 백제로부터는 도움을 청하는 사자가 열도에 잇달아 왔다.*** 그러나 562년 임나는 멸망하여 신라 영토가 되었다.

그런데 570년 이후가 되면 동아시아 일대에 그때까지의 제국 동향에서는 생각할 수 없는 새로운 사태가 발생하였다. 고구려가 갑자기 야마토 조정에 접근하였고 이어 신라와 백제가 일본에 조공하였다.**** 삼국이 서로 견제한 결과였다. 그 뒤에는 더욱이 589년 중국 대륙에서 수가 통일을 성취하였다. 이것이 새로운 위협이 되어 삼국은 일본에 더욱 접근해왔다.***** 임나

고구려의 '지원국' 운운하는 것은 부적절한 표현이다.
⇨ [일본측 검토결과] 일본 학계에서는 고구려가 북위에 자주 조공을 보내고 북위가 고구려를 책봉했다는 사실로부터 북위를 고구려 종주국이라고 하는 것을 폭넓게 인정하고 있음. 이를 '지원국 북위'로 표현한 것은 학설상황에 비추어 명백한 오류라고는 할 수 없으며, 제도상 정정을 요구할 수 없음.

* 임나 대신 가야의 역사로 바꾸어볼 경우 사실이다.

** 6세기 전반은 백제와 신라가 연합하여 고구려의 남하 정책에 공동 대응한 시기다. 그리하여 551년에 한강유역을 공동으로 고구려로부터 빼앗게 된다.
⇨ [일본측 검토결과] 일본 학계에서는 복잡하게 변화하는 4세기 중기부터 6세기 초기에 걸친 삼국 및 동아시아의 기본적인 관계를 北朝-고구려-신라, 南朝-백제-倭라고 하는 도식으로 보는 설이 폭넓게 인정되고 있음. 이러한 학설상황에 비추어 6세기 초기 삼국관계의 기본적인 틀에 관한 기술로서 명백한 오류라고 할 수 없으며, 제도상 정정을 요구할 수 없음.

*** 백제 성왕 때는 일본의 요청에 따라서 오경박사(五經博士)와 왕유귀(王柳貴)를 보낸 적이 있다. 이것을 백제가 일본에 헌상했다고 하는 것은 『일본서기』에 근거한 것으로 명백한 오류다.

**** 『일본서기』만을 근거로 한 기술이며 한국과 중국 사서에는 없는 내용이다. 또 당시 삼국은 일본보다 정치·경제·문화적으로 우위에 있었다.
⇨ [일본측 검토결과] 일본 학계에서는 『일본서기』 기술 및 이 시기 백제와 신라가 왜를 '경앙(敬仰)'하는 것 같은 외교관계를 지니고 있었다는 중국사료 등에 따라 실질적으로 조공적인 방법을 취했다는 것을 폭넓게 인정하고 있음. 또한 『일본서기』 기술은 어느 정도 신빙성이 있는 것으로 평가되고 있음. 백제와 신라가 왜와 조공관계에 있었다는 기술은 이러한 학설상황에 비추어 명백한 오류라고는 할 수 없으며, 제도상 정정을 요구할 수 없음. 또한 백제, 신라와 왜의 외교상 조공관계 문제와 (삼국이) 일본보다 정치적, 문화적 우위에 있었는지 여부 문제는 차원이 다른 문제이며, 이러한 관점에 따라 정정을 요구할 수 없음.

***** 이것은 일면 사실성을 갖고 있다. 그러나 581년 수의 통일로 삼국간의 관계가 긴장관계로 들어가

에서 철퇴하여 반도 정책에 실패한 야마토 조정이었지만, 이리하여 다시금 자신감을 회복하였다고 생각된다.*

쇼토쿠 태자의 외교 (44쪽)

당시에는 아직 일본이란 국호가 나타나지 않았지만, 6세기 말 동아시아 정세가 급변함에 따라 일본인은 국가의식을 점차 높여갔다. 그러나 국내에는 아직 국가기구가 견고하게 정비되어 있지 않았다. 법, 관료제도, 정치철학, 고등종교 등 모두가 대륙 문명에서 배워야 하는 상태였다. 그렇다고는 해도 새로이 일어난 수에 조공하여 복종하는 외교는 하고 싶지 않았다. 이전에 왜의 5왕이 조공하던 시절에는 강대한 고구려에 대항하기 위해서는 중국왕조와 손잡을 필요도 있었지만, 지금 고구려는 위협국가가 아니었다. 이 시기(時機)를 능란하게 이용한 것이 쇼토쿠 태자다.

태자는 593년 여제(女帝)인 스이코(推古) 천황의 섭정(천황을 대신하여 정치를 하는 직책)이 되어 그때까지의 조선 외교에서 대륙외교로 방침전환을 꾀하였다. 조선을 경유하지 않고 대륙 문명을 도입하는 것도 중요하여, 태자는 607년 오노노이모코(小野妹子)를 대표로 한 견수사(遺隋使)를 파견하였다. 그러나 일본이 대륙 문명에 흡수당하여 고유 문화를 잃어버리는 길은 피하고 싶었다.

그래서 태자가 수에 보낸 국서에는 '해뜨는 나라의 천자가 해지는 나라의 천자에게 서한을 보낸다. 잘 계시는지?' 라고 쓰여 있었다. 견수사는 수에서 보자면 조공사절이지만, 태자는 국서 문면에서 대등한 입장을 강조함으로써 수에 결코 복속은 하지 않겠다는 결의를 표명한 것이었다. 수 황제 양제는 격분하였지만 고구려와 항쟁중이었으므로 참았다.

고 중국의 정세 변화에 유념해야 하는 시기로 들어가게 된다. 이러한 수의 등장을 일본 시각에서 삼국이 왜와 밀접해진 계기로 서술하는 것은 중요하지 않은 국가간 관계를 당시 국제관계의 중심으로 보려는 생각의 산물이다.

* 점령국인 일본이 피점령지인 임나에서 철수한 것을 전제로 한 기술로서, 왜군 주둔, 철퇴 기록이 없으므로 오류다.

⇨ **[일본측 검토결과]** 일본 학계에서는 가야국 멸망에 의해 한반도 남부에 대한 왜의 영향력이 약화되었다는 것은 폭넓게 인정되고 있음. 이를 '임나로부터 철퇴하여' 라고 표현한 것은 학설상황에 비추어 명백한 오류라고는 할 수 없으며, 제도상 정정을 요구할 수 없음.

우리나라는 중국으로부터 겸허하게 문명을 배우기는 하지만 결코 복속은 하지 않는다. 이것이 그 이후에도 계속 변함없는 고대 일본의 기본 자세가 되었다.*

백촌강 전투(51쪽)

임나가 신라에 멸망한 지 약 1세기, 조선반도의 삼국은 변함없이 서로간에 공방을 거듭하고 있었다.** 7세기 중엽이 되자 신라가 당과 손을 잡고 백제를 공격하였다. 당이 13만 군대를 반도에 보내기에 이르자 일본 국내는 위기감으로 충만하였다. 300년에 이르는 백제와의 친교는 물론이거니와 반도 남부를 당이 침략하면 일본에게 직접적인 위협이 되는 것을 무시할 수 없었다. 나카노 오에노 오지는 662년 백제에 대군과 원조물자를 배에 실어 보냈다. 당 · 신라 연합군과의 결전은 663년 반도 남서 백촌강(白村江)에서 벌어져 이틀 간의 장렬한 전투 끝에 일본군의 대패로 끝났다(백촌강 전투). 일본 군선 400척은 불타올라 하늘과 바다를 화염으로 붉게 태웠다. 이리하여 백제는 멸망하였다.***

어느 시대건 패전은 다음 시대에 강한 영향과 반동을 초래한다. 당과 신라의 본토(本土) 침입을 우려한 일본은 사키모리(防人 ; 해방(海防)을 위해 큐슈에 배치된 병사)를 배치하고 미즈키(水城 ; 큐슈의 다자이후(大宰府) 방위를 위해 축성되었다)를 쌓아 거국적으로 방위에 진력하였다. 방위노력은 자연스럽게 일본에서의 국가통합 의식을 고양시켰다.

망명 백제인(52쪽)

당과 신라가 백제를 멸망시켰지만 고구려는 아직 힘이 남아 있었다. 일본을

---

* 후소샤 교과서의 내용 서술 가운데 조선과 관계된 사실은 전체적으로 무시하거나 깎아내리려는 입장이 관철되고 있다. 그런 가운데 중국과는 대단히 자주적인 입장을 취했음을 강조하는 데 초점을 두고 있다.

** 전술한 임나일본부 설치와 관련된 내용으로 후소샤 교과서는 임나일본부 문제에 대해 거점만을 둔 것이라고 강변하면서도 '임나가 신라에 멸망한 지'라는 문장에서 보듯이 고대 일본이 한반도 남부지역을 임나일본부라는 기구를 통해 통치했음을 기본적으로 인정하고 있음을 내비치고 있다.

*** 이 부분은 주류성(周留城) · 백촌강 전투를 계기로 백제 부흥운동이 좌절되는 상황을 서술한 것이다. 여기서 보면 백제 부흥운동에 대한 내용은 전혀 없고, 마치 일본이 임나일본부를 통해 백제를 지배하고 있었고 그것을 지키기 위해 일본이 노력하는 가운데 일본 주력부대가 패배함으로써 백제가 멸망한 것처럼 서술하고 있다.

공격할 여유가 없었던 당과 신라는 배후를 습격당하지 않게 하기 위해서 일본에 화친을 요청하고 그런 뒤 고구려를 멸망시켰다.*

신라는 676년 조선반도를 통일하였다. 그 후 신라는 반드시 당에 순종적이지는 않아서 양국 사이에는 찬바람이 불었다.

백제로부터는 왕족과 귀족을 비롯하여 일반인들까지도 1,000명 규모로 일본열도에 망명하여 일부는 오미(近江 ; 시가현), 일부는 동국(東國)에 정주하였다. 조정은 도타운 우대조치를 취했다. 당시 열도 인구는 500~600만 명으로 추산되는데, 받아들일 여지는 충분히 있었다. 더욱이 쇼토쿠 태자 이래 중앙집권국가 형성을 목표로 하고 있던 일본은 중앙관료제도의 조직과 운영방법에 대해서 망명 백제인과의 교류를 통하여 적지 않게 배웠다.

나카노오에노 오지는 당으로부터 공격을 피하기 위해 수도를 오미로 옮기고 668년에 즉위하여 텐지(天智) 천황이 되었다. 천황은 국내 조직을 정비하기 위하여 중국 율령을 모델로 한 오미령(近江令)을 편찬하였다. 또 처음으로 경오년적(庚午年籍)이라 불리는 전국적인 호적을 만들었다. 그러나 소가씨가 멸망하였다고는 해도 텐지 천황 시대에 중앙호족 세력은 여전히 뿌리깊게 남아 있었다.

다이호(大寶) 율령과 연호(54쪽)

몬무(文武) 천황 701년(대보 원년) 다이호 율령이 만들어져 새로운 국가건설의 기본이 정해졌다. 율이란 현재 용어로 형법, 영이란 행정법 등에 해당한다. 율은 당의 율에 가깝지만 영은 일본 실정에 맞추었다. 이리하여 율령국가(율령에 의해 통치의 대강이 정해져 있는 나라)로서 걸음을 시작하였다.

동아시아에서 중국으로부터 배우면서 독자 율령을 편찬해낸 나라는 일본 이외에는 없다. 신라는 당의 율령 중에서 자국에 도움이 되는 내용만을 뽑아 사용하고 스스로 율령을 만들려고 하지 않았다.** 우리나라에서는 일본이라

---

* 삼국통일 전개과정을 말하면서 일본과 일정한 역학관계를 설정한 내용으로 삼국통일의 의의나 전개과정에 대한 초점을 흐리고 있다.

** 일본에서만 독자적인 율령을 사용한 것으로 보고 있지만 고구려의 경우 소수림왕 때(373년) 진(晉)의 태시(泰始) 율령을 모범으로 한 율령을 반포하여 사용하였다. 그리고 신라의 율령이 당 율령을 바탕으로 했

는 국호가 정해진 이 시기 이래, 연호를 연속적으로 사용하게 되었다. 한편 신라는 당 연호의 사용을 강제받아 그것을 받아들였다.* 일본에서의 율령과 연호의 독자성은 우리나라가 중국에 복속하는 것을 거부하고 자립한 국가로서 걸어가려는 의사를 내외에 표시한 것이었다.

그렇다고는 해도 당의 율령은 내용의 깊이와 분석의 정밀함에 있어서 고대사에서 달리 예를 볼 수 없을 정도로 뛰어난 법률 체계였다. 일본 관료들은 그것에 압도당하면서도 철저하게 그것에서 배운다는 자세를 기본방침으로 할수밖에 없었다.

718(요로 2)년에는 후지와라노 후히토(藤原不比等)에 의해 다이호 율령에 조금 수정을 가한 요로(養老) 율령이 편찬되었다.

아스카(飛鳥)문화(64쪽)

쇼토쿠 태자와 소가씨는 불교를 깊이 신앙하여 세상에 포교하였다.** 태자는 도래문화를 널리 연구했지만 그 사상의 중심이 된 것은 불교의 가르침이다. 17조 헌법에도 불교 사상이 들어가 있다.

태자의 영향을 받아 아스카시대에 불교를 기초로 한 새로운 문화가 일어났다. 이것을 아스카문화라고 부른다. 중국과 조선에서 전해진 새로운 문화를 적극적으로 받아들이면서 일본인 미의식에 맞는 건축과 미술품이 만들어졌다.

태자가 세운 호류지(法隆寺)는 현재 남아 있는 세계 최고(最古) 목조건축으로 잘 조화된 우미(優美)한 모습의 오중탑(五重塔)과 금당(金堂)이 중국에서는 보이지 않는 독특한 배치를 하고 있다.

호류지에는 당시의 뛰어난 불교조각도 남아 있다. 금당에 있는 석가삼존상

기 때문에 독자성이 없다는 해석은 일본 율령의 자율성만을 강조하기 위해 한국고대사를 폄하한 것에 지나지 않는다.

* 연호 또한 일본만의 독자성을 이야기하나, 예를 들어 고구려에는 광개토왕의 영락(永樂) 등과 같은 독자적 연호가 사용되었다. 지나치게 일본 역사만을 강조하는 서술이라고 볼 수 있다.

** 쇼토쿠 태자의 통치 기간에 백제계 세력가로서 天皇이 되려다 실패했다는 소가씨(蘇我氏)에 대해서는 '횡포'라는 용어를 사용할 정도로 부정적으로 서술하고 있으며, 내용 전체에서 백제 영향력에 대해서는 전혀 언급이 없다.

(도리(止利)불사 작)과 사천왕상(야마구치노 오구치노아타이(山口大口費) 작), 몽전(夢殿) 구세관음상 등이다. 또 마찬가지로 호류지에 있는 백제관음상은 신비한 미소를 띠고 있는 아름다운 상이다. 공예품에는 다마무시노 즈시(玉蟲廚子)가 있는데 문짝과 대좌(臺座)에는 능란한 회화 표현이 보인다. 호류지 금당에는 이전에 굉장한 벽화가 그려져 있었는데 화재로 불타 지금은 아쉽게도 극히 일부만이 남아 있다.*

당의 멸망(71쪽)

907년 중국에서는 300년에 걸쳐 동아시아에 군림했던 당이 멸망했다. 이 대사건이 주변 제국에 미친 영향은 컸고 동아시아는 이에 전환기를 맞았다. 조선반도에서는 신라가 분열하고 드디어 고려가 936년에 반도를 통일하였다. 중국 문명의 영향을 벗어난 문화 형성으로 한층 다가가게 되었다.

제2장 중세 일본

일명 무역(97쪽)

14세기 후반 중국에서 건국한 명은 일본에 왜구 단속을 요구하였다. 왜구란 이즈음 조선반도와 중국대륙 연안에 출몰하던 해적집단을 말한다. 그들은 일본인 외에 조선인도 다수 포함되어 있었다.**

요시미쓰는 재빨리 이에 응하여, 왜구를 금지하고 명과의 무역을 시작하였

---

* 아스카문화의 핵심은 백제에서 건너온 불교문화라고 할 수 있다. 호류지는 현존하는 세계 최고(最古)의 목조건물로서 불상과 공예품에 훌륭한 것이 많은데, 본문에 소개되고 있는 작품 대부분이 백제계 예술가의 손으로 제작된 것이다. 그러나 본문 어디에도 백제 영향을 서술하는 곳은 없다.

** 무로마치 막부 통치가 시작되면서 황실이 남북으로 갈라져 서로 싸우고 백성들은 곤궁에 빠지게 되는데, 여원(麗元)연합군과 격전을 치른 일본 서부의 큐슈와 쓰시마·이키(壹岐)·나가사키 등이 특히 심하였다. 이들 지역이 중심이 되어 무력적 상인 내지는 해적군을 이루어 고려와 중국연안을 침탈한 것을 왜구라고 보고 있다. 이러한 왜구가 출몰하는 데는 고려 및 일본 조정 내부의 동요·혼란이 근본적인 원인이라고 할 수 있다. 교과서 본문에는 왜구 발생 원인에 대한 설명이 누락되었으며, '왜구=일본인'이라는 기존의 역사인식을 불식시키기 위해 왜구에 조선인을 포함하여 기술하고 있다.

⇨ [일본측 검토결과] '왜구의 발생원인'에 대하여 제도상 기술하도록 요구할 수는 없음.

다. 이 무역은 왜구와 구별하기 위해 감합이라고 불리는 패(札)를 사용했기 때문에 감합무역이라고 불린다. 일본에서는 도검·동·유황 등을 수출하고 동전과 견직물 등을 수입하였다. 그러나 이 무역은 명에 복속하는 형식을 취하였기 때문에 요시미쓰 사후에는 그것을 꺼려 중단한 시기가 있었다.

동아시아와의 관계(106쪽)

아시카가 요시미쓰 사후 명과의 감합무역이 중단되자 다시 왜구 활동이 활발해졌는데 구성원 대부분은 중국인이었다. 그것도 16세기 후반에는 쇠퇴하였다.* 감합무역은 재개되었지만 이윽고 센고쿠다이묘인 오우치(大內)씨가 독점하게 되었고, 16세기 중엽 오우치 멸망에 의해 정지되었다. 그러나 다른 상인들에 의한 일명무역은 계속되었다.

조선반도에서는 이성계가 14세기 말 고려를 무너뜨리고 이씨조선을 건국하였다.** 조선도 명과 마찬가지로 일본에 왜구 금지와 통교를 요구해왔다. 막부가 이에 응하였으므로 일조무역이 시작되었다.*** 15세기 초에는 조선

---

* 감합무역이 소멸된 것은 막부와 오우치씨 등의 세력이 쇠퇴했기 때문이다. 그렇게 되자 다시 왜구 활동이 시작되었는데, 명인(明人) 해적도 가왜(假倭)라 하여 왜구와 짜고 화중(華中)·화남(華南)의 해안 일대를 다니며 약탈을 자행하였다. 명이 이 왜구 토멸에 전력을 다하여 16세기 말에 가서 성공하니, 이에 무역이 정지되었던 것이다. 이러한 실상을 호도하고 '왜구=일본인'이라는 기존의 역사인식을 불식시키려는 목적으로, 감합무역을 전후한 시기의 왜구 주체를 중국인이라고 보고 있다.
  ➡ **[일본측 검토결과]** 일본 학계에서는 전기 왜구에 조선인도 포함되어 있었다는 점, 후기 왜구가 중국인을 주체로 한 것이라는 점을 폭넓게 인정하고 있음. 이러한 학설상황에 비추어 명백한 오류라고는 할 수 없으며, 제도상 정정을 요구할 수 없음.

** '조선'이라는 국호 대신 일제강점기에 식민사관에 입각하여 사용되었던 부적절한 용어인 '이씨조선'을 사용하고 있는 것이 문제.
  ➡ **[일본측 검토결과]** 일본 학계에서는, 최근 '조선 왕조'를 사용하는 경향도 있으나 이성계(태조)가 세운 왕조를 '이씨조선' 등으로 부르기도 하고 있음. 이러한 학설상황에 비추어 명백한 오류라고는 할 수 없으며, 제도상 정정을 요구할 수 없음.

*** 조선 초기 일본과의 관계에서 가장 큰 문제는 왜구금압이었다. 건국직후부터 조선측은 왜구 침탈에 대한 적극적인 군사대응을 하고, 장군 또는 중소영주, 지방세력가들과 외교적 교섭을 벌였으며, 투항자에 대한 식량·관직수여 등의 귀화정책을 취했다. 당시 일본은 막부정권에 의한 지방통제가 완전히 이루어진 상태가 아니었고, 따라서 조선과 일본과의 관계는 왜구 내지는 왜구에 영향력이 있는 모든 세력과 다양한 형태로 이루어졌다. 이 과정에서 막부정권 또한 조선과의 통교를 갈망하고 있었다. 따라서 위 내용은 조선 초기 조선이 일본에 통교를 요구한 것이 아니라 통교를 허용했다는 표현이 적절하다. 조선 개국 후 국력이 커지면서 대포 등 무기가 개량되고, 국방력이 강화되어 왜구 침략은 현저히 줄어들었다. 침략과 약탈이 어

이 200척의 선박과 1만 7천 인 병사를 가지고 쓰시마(對馬)를 습격하는 사건이 일어났다.* 그러나 이것은 왜구 격퇴가 목적이었으므로 무역은 일시적으로 중단된 후에 재개되었다. 조선은 15세기 중엽 쓰시마의 소(宗)씨와 조약을 맺고 소씨를 통하지 않는 통교는 인정하지 않기로 하였다.** 그러나 16세기 초 조선 항구에 정주한 일본인이 관리들의 처우에 반발하여 폭동을 일으켰다가 진압되는 사건이 일어났다. 그 뒤 조선과의 무역은 부진하게 되었다.

제3장 근세 일본

조선 출병***(121쪽)

1세기 만에 전국 통일을 완성한 히데요시의 의기는 충천하였다. 히데요시는 더욱이 중국 명나라를 정복하고, 천황 자신도 거기에서 살면서 동아시아에서 인도에 이르는 지역을 지배하려는 거대한 꿈에 사로잡혀 1592년(문록 원년) 15만의 대군을 조선에 보냈다.****

가토 기요마사와 고니시 유키나가 등 무장에게 인솔된 일본군은 순식간에 수도

려워진 것을 알게 된 왜구와 그 배후 조종세력인 호족들은 평화적인 무역관계를 요구해왔다. 조선은 일본과의 선린을 유지하기 위해 이를 승인하고 부산, 진해, 울산을 개항하여 제한된 무역을 허용했던 것이다.

* 1418년 대마도주 종정무(宗貞茂)의 죽음으로 쓰시마의 내분이 발생하고 왜구가 창궐하게 되었다. 또한 기근에 의해 생활이 궁핍해진 쓰시마인이 왜구가 되어 충청도 비인현을 침입하고 황해도 연평도를 재차 침입한 후 요동반도로 향하자 태종이 쓰시마정벌을 결정하게 된 것이다. 이러한 배경과 당시 조선이 대마도 영주의 항복을 받아내고 돌아왔던 사실을 기록하지 않고 일본 소속 영토를 침략했다는 사실만을 부각시키고 있다.

** 쓰시마 지역을 조선과 대등한 국가인 것처럼 서술한 점이 일차적으로 문제다. 조선 정부는 왜인의 요구를 적당히 들어주기 위해 1426년(세종 8) 남해안 세항구(三浦)를 열어 제한된 무역을 허용하였고, 1443년 일본은 쓰시마의 소씨(宗氏)를 대조선무역의 정식주관자로 임명하여 조선정부 통제를 받아 무역하게 했다. 이러한 사실이 마치 소(宗)씨 한 집안과 조선이 교류한 것처럼 서술되고 있다.

*** 침략을 '출병'으로 기술하여 일방적으로 자행한 침략 사실을 은폐하고 있다.
⇨ [일본측 검토결과] 일본 학계에서는 '文祿 慶長의 役' '조선 출병' '조선 침략' 등의 호칭이 폭넓게 인정되고 있음. 이러한 학설상황에 비추어 명백한 오류라고는 할 수 없으며, 제도상 정정을 요구할 수 없음.

**** 임진왜란 원인을 명나라 정복, 히데요시의 개인적 망상만으로 기술하고 있다. 국내 통일에 성공한 도요토미가 다이묘(大名)들의 관심을 밖으로 분출시키고, 그 여세를 몰아 대륙과 한반도를 정복하고자 하는 야욕에 의해 이루어졌던 사실이 기록되지 않고 있다. 또 전란중 일본군에 의해 자행된 인적·물적 피해 상황을 제대로 기술하지 않고 있다.
⇨ [일본측 검토결과] 일본 학계에서는 도요토미 히데요시가 동아시아를 정복하는 구상을 갖고 있었음을

인 한성(지금의 서울)을 점령하고, 나아가 조선 북부에까지 진출하였다. 그러나 조선 측의 이순신이 이끄는 수군의 활약이나 민중의 저항이 있었고 명나라 원군도 있어서 싸움은 일본측에 불리하게 되어 명과의 화평교섭을 위해 철병하였다(文祿의 役).

그러나 명과의 교섭은 이루어지지 않고 1597(경장 2)년 일본은 다시금 14만 대군으로 조선을 침공하였다. 그러나 일본군은 조선 남부에 침공하였을 뿐 전황은 정체되었고 다음해 히데요시가 병사하자 병사들을 철수시켰다(慶長의 役).

두 번에 걸쳐 행하여진 출병 결과, 조선 국토와 인간들 생활은 현저하게 황폐해졌다.* 명도 일본과의 싸움에 의해 쇠약해졌으며, 도요토미가의 지배도 흔들리게 되었다. 이 무렵 조선 도공에 의해 도자기 기술이 전래되고 다도 발전에도 연결되었다.**

쇄국하의 대외관계(130쪽)

나가사키 데지마에서는 네덜란드선이 중국산 생사, 면직물, 한적(중국 서적), 또 유럽 시계, 서적 등을 가져왔고, 일본으로부터는 처음에는 은이나 동, 후에는 이마리야키(도자기) 등이 수출되었다. 막부는 네덜란드 상관장에게 '오란다 풍설서(네덜란드가 매년 에도막부에 전해준 해외뉴스)'를 제출하도록 하여 해외 정보를 얻었다. 나가사키에는 중국 배도 와서 무역을 행하였으며, 국제 정세에 대해 기록한 '당선 풍설서'를 막부에 제출하였다.

한편 막부는 명과도 국교를 맺으려고 하였으나 명은 막부에 조공을 요구하였다. 그러나 막부는 그럴 의사가 없었으므로 명과의 국교는 실현되지 않았다. 이윽고 만주인 왕조인 청이 등장하자, 막부는 옛날 원구(元寇)를 생각하여 청나라에 저항하는 명나라 무장들을 지원하려고 검토하였다. 그러나 일본이 지원하기 전에 명의 무장들

폭넓게 인정하고 있음. 이러한 배경에 관해서는 여러 가지 추측이 있음. 이러한 학설 상황에 비추어 명백한 오류라고는 할 수 없으며, 제도상 정정을 요구할 수 없음.

* 전쟁 기간중 일본군에 의해 자행된 인적·물적 피해 상황을 제대로 기술하지 않고 있다.
 ▷ [일본측 검토결과] 이미 '조선 국토와 사람들 생활은 현저히 황폐해졌다'고 기술되어 있는 곳이 있고, 취급하고 있는 역사적 사실을 어떻게 기술할 것인지는 집필자 판단에 맡겨져 있는 만큼, 명백한 오류라고는 할 수 없으며, 제도상 정정을 요구할 수 없음.
** 이 부분은 우리 정부가 수정 요구자료를 건네준 후인 2001. 5. 11. 출판사에 의해 추가 서술된 것이다.

저항은 실패하고 일본은 청나라와 국교가 없는 채로 나가사키의 무역만 계속되었다.

막부는 이에야스 때 대마도 소씨를 통해 히데요시 출병으로 단절되었던 조선과의 국교를 회복하였다.* 양국은 대등한 관계를 유지하고, 조선으로부터는 장군이 세습될 때마다 통신사라 불리는 사절이 에도를 방문하여 각지에서 환영받았다.** 또 조선 부산에서는 소씨(宗氏) 왜관이 설치되어 약 400~500명의 일본인이 살면서 무역이나 정보 수집에 종사하였다.***

송호정(한국교원대학교 역사교육과)

---

* 조선과의 국교 회복은 도쿠가와(德川) 막부의 간청으로 이루어진 것이며, 이에야스 자신이 조선 침략에 참가하지 않았다고 해명하고, 임진왜란을 비판함으로써 가능했던 점을 누락하고 있다.
⇨ [일본측 검토결과] '이에야스의 국교회복 노력'에 대해 제도상 기술하도록 요구할 수는 없음.

** 조선 국왕이 일본 국왕에게 보내는 사절의 명칭은 다양하며 '통신사' 명칭은 조선 전기부터 있었다. 1636년 이후 조·일 양국이 명·청 교체기라는 국제정세의 변동하에 독자적 교환체제를 운영해나감에 따라 초기 3회의 회답겸쇄환사(回答兼刷還使)를 통신사로 개칭하게 된다. 이처럼 통신사는 처음에는 일본을 불신하여 통신사라 하지 않고, 형식상 이에야스의 '일본국왕' 명의 국서에 대한 답례와 포로 쇄환을 목적으로 한다는 뜻에서 회답겸쇄환사라고 불렀다. 그러나 일본 막부 장군이 바뀔 때 그 권위를 국제적으로 보장받기를 원하는 일본측 요청을 받아들여 축하사절 이름으로 보내진 것이다. 통신사는 국왕 외교문서인 국서(國書)를 휴대하고 많은 예물을 가지고 가 일본 문화에 심대한 영향을 미쳤다. 통신사는 원래 태평축하, 장군의 후계자탄생 축하, 장군습직(襲職) 축하 등 다양했다. 그러나 1655년 이후 습직 축하로 고정되었다. 그러나 그 내면에는 조·일 양국 모두 자국중심우월주의에 입각한 교류관계였다고 볼 수 있다. 이러한 '통신사'를 단순히 장군습직 축하사절단으로만 기술하여 일본의 우월적 입장을 계속 유지하고 있다.
⇨ [일본측 검토결과] 일본 학계에서는 대체적으로 장군이 바뀔 때마다 승계 축하 사절단이 있었다는 것을 폭넓게 인정하고 있음. 취급하고 있는 역사적 사실을 어떻게 기술할 것인지는 집필자 판단에 맡겨져 있는 만큼, 학설상황에 비추어 명백한 오류라고는 할 수 없으며, 제도상 정정을 요구할 수 없음.

*** 부산왜관은 원래 대마도에서 오는 배가 형식상 사송선(使送船)이므로, 이들 일본측 외교사절이 조선국왕에 대한 숙배(肅拜)와 조선측의 접대례가 행해지던 곳이다. 부산왜관을 소씨(宗氏) 왜관으로 기술한 것은 조선에서 설치해준 사실을 은폐함으로써 일본이 외국 땅에 마련한 행정기관인 것으로 오해를 야기할 수 있다.
⇨ [일본측 검토결과] 일본 학계에서는, 왜관이 무역 등에 종사하고 있었던 점, 왜관 운영은 종씨에 의해 행해진 점을 폭넓게 인정하고 있음. 취급하고 있는 역사적 사실을 어떻게 기술할 것인지는 집필자 판단에 맡겨져 있는 만큼, 학설상황에 비추어 명백한 오류라고는 할 수 없으며, 제도상 정정을 요구할 수 없음.

무엇이 왜곡되었는가 ─ 근현대사 서술의 특징

들어가는 말 ─자기성찰의 길

이 글의 목적은 최근 '새 역사교과서를 만드는 모임'(이하 '새역모'로 줄임)
이 쓰고 후소샤(扶桑社)가 간행한 일본 중학교 역사교과서의 근현대사 서술에
나타난 특징을 밝히는 데 있다. 검토는 시판본(견본본, 2001.6)을 중심으로 하
되, 집필 의도를 좀더 명확히 알기 위해 검정신청본(2000.4), '새역모' 회장
니시오 간지(西尾幹二)가 『새 역사교과서』를 준비하기 위해 쓴 『국민의 역사』
(産經新聞社, 1999) 등도 인용하였다.* 시판본이 발행된 이후에도 '새역모' 측
이 9군데 '자율 수정'을 신청했으며, 일본 문부과학성도 한국정부의 수정 요
구에 따라 2곳의 정정을 지시하였다. 앞으로 또다른 수정이 있을지도 모르나,
『국민의 역사』 이래 시판본에 이르기까지 유지되었던 기본 골격에는 큰 변화
가 없을 것 같다.

후소샤 간행 교과서의 특징은 그간 신문이나 많은 학술회의를 통해 대강의
윤곽이 드러났다. 그럼에도 한국관련 사항에 소개나 논의가 집중되어 교과서
전체의 구성과 줄거리에 대한 검토는 미흡한 듯하다. 이 글에서는 한국관련
여부와 상관없이 교과서 줄거리에 따라 핵심적인 부문을 제시하고 이를 해

---

* 이 글에서 시판본 교과서의 내용을 인용할 때는 쪽수만 기입하였으며, 검정신청본과 『국민의 역사』는
앞에 책명을 표시하였다.

설·비판함으로써, '새역모'가 만들어낸 근현대 역사상을 충실히 드러내고 그 속에서 교과서의 특징을 밝히려 한다. *

이러한 방식은 교과서의 전체상을 파악하는 데 도움이 될 뿐만 아니라 일본 역사교과서 문제를 계기로 자기 성찰을 꾀하려는 시도에도 유익할 것이다. 문제 지점을 교과서 전체로 확대함으로써 한국관련 사항에서는 발견하기 어려웠을, 하지만 우리에게 결코 낯설지 않은 역사인식과 논리를 만날 수 있을 것이다. 일본 내의 '새역모'와 같은 세력을 철저히 비판하면서 동시에 자기성찰의 관점을 견지할 때 한 차원 높은 인식과 실천의 영역을 만들어낼 수 있을 것이다. **

교과서 집필 의도 – 일본인이여, 자신감을 가져라

역사를 배우고서(318~319쪽)

······(일본은) 자국의 역사에 자신을 잃어버리는 일이 한 번도 일어나지 않은 나라였다. 일본은 긴 세월 동안 문화적으로 그러한 의미에서 안전하여 행복한 나라였다. 그런데 근래 반세기는 반드시 그러하다고 할 수 없는 시대가 되었다. 왜 외국 역사에서 이상을 구하면서도 자국 역사에 자신을 잃지 않았던 일본이 최근 그렇지 못하고 때때로 불안한 듯한 모습을 보이는 것일까? 이유는 몇 가지 있다······

외국 문명을 따라가 추월하고자 노력할 때는 목표가 확실해서 불안이 없었다. 외국의 발자취에서 이상을 찾고 일본도 자국의 걸음걸이에 자신을 가질 수

---

* 『새 역사교과서』 서술 중 한국관련 부분의 문제점에 대한 상세하고 체계적인 설명은 참고문헌 ⑪, ⑫ 와 ⑬ 중 君島和彦의 글 참조. 이외에도 교과서 전반에 대한 지적으로는 ⑩, ⑯ 참조. 이하 본문에 인용된 교과서 내용 중 한국관련 서술의 문제점은 이상의 참고문헌을 보면 상세히 알 수 있다. 이 글에서는 글의 전개상 필요한 부분에 국한하여 지적하겠다.

** 자기성찰의 한 방편으로 한국 역사교과서에 대한 검토 작업이 진행되고 있다. 대표적인 것으로 지수걸, 「우리의 역사교육은 올바른가?」, 『제24회 한국역사특강 일본 역사교과서 왜곡 무엇이 문제인가』(한국역사연구회·교보문고 주최), 2001. 05 .21 및 서중석, 「국사교과서 현대사 서술, 문제 많다」 『역사비평』 2001년 가을호(통권56호) 참조.

있었다. 그런데 지금은 어느 외국도 목표가 될 수 없다. 일본인이 자신의 걸음에 갑자기 불안해지기 시작한 이유의 하나는 확실히 여기에 있다.

　그러나 또 한 가지 중요한 이유가 따로 있다. 일본은 외국 군대에 의해 국토가 황폐해진 적이 없기 때문에 외국을 이상으로 하면서도 독립심을 잃지 않는 행복한 나라였다고 앞에서도 서술했지만, 대동아전쟁(태평양전쟁)에서 패배한 이래 이 점이 바뀌었다. 전국에서 70만 명이나 되는 시민이 죽는 무차별 폭격을 받았고 원자폭탄도 맞았다. 전후 일본인은 노력하여 경제부흥을 달성하고 세계 유수의 지위를 구축하였지만, 어딘지 모르게 자신감을 갖지 못하고 있다.(i)

　정말 지금은 이상과 모범으로 삼을 만한 외국도 없으므로 일본인은 자기의 발로 확실히 서야만 나아갈 수 있는 시대지만, 유감스럽게도 전쟁에 패배했던 상처가 아직 치유되지 않았다.(ii)

　일본인이 이제부터라도 외국으로부터 겸허하게 배우는 것은 매우 중요한 일이지만 지금까지와는 다르게 깊은 생각도 없이 외국을 기준으로 한다든지 모델로 삼음으로써 독립심을 잃는 불안한 국민이 될 두려움이 생기니 경계해야 한다.

　무엇보다도 중요한 것은 스스로를 지키는 것이다. 자기를 굳건히 하지 않으면 외국의 문화와 역사에서 배우는 것도 불가능하다. 이것이 『새 역사교과서』를 배운 여러분에게 편자가 최후로 보내고 싶은 메시지다.

역사를 배운다는 것(6~7쪽)

　아마 역사를 배운다는 것은 과거 사실을 아는 것이라고 생각하는 사람이 많을 것이다. 그러나 반드시 그렇지는 않다. 역사를 배우는 것은 과거 사실에 대해 과거 인간이 어떻게 생각하고 있었는가를 배우는 것이다……

　역사를 배운다는 것은 지금 시대의 기준을 가지고 과거의 부정(不正)이나 불공평을 재단하거나 고발하는 것과 같은 것이 아니다. 과거 각 시대에는 각 시대 특유의 선악이 있으며 특유의 행복이 있었다.

　역사를 배우는 것은 반드시 과거 사실을 아는 것은 아니라고 했지만, 그것은 과거의 사실을 엄밀하게, 그리고 정확하게 아는 것이 가능하지 않기 때문이기도 하다.(iii)

몇년 몇월 몇일에 이러이러한 사건이 일어났다든가, 누가 죽었다는 사실은 확실히 증명할 수 있다. 그것은 지구상 어디에서도 타당한 객관적 사실이라고 확정할 수 있다. 하지만 그러한 사실을 아무리 정확하게 알아서 나열해봤자 그것은 연대기지 아직 역사는 아니다. 도대체 이러한 사건은 왜 일어났으며, 누가 죽었기 때문에 어떤 영향이 생겼는가를 생각하게 되어야 비로소 역사의 마음이 움직이기 시작하는 것이라고 할 만하다.

그러나 그렇게 된다면 사람에 따라서, 민족에 따라서, 시대에 따라서 생각이나 감각이 각각 전혀 다르기 때문에 이것이 사실이다라고 간단히 하나의 사실을 뚜렷하게 그려내기는 어렵다는 것을 깨달을 것이다……

역사는 민족에 따라 각기 다른 것이 당연한지도 모르겠다. 국가의 숫자만큼 역사가 있어도 조금도 이상할 것이 없을지도 모르겠다. 역사는 개인에 따라서도, 시대에 따라서도 움직여서 일정하지 않다……

'새역모'가 역사교과서를 쓴 목적은 무엇인가? 교과서를 끝맺는 칼럼 「역사를 배우고서」를 읽어보면 이들이 교과서를 읽는 학생들에게 전달하려는 메시지는 일본인으로서 자신감을 가지라는 것임을 알 수 있다. 그런데 최근 반세기 일본인은 자신감을 상실하였다. '새역모' 측이 보기에 그 원인은 첫째, 더이상 따라잡을 대상이 없어짐에 따른 불안감, 둘째, 제2차 세계대전에서의 패배와 그 상처다. 전자는 최근의 일이고 뿌리깊은 것은 후자다. 검정신청본에는 i의 문장은 '전후, 점령군에 의해 국가의 나아갈 방향이 한정되었고 지금까지도 이 영향하에 놓여 있다'였으며, ii의 문장 뒤에는 '그 때문에 독립심을 잃고 있다'는 문장이 있었으나 문부과학성은 '일면적인 견해'라며 수정 또는 삭제하였다.* 검청신청본 쪽이 상처를 준 상대방(미국)과 그에 대한 종속을 밝히며 좀더 확실하게 패전과 주체성 상실을 연결시키고 있다.

'전쟁에 패배했던 상처가 아직 치유되지 않은' 이유로는 점령군(미국)의 여전한 영향력을 꼽을 수 있겠지만 '새역모' 측은 일본 내부에서도 그 이유를

---

* 일본 문부과학성의 검정 결과에 대해서는 '市民의 敎科書硏究所' 홈페이지(http://www.h2.dion.ne.jp/~kyokasho) 참조. 이하 동일함.

찾아낸다. '새역모' 설립 총회에서 발표된 그들의 주장을 들어보자.

> ……전후의 역사교육은 일본이 이어왔던 문화와 전통을 망각하고 일본인의
> 자랑을 잃어버리게 하였다. 특히 근현대사에서 일본은 자자손손까지 계속 사죄
> 해야 될 운명인 죄인처럼 다루어졌다. 냉전종결 후는 이러한 자학적 경향이 더
> 욱 강해져 현행 역사교과서는 구적국(舊敵國)의 프로파겐다를 그대로 사실로서
> 기술하기에 이르렀다. 세계에서 이러한 역사교육을 행하는 나라는 없다. 우리들
> 이 만드는 교과서는 세계사적 시야 가운데 일본국과 일본인의 자화상을 품격과
> 균형을 가지고 활사(活寫)하려 한다. 우리 선조들의 활약에 가슴이 뛰고, 실패의
> 역사에도 눈길을 주며 그 고락을 추체험할 수 있는 일본인 이야기다. ⑥

남경대학살이나 '종군위안부' 같은 '적국의 선전'을 가르치며 일본인을 '죄
인' 취급하는 전후의 자학적인 역사교육이야말로 자신감을 되찾지 못하게 하는
원인인 것이다. 바로 여기에 '새역모'가 새롭게 역사교과서를 써야 되겠다고 마
음먹었던 이유가 있다. 그 역사교과서는 읽는 이가 일본인임을 자랑스럽게 여길
수 있는 감동적인 '일본인 이야기'가 되리라는 것은 쉽게 예상할 수 있을 것이다.
이런 역사교과서를 쓰기 위해서는 아무래도 객관성이나 보편성 같은 무거
운 짐을 벗어버려야 할 것이다. 이에 대한 자기합리화가 교과서 첫머리의 칼
럼 「역사를 배운다는 것」이다. 이 부분에서 가장 많이 회자되었던 것은 iii 의
문장 뒤에 쓰여졌던 '역사는 과학이 아니다'라는 명제다. 검정신청본에는 있
었지만 검정 결과 이해하기 어렵다는 이유로 삭제되었다. 문장이 삭제되었어
도 여전히 과거의 사실을 정확히 아는 것은 불가능하다는 전제는 유지되었으
며, 이로써 객관적으로 사실을 확정하고 해석하는 데 필요한 과학적 방법을
무시하고 마음내키는 대로 서술할 수 있는 길이 열렸다.
불가지론을 바탕으로 교과서는 다음 두 가지를 주장한다. 첫번째는 역사를
배우는 것은 과거 사실에 대한 당대 사람의 생각을 배우는 것이라는 주장이
다. 이것이 과거 사실은 우선 현재의 잣대가 아니라 당대 사람의 입장에서 이
해되어야 한다는 이야기라면 큰 문제는 아니다. 그런데 과거 사실에 대한 당

대인의 생각이 여럿이라면 어떤 것을 배워야 할까? 일제강점기 대다수 일본인이 조선지배를 당연하고 정당한 것으로 생각하였지만 일부는 비판하였다. 분명 교과서는 전자의 생각만을 가르치고 있다. 그렇다면 전자의 생각은 일제의 조선지배라는 사실에 부합하는 것일까, 한마디로 배울 만한 것인가?

당대인의 생각을 배운다고 주장하지만 그 이면에는 여러 가지 당대인의 생각 중에서 특정한 생각을 선택하고 평가한 '새역모' 측의 기준, 현재적 잣대가 엄연히 존재한다. 결국 현재적 잣대의 타당성 여부가 문제일 텐데, 이를 피해가기 위한 구실을 제공하는 것이 다음 두 번째 주장이다. 즉, 개인이나 시대에 따라, 민족이나 국가에 따라 과거의 사실을 확정하고 해석하고 선택하는 생각 및 감각이 '전혀' 다르기 때문에 역사는 각기 다를 수밖에 없다는 것이다. 일견 다양성을 존중하는 것 같지만 속내는 다른 교과서나 기존 연구성과, 남의 나라 눈치를 보지 않고 마음대로 교과서를 쓰겠으니 간섭하지 말라는 뜻이다.

무엇을 가지고 어떻게 일본인에게 자신감을 불어넣는지 살펴보기 전에 한 가지만 지적해두자. 교과서 전체를 훑어보면 '관계'에 관한 사고가 빈약하거나 아예 없다는 점을 쉽게 발견할 수 있다. 국가나 민족내의 관계도 그렇지만 대외관계, 특히 주변국과의 관계는 대부분 우열 관계, 지배복속 관계다. 아니면 상대방을 부정하여 아예 관계 자체를 설정하지 않는다. 이러한 측면은 교과서 집필 의도나 역사학습론에도 잘 드러난다. 각 주체에 따른 역사의 다양성을 인정하고 그 독자성을 강조하기도 하나, 각 주체들 간에 역사를 공유하고 상호 이해하는 관계는 어디에도 설정되어 있지 않다. 잃어버린 자신감을 되찾는 것도 일종의 주체성 회복을 의미하는 것인데, 그 회복이 자신을 지키거나 자신의 자랑을 늘어놓는다고 이루어지는 것은 아니다. 주체성 역시 타자를 전제한 것이며 타자와의 관계 · 소통 속에서 형성되는 것이다. 관계나 소통을 전제로 하지 않는 주체성이나 독자성의 강조는 쉽게 타자(의 주체성)에 대한 부정으로 이어지며, 이러한 전이는 교과서 곳곳에서 쉽게 발견할 수 있다.

위협과 침략의 구도 – 일본인은 떳떳했다

1) 근대 일본사 이해의 전제

『새 역사교과서』에서 문제가 되는 부분은 근현대사에 집중되었다.* '새역모' 측이 일본인의 자신감 상실의 결정적 계기를 제2차 세계대전 패배였다고 보고, 교과서의 절반 가량을 근현대사 부분에 할애하며 그 내용의 대부분을 전쟁으로 나아갈 수밖에 없었던 일본의 입장과 대의에 관한 선전으로 채웠기 때문이다. 근현대사 부분은 제4장 「근대일본의 건설」, 제5장 「세계대전 시대와 일본」으로 이루어져 있다.** 우선 '새역모' 측이 주장하는 「근대일본이 처한 입장」을 들어보고 다음으로 당시 일본 역사의 중요한 분수령이었던 러일전쟁과 태평양전쟁에 관한 서술을 살펴보겠다.

> **근대 일본이 처한 입장(184~185쪽)**
>
> **구미열강의 위협** 페리의 내항과 막말의 혼란, 영국과 프랑스의 내정간섭, 러시아의 남하 – 이러한 일본을 덮친 구미열강의 군사적 위협은 당시 일본인들에게 공포의 감정을 야기하였다. 일본은 개국 이후 공포를 없애기 위해 필사적으로 서양문명 도입에 노력하였다. 그러한 노력이나 공부 등이 오늘날까지 일본 역사를 움직여온 요인의 하나가 된다.
>
> **근대 일본사의 전제** 지금부터 메이지유신으로 시작되는 근대 일본사를 배우기에 앞서서, 다음의 세 가지 전제를 고려에 넣고자 한다.

----

* 일본 문부과학성이 검정 당시 수정을 지시한 곳은 총 137곳이었는데 이중 108곳이 근현대사 부분이며 그중에는 전문 수정을 지시한 것도 많다. 한국정부의 수정요구 25항목 중 17항목이, 중국정부의 수정요구 8항목 중 전부가 근현대사 부분이다. 중국정부의 수정요구 사항에 대해서는 '市民의 敎科書硏究所' 홈페이지 참조.

** 다른 교과서가 대부분 1945년 8월 15일을 획기로 현대사를 설정한 반면 『새 역사교과서』는 시기구분으로서 현대를 설정하고 있지 않다. 그 이유에 대해서는 '새역모' 측이 전후에도 미국과의 전쟁은 끝나지 않았다(戰後의 戰爭)고 보기 때문이라고도 하며 일본국과 일본국민통합의 상징으로서 '昭和天皇'이 전후에도 계속 그 지위를 유지했기 때문이라고도 한다. 그들 시각에서는 장래에 헌법 제9조가 개정되어 '국군' 무장이 합법화되는 시점이 현대의 시작이라는 추측도 있다. 이에 대해서는 참고문헌 ⑭ 12쪽, ⑨ 75~76쪽 참조.

첫째, 구미열강의 식민지 지배권 확대는 메이지유신 뒤에도 계속되었다. 일본이 독립을 유지하고, 대국의 일원으로 가담하기까지의 역사는 열강의 진출과 동시에 진행된 것이었다. 북으로는 부동항을 구하려고 남하하는 최대의 위협 러시아가 있었다. 메이지시대의 일본인은 얼마나 불안하였을까?

둘째, 이러한 국제정세 중에서 중국(청)은 아편전쟁에서 보았듯이 구미열강의 무력위협을 충분히 인식하지 못하였다. 중국의 복속국인 조선도 마찬가지였다. 예로부터 중국인은 자국의 문명을 세계의 중심이라고 여기는 중화사상을 갖고 있었다. 영국 등을 세계의 구석에 있는 야만인이라고 생각하고, 서양문명에 대하여 경의(敬意)도 관심도 품지 않는 경향이 있었다. 그 결과 청은 점차 열강에게 침식당하여 영토의 보전조차도 위험하게 되었다.

셋째, 일본은 에도시대를 통하여 무가(武家)사회라는 측면이 있어 열강의 무력 위협에 민감하게 반응하고 서양문명을 배우는 자세로 정책을 바꾸었으나, 중국·조선 양국은 문관(文官)이 지배하는 국가였으므로 열강의 위협에 대해 충분히 대응할 수 없었다는 견해도 있다.

「근대 일본이 처한 입장」, 특히 「근대 일본사의 전제」는 일본이 일으킨 침략 전쟁을 합리화하기 위해 '자위(自衛) 전쟁론'을 주장한 대목으로 근현대사 서술의 기조를 이룬다. 대부분의 내용은 니시오 간지가 『국민의 역사』의 「조선은 왜 잠자고 있었던가」란 항목에 썼던 것이다. 일본 근대사를 이해하기 위해 알아두어야 할 첫번째 사항은 일본이 근대의 출발점에서부터 항상 서구열강의 위협에 직면했었다는 점이다. 니시오 간지는 이 위협으로 인한 불안함이 일본 근대역사의 '모든 이야기의 기본'이라고 한다(『국민의 역사』, 508쪽).

일본이 불안감을 없애기 위해 서구문명 도입에만 힘썼던 것은 아니다. 두번째 전제는 시판본의 서술만으로는 그 속내를 알기 어려우므로 『국민의 역사』를 보도록 하자.

이처럼 불안할 때 의지가 되어야 할 중국(청)은 자국의 영토보전도 뜻대로 할 수 없는 관료적(官僚的) 노폐국(老廢國)이고, 조선은 그 속국에 지나지 않았다.

이것이 제2포인트다. 조선반도는 북으로부터의 위협이 쉽사리 전달되는 통로였다. 명치일본은 자위를 위해서도 조선이 청으로부터 독립되는 것과 근대화를 바랐고 사실 그 때문에 도와주었지만 조선반도 사람들은 늘 정신을 차리지 못했다. 자국조차 유지할 수 없었던 청에게 조선반도를 마음대로 지배하게 두면 반도는 러시아의 것이 되든가 구미제국의 목초장(牧草場)이 될 뿐일 것이다. 다음에 일어나는 일은 일본의 독립상실과 분할통치다. 일본은 조용히 좌시했었어야 할까. 근대 일본이 선택한 길 이외의 어떠한 가능성이 다른 곳에 있었을까.

　(『국민의 역사』, 509쪽)

위협으로부터 일본을 지키기 위해서는 한반도를 지배할 수밖에 없었으며 그렇지 않으면 일본이 독립을 상실하고 분할된다는 것이다. 따라서 청일전쟁과 러일전쟁은 조선침략전쟁이 아니라 자위전쟁이었다는 것이다. 세 번째 전제는 문호개방 이후 일본과 중국·한국이 다른 길을 걸었던 것은 각자의 내적 조건이 달랐기 때문이라는 설명이다. 중국과 한국이 구미와 일본의 침략과 지배를 받게 된 원인이 중국과 조선측에만 있었다고 한다. 일본의 침략행위에 면죄부를 부여한 '자위전쟁론' 어디에도 침략으로 인한 주변국의 피해와 고통을 헤아리는 마음을 찾아볼 수 없다.

　문관사회의 전통 속에서 살아서 그런지 '자위전쟁론'에서 가장 납득하기 힘든 대목은 자국의 안전을 위해서는 이웃을, 그것도 그 자체로는 위협이 되지 않는 이웃을 침범해도 된다는 사고방식이다. 약육강식의 제국주의적 사회진화론 영향 때문만은 아닌 것 같다. 이런 식의 사고방식은 이미 18세기 일본의 해방론자(海防論者) 하야시 시헤이(林子平)에게도 보이며(① 14~15쪽, ③ 120~125쪽), 결국 19세기 일본 육군 창시자 야마가다 아리토모(山縣有朋)에 의해 일본 주권을 지키기 위해서는 이익선 안의 주변국을 무력 침략해도 된다는 정책수준의 안보논리로 자리잡았다(④ 27~30쪽). 물론 이웃과 연대한다는 사고가 없었던 것은 아니지만 침략의 사고가 보다 광범위하게 퍼져 있었으며, 현실적 힘으로 전환되었던 것도 침략의 사고다. 무가사회의 전통인가. 손쉽게 주변국의 주체성을 부정하는 사고방식에 빠져들며, '만주사변'처럼 자작

극을 펴서라도 그런 생각을 현실로 전환시켰던 역사를 가진 나라가 이웃이라는 것이 솔직히 두렵다.

2) 러일전쟁

국가의 존망을 건 일러전쟁(223쪽)

세계를 바꾼 일본의 승리 ……1905년 포츠머드조약이 체결되었다. 이 조약으로 일본은 한국(조선) 지배권을 러시아에게 인정받았고, 중국 요동반도 남부의 조차권을 취득하여 남만주에 러시아가 건설하였던 철도 권익을 양도받고 남화태(南樺太) 영유를 확인받았다……

일러전쟁은 일본이 생사를 건 장대한 국민전쟁이었다. 일본은 이에 승리하여 자국의 안전보장을 확립하였다. 근대국가로서 태어난 지 얼마 되지 않은 유색인종의 나라 일본이 당시 세계최대의 육군대국이었던 백인제국 러시아에 이겼다는 것은 세계의 억압받는 민족들에게 독립에 대한 무한한 희망을 안겨주었다. 그러나 다른 한편에서 황색인종이 장래 백색인종을 위협할 것을 경계하는 황화론(黃禍論)이 구미에 널리 퍼지는 계기도 되었다.

일러전쟁과 독립에 눈뜸 …… "만약 일본이 보다 강력한 유럽나라에 대해 훌륭하게 승리하였다고 한다면 왜 그것을 인도가 할 수 없다는 말인가요"(인도 독립운동가로 뒷날 수상이 된 네루)……

세계열강에 들어간 일본(238~240쪽)

승리의 대가 러일전쟁(1904~1905년) 승리의 결과 일본은 세계열강 대열에 들게 되었다. 그러나 지위 상승이 반드시 유리하거나 안전을 의미하는 것은 아니다. 미국은 일본의 만주독점을 경계하고 일본이 손에 넣은 남만주철도의 공동경영을 요구했다. 캘리포니아에서는 일본계 이민배척의 움직임이 있었다. 청일전쟁 무렵부터 구미에서 언급되기 시작한 황화론이 다시 대두되었다.

일본의 승리에 용기를 얻은 아시아 나라에서는 내셔널리즘(자국을 사랑하고 국익을 주장하는 사상과 입장)이 일어났다. (i) 그것은 터키와 인도 같은 먼 나라에서는 단순히 일본에 대한 존경과 공감으로 이어졌지만, 중국과 한국 같은 가까운 나라에서는 자국에 세력을 확대하려는 일본에 대한 저항이라는 형태로 나타났다. 게다가 일본에는 대국으로서 다른 모든 대국과의 힘의 균형정책을 유지해야 할 새로운 필요가 생겼다. 승리가 가져온 신국면에 당시 일본인이 충분히 대응하는 것이 곤란하였다……

　　한국합병 러일전쟁 후 일본은 한국에 통감부를 두고 지배를 강화하였다. 일본정부는 한국을 병합하는 것이 일본의 안전과 만주의 권익을 방어하는 데 필요하다고 생각하였다. 영국·미국·러시아 삼국은 조선반도에 영향력을 확대하는 것을 서로 경계하고 있었으므로 여기에 이의를 제기하지 않았다. 이리하여 1910년 일본은 한국내의 반대를 무력을 배경으로 억누르고 병합을 단행하였다 (한국병합)……

　'자위전쟁론'에 따르면 근대 일본사는 위협과 그에 대한 대응(침략전쟁)의 역사였다. 시기구분도 위협 변화에 따라 이루어진다. 첫째 시기는 러시아의 위협과 청일전쟁·러일전쟁이며, 교과서의 제4장「근대일본 건설」에 해당한다. 다음 시기는 미국의 위협과 만주사변·중일전쟁·(아시아)태평양전쟁이며, 교과서의 제5장「세계대전 시대와 일본」에 해당한다. '새역모' 측은 태평양전쟁이 끝난 후에도 패전 전의 진짜 일본을 되찾기 위한「전후의 전쟁」이 계속되고 있다고 보므로 현재도 여전히 두 번째 시기에 속한다.
　첫째 시기의 골격은 남하하는 러시아의 위협, 그로부터 일본을 지켜내기 위한 노력, 그 노력의 일환으로 한반도 선점의 필요성 고조, 선점을 위한 청일전쟁·러일전쟁이다. 그 결말에 해당하는 것이 위에 인용한 러일전쟁의 승리와 한반도 식민지화다. 러일전쟁과 관련해서 우선 눈에 띄는 것은 인종주의다. ⅰ 의 '아시아 나라'도 검정신청본에는 '유색인종 나라'였다. 러일전쟁을 황인 또는 유색인종을 대표하는 일본과 백인제국 러시아 간의 전쟁으로 묘사하고 있으며 일본의 승리로 유색인종이 환호했다는 식의 기술이다. 러일전쟁에서 일본이 승리할 수 있었던 요인 중의 하나는 영국과 미국의 지원이었으며, 지원 배경은 세계적 차원에서의 러시아 남하 방어였다는 점은 상식이다.

이렇다면 러일전쟁에서 일본이 대변한 것은 유색인종이 아니라 자국과 영미 백인제국의 이익이었다고 하는 것이 좀더 실상에 가깝지 않을까. 또한 설사 당시 사람들이 인종주의적으로 생각했다고 해서 그것을 아무런 여과 없이 학생들이 읽을 교과서에 그대로 실어도 되는 것인지 모르겠다.

또 한 가지 돋보이는 것은 서술의 균형과 배열 문제다. 어떤 사건의 의미를 충분히 전달하기 위해서는 그 사건(에 관한 견해)의 다양한 측면을 균형 있고 적절하게 배치 · 서술해야 한다. 그러나 러일전쟁 관련부분은 균형감각을 상실한 서술과 부적절한 배치로 잘못된 역사상을 전달하고 있다. 첫째로 러일전쟁에서 일본의 승리가 끼친 영향 중 밝은 면만을 강조한 사실을 들 수 있다. 위의 「국가의 존망을 건 일러전쟁」에서 일본의 승리는 세계의 억압받는 민족들에게 '독립에 대한 무한한 희망'을 주었다며 예로 인도의 네루를 비롯하여 중국 · 이집트 등의 민족운동지도자들이 일본에 대해 상찬한 내용을 늘어놓았다. 이런 서술이 얼마나 균형을 잃은 것인지는 이번 교과서 검정에 신청본을 냈던 다른 출판사의 러일전쟁 관련 내용과 대조해보면 쉽게 알 수 있다.

> **외국으로부터 본 일본 / 네루가 딸에게 들려주는 역사**(데이코쿠서원 검정신청본 170쪽)
>
> 일본의 러시아에 대한 승리가 어느 정도 아시아의 모든 민족을 덩실거리며 기쁘게 하였던 것을 우리들은 보았다. 그러나 그 직후의 성과는 소수의 침략적 제국주의 제국(諸國)의 그룹에 또 한 나라(一國)를 더하는 것에 불과하였다. 그 쓰라린 결과를 최초로 겪었던 것은 조선이었다.
>
> (『아버지가 자녀에게 들려주는 세계역사』로부터)

이쯤에서 '역사를 배우는 것은 당대 사람의 생각을 배우는 것'이라는 '새역모' 측의 주장은 '당대 사람 생각들 중에서 집필자 의도에 알맞은 것만 배우는 것'이라고 수정해야 될 것이다. '새역모' 측은 과거 사건을 현재 기준(집필자 의도)에 따라 재단하는 행위를 소리 높여 비난했지만, 정작 자신들은 교과서 곳곳에서 그 문제점을 몸소 보여주고 있다.

두 번째의 부적절한 서술 및 배치는 러일전쟁과 그 결과로 이루어진 '한국병합' 사실을 떨어뜨려놓은 것이다. 교과서는 러일전쟁 관련 내용을 서술한 다음, 한참 뒤 그것도 장을 바꾸어 제5장 「세계대전 시대와 일본」에 '한국병합'을 기술하였다. 이는 앞의 러일전쟁의 일면만 강조하는 서술 태도와도 관련된 것으로 러일전쟁과 '한국병합'을 떼어놓음으로써 양자의 인과관계를 모호하게 처리하여 러일전쟁이 조선침략전쟁이었다는 사실을 은폐하려는 것이다. 위의 예로 든 다른 교과서(데이코쿠서원)의 경우 러일전쟁 관련 서술 다음에 「제국주의와 일본의 식민지배」「한국병합」의 항목을 두어 러일전쟁의 '제국주의적 침략성'을 지적하였다.

러일전쟁과 '한국병합'의 분할 배치가 러일전쟁의 어두운 면을 가려주는 효과만을 노린 것 같지는 않다. '새역모' 측이 보기에 '한국병합'은 어두운 면이 아니라 밝은 면일 수도 있다. 분할 배치는 읽는 사람들에게 '한국병합'에 관해 착각을 일으키게 한다. 어떤 일본인 학자들은 제5장 표지를 「제국(帝國), 미영에 선전포고」라는 태평양전쟁 개전 당시 신문 사진으로 장식하고나서 곧바로 한국병합 부분이 포함된 「세계열강에 들어간 일본」이 서술된 것을 두고, 이것은 '한국병합'이 일본의 미영대결을 위해서 필요한 행위였다는 인상을 준다고 하였다.* 이외에도 제5장 속의 「한국병합」은 주변정세상 어쩔 수 없었던 일본의 고뇌의 산물이었다는 인상을 준다. 「세계열강에 들어간 일본」에는 「승리의 대가」 다음에 「일로협약」「한국병합」「중화민국 성립」 항목이 있으며 「중화민국 성립」 마지막 부분에는 러일전쟁 후 이때까지의 과정을 총괄하는 다음과 같은 문장이 있었으나 검정 후 부정확·불명확하여 이해하기 어렵다는 이유로 삭제되었다.

······일로전쟁에서 일본이 승리함에 따라 중국이나 조선 등 아시아제국은 근대국가를 목표로 하는 내셔널리즘에 비로소 눈떴다. 한편 일본은 구미열강의 일원이 되어 힘의 균형이라는 새로운 질서에 편입되었다. 일본은 대국(大國)으

---

* 참고문헌 ⑩ 참조. '새역모' 측 시판본에서는 제5장 표지 사진을 패전 후 동경 모습을 그린 그림으로 대체했다.

로서 의무와 협약으로 나아가는 이외의 어떠한 길도 남아 있지 않았다. 이러한 국제정치에서의 일본의 고통을 당시 중국인이나 조선인은 이해할 수 없었다. 그리고 일본인도 중국인이나 조선인의 고통을 이해하는 마음을 점차 잃어버리기 시작했다. (검정신청본, 243쪽)

당시 일본이 조선을 식민지로 삼고 중국으로 세력 확대를 꾀한 것은 대국으로서 다른 대국과 힘의 균형을 유지하기 위한 고충 속에서 어쩔 수 없이 나온 것인데, 이를 중국인이나 조선인은 이해해주지 못했다는 것이다. 물론 일본인이 중국인·조선인의 고통을 이해하지 못한 점도 언급하였으나 한 나라가 다른 한 나라를 침략하고 식민지화하는 것이 상호 이해 부족에 기인한 쌍방과실의 문제인지, 그것도 침략의 주체가 그런 주장을 할 수 있는 것인지 의문이다. 이 부문의 전체 맥락에서 보면 교과서에서 처음으로 언급된 러일전쟁의 또다른 측면, 즉 「승리의 대가」 중에 나오는 일본의 세력 확대에 대한 중국과 한국의 저항은 일본의 고뇌를 이해해주지 못하는 이상한 행동으로 읽힌다. *

불균형한 서술, 부적절한 배치는 사실 자체를 왜곡하지 않으면서도 잘못된 역사상을 전달할 수 있다는 점에서 좀더 경계해야 될 고차원의 왜곡이다. 그런데 '새역모' 측은 러일전쟁 외에도 자주 이러한 수법을 사용하였다. 1925년 같은 해에 제정된 보통선거법과 치안유지법(현재 한국의 국가보안법과 유사한 사상통제법)은 다이쇼 데모크라시의 '빛과 그림자'로서 함께 다루어주어야 한다. 그러나 전자는 제5장의 제1절 「제1차대전 시대」에 실린 반면 후자는 제2절 「제2차대전 시대」에 실렸으며, 바로 뒤에 '그러나 합법적인 사회주의정당의 활동은 번성'하였다(257쪽)고 하여 별로 효력이 없었던 듯한 투로 기술되었다. 또한 남경사건의 경우 1927년 동일지역에서 중국인이 외국인을 습격한 사건은 박스를 치고 9단에 걸쳐서 장황하게 설명하면서(265쪽), 1937년 일

---

* 한국정부가 러일전쟁에 관한 불균형 서술을 문제삼자 일본정부는 다른 곳에 중국 및 조선의 저항이 기술되어 있으니 문제없다는 의견을 밝혔다. 그러나 일본정부의 의견은 러일전쟁의 양면성이 분할 기술되면서 사실 자체의 틀린 기술 없이도 잘못된 역사상을 전달할 수 있다는 점을 간과하였다. 한국정부의 수정요구에 대한 일본정부의 답변은 일본교과서바로잡기 운동본부 홈페이지 (http://www.japantext.net) 자료실 '75 [외교통상부]일본역사교과서 왜곡문제자료' 참조.

본군이 점령하면서 벌어진 사건에 대해서는 '이때 일본군에 의해서 민중에게서도 다수의 사상자가 나왔다'(270쪽)고 간략하게 기술하고 295쪽도 찾아보라고 하였다. 정작 295쪽(「극동군사재판」)에는 '이 사건의 실태에 대해서는 자료상의 의문점도 있고 여러 가지 견해가 있어 현재까지도 논쟁이 계속되고 있다'는 성명을 달아 사건 자체가 의심스럽다는 인상을 심어주고 있다.

3) 태평양전쟁

다이쇼(大正)에서 쇼와(昭和)로(257~258쪽)

일미관계의 추이 러일전쟁 때 러시아가 만주를 점령할 것을 두려워한 미국은 일본에게 호의적이었다. 그런데 일본이 러시아를 대신해서 남만주에 진출하자 미국은 일본의 강대화를 의식하게 되었다. 또한 19세기 후반부터 태평양으로 진출을 시작했던 미국으로서는 맞은편에 있으면서 강력한 해군을 거느린 일본은 그 앞을 가로막는 존재이기도 했다.

한편 미국 내에서는 중국이민과 아메리카 선주민에 대한 인종차별이 계속되었는데 러일전쟁 종결 다음해에 미국 캘리포니아에서 일본인 이민 어린이를 공립소학교에서 축출하는 법률이 제정되었다. 근면하고 우수한 일본인계 이민에 대한 반발이나 혐오가 커진 것이다.

이런 가운데 미국은 1907년 장래 일본과 전쟁할 경우의 작전계획(오렌지 계획)을 세웠다. 또한 일본도 같은 해에 책정한 제국국방방침 속에 미국함대를 일본근해에서 맞이하여 격침할 방위계획을 세웠다. 이와 같이 일미 간의 긴장은 높아갔다.

일중전쟁(272쪽)

악화되는 일미관계 1938(소화13)년 고노에 후미마로(近衛文麿) 수상은 동아신질서 건설을 성명으로 발표하고 일본 · 만주 · 중국을 통합한 경제권을 만들 것을 시사했다. 이것은 뒤에 동남아시아를 포함한 대동아공영권이라는 슬로건으로 발전되었다.

미국은 문호개방, 기회균등을 주장하면서 일본이 독자 경제권을 만드는 것을 인정하지 않았다. 일중전쟁에서 일단 중립을 지킨 미국은 고노에 성명에 강하게 반발하여 중국의 장제스를 공공연히 지원하였다. 일미전쟁에 이르는 대립은 여기에서 비롯되었다.

대동아전쟁(태평양전쟁) (276~277쪽)

초기의 승리 ……필리핀, 자바(현재의 인도네시아), 버마(현재의 미얀마) 등에서도 일본은 미국, 네덜란드, 영국군을 격파했고, 결국 100일 정도에 대승리를 거둬 서전을 제압했다.

이것은 수백 년에 걸친 백인의 식민지지배에 고통받던 현지 사람들의 협력이 있었기에 가능한 승리였다. 일본의 서전 승리는 동남아시아나 인도의 많은 사람들에게 독립에 대한 꿈과 용기를 북돋웠다.

일본정부는 이 전쟁을 대동아전쟁이라고 명명했다(전후, 미국은 이 명칭을 금지하였으므로 태평양전쟁이라는 용어가 일반적인 것이 되었다). 일본의 전쟁목적은 자존자위(自存自衛)와 아시아를 구미 지배로부터 해방시키고, 그래서 '대동아공영권'을 건설하는 것이다라고 선언했다.

대동아회의와 아시아제국(280~282쪽)

대동아회의 ……일본은 이러한 아시아 각 지역에 전쟁 협력을 요청하고 아울러 단결을 과시하기 위해 1943년 11월 이 지역 대표를 동경에 모이게 하여 대동아회의를 개최하였다. 이 회의에서는 각국의 자주독립, 각국의 협력에 의한 경제발전, 인종차별 철폐를 제창한 대동아공동선언이 발표되어 일본의 전쟁이념이 분명해졌다. 이것은 연합국의 대서양 헌장에 대항하는 것을 목표로 하였다.

아시아제국과 일본 ……이들 지역에서는 전전부터 독립을 향한 움직임이 있었지만, 그러한 중에 일본군의 남방진출은 아시아제국이 독립을 앞당기는 하나의 계기로도 작용하였다.

러일전쟁 승리로 남하하는 러시아의 위협이 일단락되었으나 이후에도 일본은 계속 전쟁을 일으켰다. 근대 일본의 두 번째 시기에 벌어진 전쟁들을 합리화하기 위해서는 새로운 위협이 필요했고 그 담당자는 미국이다. 제5장 「세계대전 시대와 일본」의 시작을 일본에 대한 미국의 견제로 장식하더니, 같은 편으로 참여했던 제1차 세계대전 관련 서술이 끝나자마자 곧바로 위와 같이 「일미대립의 계보」(「일미관계의 추이」의 검정신청본 제목)를 추적하였다.

두 번째 시기의 주요 내용은 첫째는 미국의 위협(또는 중국의 잘못)에 대한 강조와 살아남기 위한 일본의 선택으로서 전쟁, 둘째는 떠밀린 선택이었지만 그 가운데서도 훌륭한 목적이 추구되었던 전쟁이다. 여기까지는 이전 시기의 서술과 대동소이하다. 그런데 두 번째 시기에서는 이러한 전쟁 불가피성, 전쟁의 부정적 측면에 대한 희석화를 넘어서 전쟁 자체를 긍정하는 사고가 도사리고 있다. 검정 결과 삭제되었지만 태평양전쟁 관련 부분에는 다음과 같은 기술이 있었다.

> 전쟁은 비극이다. 그러나 전쟁에서 선악을 나누기는 어렵다. 어느 쪽이 정의고 어느 쪽이 정의가 아니라고 할 수 없다. 나라와 나라가 서로 국익이 대립한 결과, 정치적으로 결론을 보지 못해 최종수단으로 행하는 것이 전쟁이다. 미국군과 싸우지 않고 패배하는 것을 당시 일본인은 선택하지 않았던 것이다.
>
> (검정신청본, 283쪽)

자못 비장하여 섬뜩하기조차 한 이러한 전쟁긍정론은 태평양전쟁을 '대동아전쟁'으로 미화하는 데서 그치지 않고 좀더 깊은 의도를 담고 있다. 이는 근현대사 서술의 시작과 끝을 연결해보면 명확해질 것이다. 근현대사 서술은 서구의 아시아 진출로 시작되는데, 특별히 「군사력의 격차」를 별도 항목으로 설정하면서 동아시아가 군사력에서 뒤처졌던 원인을 17세기 이래 약 250년간의 평화 유지에서 찾고 있다(170~171쪽). 무가사회의 전통을 다시 확인할 수 있는 대목인데, 힘을 기르기 위해서는 너무 평화스러우면 안 되며 어느 정도 전쟁이 필요하다는 가르침이다. 「21세기를 맞이하며」나 「역사를 배우고서」를 제외한 근현대사 서술의 마지막은 '나아가 2000년부터는 국회에서 헌법조사회가 설치되어 일본국헌법의 조사가 시작되었다'(315쪽)는 문장으로 끝나고 있다.* 잘 알려졌다시피 '새역모' 측은 일본의 군사대국화를 꿈꾸며 전쟁을 금지하는 헌법 제9조의 수정을 요구하고 있다. 궁극적으로 전쟁긍정론은 일본을 전쟁할 수 있는 나라로 개조하기 위한 포석이라고 할 수 있다(⑮ 64~70쪽, ⑰47~49쪽).

교과서에서 사라진 것들 – 가해 사실, 식민지, 민중, 여성, 소수자

'새역모' 측은 지나칠 정도로 '자위전쟁론'을 반복하면서 일본인은 떳떳했다를 가르치면서도 특정 사건, 사실들에 대해서는 지면을 내주는 데 인색하다. 이렇게 하여 교과서에서 사라진 대표적인 것이 '종군위안부'다. 남경대학살은 앞에서 보았듯이 사라지지는 않았으나 고약하게 남았다.

전체적으로 『새 역사교과서』는 가해사실은 제대로 인정하지 않으며 오히려 피해사실을 강조하여 '자위사관' '타학사관'의 교과서라는 평가를 받는다. 그런데 식민지시기 한국과 대만에 대한 서술 상황을 보면 일본국, 일본인의 부정적인 측면을 감추려는 태도와는 다른 차원의 누락이 벌어지고 있는 것 같다. 대만의 경우 검정신청본에서는 1874년 일본이 점령하고난 뒤로 청일전쟁에서 승리한 후 중국으로부터 할양받았다는 서술 외에는 일제가 패망하기 전까지 한번도 나타나지 않는다. 한국의 경우도 검정신청본에서는 1910년 '한일합방' 이후에는 '아시아 독립운동'의 하나로 3·1운동이 짤막하게 다루어졌을 뿐 해방되기까지 한번도 서술되지 않았다. 이것이 '새역모' 측의 본래 의도다. 검정 후 '전시하 국민 동원'의 일부로서 식민지 조선 및 대만의 희생과 동화정책에 관한 간략한 언급이 추가되었으며, 한국의 경우는 '관동대진재' 관련 서술이 추가되면서 조선인의 희생도 첨부되었을 뿐이다.

'새역모' 측은 한국과 대만에 대한 일본의 식민지배를 세계 역사상 유례를

---

* 검정신청본에는 '조사'가 아니라 '재평가(개정)'로 기술되었으나 검정 결과 헌법조사회가 헌법 재평가 (개정)를 전제로 한 것인 양 오해될 수 있는 표현이라는 이유로 '조사'로 수정되었다.

찾아보기 힘든 선정(善政)으로 보며 양국에 은혜를 베풀었다고 자랑하면서도 (『국민의 역사』, 705~727쪽) 왜 교과서에는 자세히 서술하지 않았는가. 조선의 경우 오히려 문부과학성이 검정을 통해 '한일병합' 뒷부분에 식민지개발 관련 내용을 일부 첨가하였을 정도다. 선정론에 자신이 없었던 것인가, 이웃에 대한 지나친 자극을 피했던 것인가. '새역모' 측이 식민지 관련 서술을 기피한 것은 해당 시기 일본이 실시한 동화정책의 의식구조에서 비롯된 듯하다. 주지하다시피 일본의 동화정책은 한국 · 대만의 독자성을 부정하고 그들을 일본에 흡수시키려는 정책으로, 그 밑바탕에는 상대방의 존재 그 자체를 부정하거나 멸시함으로써 그들을 독자적인 존재, 가치 있는 존재가 아니라 일본인이 되어야 할 대상으로 보는 의식이 깔려 있다(① 5~11쪽). 당연히 각국의 자주독립을 표방한 대동아회의에 한국과 대만은 초청받지 못했다.

현재 일본인의 한국관, 대만관도 이러한 동화정책의 의식구조로부터 자유롭지 못하며, 『새 역사교과서』는 이를 숨김없이 드러낸 것이다. 식민지 조선과 대만은 굳이 따로 서술할 대상이 아닌 것이다. 또한 한국인을 부정하는 것은 한국인을 괴롭히는 것이 아니라 일등국민인 일본인이 되는 은혜를 베푸는 것이니, 식민지배에 대한 죄책감이 생길 리가 없었다. 일본이 패전한 뒤의 서술에서도 극동군사재판의 부당성을 부각하는 데는 많은 지면을 할애하였으나 일본이 패전함으로써 식민지였던 조선과 대만이 해방을 맞이하였다는 서술은 어디에도 없다. 한참 뒤에야 비로소 「유엔과 냉전」 부분에서 대만은 장개석이 도망간 곳으로, 한반도는 대한민국과 조선민주주의인민공화국이 각각 세워진 곳으로 나오고 있다(297쪽). 자국의 슬픔(패전)이 이웃에게는 기쁨(해방)일 수 있다는 점이 전혀 생각되지 못하는 것이다. 그 이웃을 독자적인 존재로 생각해본 적이 없기 때문에.

사라진 것이 가해사실이나 식민지(또는 그 실태)만은 아니다. 이런 민족적 차원의 문제 외에도 일본 국내로 눈을 돌리면 좀더 보편적인 차원의 문제들을 만나게 된다.* 우선 민중이 사라졌다. 19세기 말 자유민권운동의 경우를 보

---

* 이하의 내용은 주로 참고문헌 ⑮의 II−③ 및 II−④에 의거하여 서술하였다.

면 참여했던 민중들과 그들의 인민주권이나 기본적 인권, 정당내각제 등의 구상이 경시됨으로써 구 사족(士族)들의 운동으로 왜소화되었다. 또한 여성의 '부재와 말살'도 심각하다. 교과서 말미의 인명 색인을 보면 총 260명 중 신화·전설상의 인물을 포함하여 여성은 10여 명에 불과하며, 특히 근대 이후는 겨우 4명이다. 근현대사에서 여성에 대한 기술은 여성참정권과 관련하여 겨우 2개소에서 간단히 나올 뿐이다. '위안부' 등 성폭력·인권침해는 묵살되었고, 각종 성차별정책·성차별장치도 기술되지 않았다. 인물칼럼에 「여성이 빛난 메이지(明治)」란 부제로, 쓰다 우메코(津田梅子), 요사노 아키코(與謝野晶子)를 소개하고 있으나 모두 왜곡된 내용을 전달하고 있다. 특히 요사노가 러일전쟁 당시 참전하였던 동생을 생각하며 부른 반전가요조차 당시 민중의 염전(厭戰)의식 표출이라는 통설을 깨고 집안의 보존을 바라는 노래였다고 주장하였다.

여성이나 민중만이 아니라 사회의 소수자·약자 역시 무시되거나 왜곡되었다. 다음은 교과서 끝부분 「국제화 중의 일본」에 실린 내용이다.

> 우리나라가 국제사회에서 자유와 평화의 실현을 위해 노력하는 동안, 국내에서도 같은 일이 요구되었다. 특히 인권의 존중은 중요하다. 재일외국인, 장애자에 대한 차별, 남녀차별, 혹은 부락차별이나 아이누인에 대한 차별 등은 없애야 된다. (314쪽)

그러나 이 교과서에 나타난 소수자 역사에 관한 기술을 보면 그들을 존중하지 않으며 차별하고 있다. 관동대진재 때 재일조선인이 일본인의 차별의식 때문에 약 6,000명이나 죽임을 당했는데도 이 교과서는 한마디도 기술하지 않다가 검정 결과 문부성 지시에 따라 추가하였다. 그 내용도 군대와 경찰과 같은 학살 주체를 은폐하였고, 학살대상자도 '사회주의자, 조선인, 중국인' 식으로 나열하여 일본관헌의 조선인 학살이라는 사건의 본질을 흐려놓았다(256쪽). 북해도 선주민 아이누인에 관한 서술에서도 마찬가지다. 일본인이 '개척'이라는 미명 아래 자행한 국내식민지화와 동화정책, 그로 인한 아이누인의 토지 · 언어 · 문화 상실은 어디에도 찾아볼 수 없다. 이렇게 차별과 멸시의 역사를 은폐하면서 앞으로 존중이 제대로 이루어질지 의문이다.

교과서가 바라는 일본인상 - 몸과 마음을 다 바쳐 충성

[인물칼럼] 가쓰 가이슈(勝海舟)와 사이고 다카모리(西鄕隆盛) ……[일본이라는 '공']……이리하여 막부나 각번의 '私' 의 이익을 버리고 일본이라는 '公'의 입장에 선 역사적 결단이 이루어졌다. 그것은 또한 서구제국 진출로부터 일본을 지키기 위해 행하여진 메이지유신이라는 변혁을 그대로 상징하고 있었다. (188~189쪽)

징병제도 ……훗날의 이야기지만 일청전쟁(1894~95)의 평양점령에서 가장 먼저 들어간 하라다 시게키치(原田重吉) 일등병은 평민출신자로 국민적 영웅이 되었다. 전사하였던 나팔수 기구치 고헤이(木口小平)도 평민 출신으로 죽어서도 나팔을 놓지 않았다고 하여 당시 유명하였다. 에도시대까지 무공훈장과는 전혀 인연이 없었던 평민들에게 새로운 시대가 찾아왔다.

일청전쟁에선 자원하는 의용병도 평민층에서 계속 나타났다. 이때 징병제가 국민에게 받아들여져 국난에 대한 의식이 민중 레벨에까지 널리 퍼졌음을 이야기해준다. (196~197쪽)

교육에 관한 칙어 ……1890년 의회 소집에 앞서 천황의 이름에 의해[교육에 관한 칙어(敎育勅語)]가 발포되었다. 이는 부모에게 효행이나 비상시 나라에 진력(盡力)하는 자세, 근대국가 국민으로서의 마음자세를 설교하는 것으로 1945년 종전에 이를 때까지 각 학교에서 근대 일본인 인격의 등뼈를 이루었다. (215쪽)

청일전쟁과 일본의 승인 ……일본이 이긴 원인으로는 군대 훈련, 규율, 신병기 무장이 우월하였다는 점을 들 수 있는데, 그 배경이 되는 것은 일본인이 자

국을 위하여 헌신하는 '국민' 이 되었다는 점이다. (218쪽)

세계를 바꾼 일본의 승리 ……일러전쟁은 일본의 생사를 건 장대한 국민전쟁이었다…… (223쪽)

[인물칼럼] 무쓰 무네미쓰(陸奧宗光)와 고무라 주타로(小村壽太郎) ……(고무라는) 사심 없이 국가에 헌신함 점에서는 누구에게도 지지 않는다고 자부하고 있었다…… (225쪽)

시모노세키 조약과 삼국간섭 ……일본은 중국 고사 '와신상담' 을 표어로 관민 전체가 러시아에 대항하기 위해 국력충실에 힘을 기울이게 되었다…… (219쪽)

계획된 류조호 사건 ……그런데 정당정치에 대한 불신이 강하고 정부의 배짱 없는 외교방침에 불만이 쌓였던 국민 중에서는 관동군의 행동을 열렬히 지지하는 자도 있었고 육군에는 220만 엔의 지원금이 기부되었다. 1932년(소화7년) 관동군은 만주국 건국을 선언하고, 뒤에 청조 최후의 황제였던 후이(溥儀)를 만주국 황제 자리에 앉혔다. (267쪽)

암전(暗轉)하는 전국(戰局) ……동년(1944) 10월 마침내 일본군은 전세계를 경악시키는 작전을 감행했다. 레이테해전(海戰)에서 '가미가제특별공격대(神風特別攻擊隊)'(特功)가 미국 해군함선에 조직적인 몸체 부딪히기 공격을 감행한 것이다. 곤궁에 빠진 일본군은 이때부터 비행기와 잠함정으로 적함에 죽음을 각오한 특공을 계속했다. 비행기만 해도 그 수는 2,500기가 넘었다.
……오키나와에서는 철혈근황대(鐵血勤皇隊) 소년(少年)이나 히메유리부대 소녀들까지 용감히 싸워서 일반주민 약 9만 4000인이 생명을 잃었고, 10만에 가까운 병사가 전사했다. (278~279쪽)

특공대원의 유서

– 23세 때 오키나와에서 전사한 오가다(緒方)

출격에 즈음해서

그리운 거리, 그리운 사람

지금 나는 모든 것을 버리고

국가의 안위에 맡기려 한다.

유구한 대의에 살려고 하며

지금 나는 여기서 돌격을 개시한다

혼백 나라에 돌아가고

몸은 사쿠라꽃처럼 진다 하더라도

유구히 호국 귀신이 되어

위기 때는

나는 번성하는 산사쿠라

어머니 옆에 돌아가 피어나리

　□ 일본은 왜 미국과 전쟁을 했는가? 여태까지의 학습을 뒤돌아보면서 정리해보자. 또한 전쟁중 사람들의 기분을 위 특공대원의 유서와 당시 회상록 등을 읽고 생각해보자. (279쪽)

　국민의 동원 ……물적으로도 모든 것이 부족하여 절의 종 등 금속이란 금속은 전쟁을 위하여 공출되었고 생활물자는 궁핍이 극에 달했다. 그러나 이러한 곤란 중에도 많은 국민은 잘 일했고 잘 싸웠다. 그것은 전쟁 승리를 바란 행동이었다. (284쪽)

　이상 인용문을 읽어보면 '새역모' 측이 교과서에서 식민지, 민중, 여성, 소수자를 지워버리고 제시한 일본인상은 몸과 마음을 다 바쳐 국가에 충성하는 국민이라는 점을 알 수 있을 것이다. 당연히 독립된 주체로서 개인은 부정된다. 버리고 없애야 할 대상으로서 '사심'이나 '사'와 추구하고 헌신해야 할 대상으로서 '공'이나 '국가'를 명확하게 대비시키면서 멸사봉공의 길을 부추기고 있다.

이 과정에서도 과거 사실을 왜곡하거나 교과서에 부적합한 내용이 실렸다. 청일전쟁 당시 나팔수 이야기는 제2차 대전 전의 국정수신교과서(國定修身教科書, 2년생)에 실렸던 전쟁미담으로, 이것의 진위에 의문을 던지는 연구 성과도 나온 실정인데 역사교과서에 실었다(⑬ 52쪽). 교육칙어는 황국사관을 바탕으로 국민의 기본적 인권을 침해하고 주권재민의 원칙에 반대된다는 이유로 1948년 이후 교육현장에서 퇴출되었던 것이나 『새 역사교과서』에서는 버젓이 복권되었다. 검정 결과 적용 시기를 국한하기 위해 '1945년 종전에 이를 때까지'를 첨가하였으나, 오히려 교과서 마지막의 「역사를 배우고서」와 연결해보면 종전 이후 '교육칙어'가 효력을 상실해서 일본인이 자신감을 상실하였다는 식으로도 읽힌다(⑬ 34~37쪽).

오키나와 전투의 경우, 용감히 싸웠다는 소년 소녀들은 지원 형식을 취했지만 실제로는 동원되었다. 전사자 중 병사 10만 명에는 오키나와 주민으로부터 충원된 약 2만 8천여 명이 포함되어 있으므로 실제로는 병사보다 오키나와인의 희생이 더 컸다. 더욱이 교과서에는 전쟁을 미화하기 위해 일본군 강요에 의해 벌어진 주민의 집단자결, 130개의 '종군위안소', 강제연행된 조선인 군부(軍夫) 학살 등이 기술되지 않았다(⑮ 54~55쪽).

충성스러운 국민을 강조하는 기술 중 압권은 아마도 특공대원의 유서인 것 같다. 검정신청본에는 특공에 대해 다음과 같은 친절한 설명이 있었으나 학습상 적절하지 않다는 이유로 삭제 수정되었다.

……미군 장병은 이것을 슈사이드어택(suicide attack, 자살공격)이라고 하여 패닉(panic)에 가까운 공포를 느꼈고, 나중에 존경의 마음조차 품게 되었다.

특공은 '통솔의 외도(도에서 벗어난 지도의 방식)'라고 말해지며, 작전으로서는 해선 안 되는 것이었다. 많은 젊은이들이 본심으로 원해서 특공을 지원한 것은 아닐 것이다. 그러나 고향의 가족을 지키기 위해, 이 일본을 위해 희생하는 것을 결코 싫어하지 않았다. (검정신청본, 283쪽)

반인권, 반생명 행위를 가족과 국가를 위한 장한 희생, 심지어는 존경스러운 행동으로까지 묘사하며 정당화하고 있다. 이런 내용을 교육받고 자라난 학생들은 기회가 된다면 별다른 자의식이나 죄의식 없이 자살공격에 빠져들기 쉬울 것이다. 이는 그 개인이나 일본이나 주변국 모두에게 불행이다. 분명 『새 역사교과서』는 21세기 동아시아 평화의 공적(公敵)으로서 마땅히 폐기되어야 하는 것이다. *

----

* 일본에서 국가주의는 새삼스러운 것이 아니지만, 1990년대 이후 '새역모'로 대변되는 일부 세력이 왜 국민이나 국가에 집착하는지는 생각해볼 필요가 있다. 필자가 보기에 이런 집착의 배경에는 미국 중심의 세계화(신자유주의)가 있다고 생각된다. 세계화 공세에서 살아남는 방식은 두 가지다. 첫째는 국민국가를 넘어서 지역단위의 블록경제를 형성하여 방어막을 치는 것으로 대표적인 것이 유럽연합이다. 둘째는 국민국가 단위로 경제주권을 지켜내는 것이다. 양자는 대립적으로 보이지만 효과적으로 결합될 때 위기를 극복할 수 있다. 1990년대 초반 일본은 양자의 균형을 취하려고 노력하였다. 주변국의 입장에서는 미흡하였지만, 지역단위의 블록경제를 위한 포석으로 호소가와 정권에서 시작되어 무라야마 수상으로 이어지는 일련의 '반성외교'가 이루어졌다. 그러나 증폭된 경제위기는 이러한 노선의 실효를 기다려주지 않았으며, 1996년 이후 자민련이 재집권하면서 후자의 방식만이 강력히 대두되었다. 이러한 흐름을 이데올로기적인 측면에서 뒷받침해주는 것이 '새역모'의 『새 역사교과서』이고, 국민국가에 대한 강조와 집착은 여기서 기인한다고 생각된다.

일본이 비교적 큰 내수시장을 가졌다 하더라도 후자만으로 위기를 극복할 수 있을지 의문이지만, 전자가 배합되지 않은 후자 방식은 미국으로서도 그다지 위협적이지 않으며 오히려 반길 만하다. 현실에서 보듯이 일본은 주변국으로부터 고립되어가며 그럴수록 동아시아에서 지역단위의 블록경제 형성은 더욱 어렵게 된다. 중국과 일본의 접근을 가장 두려워하면서 동아시아 역내 분열과 자국과의 일대일 관계 강화만을 바라는 미국으로서는 반가운 현상이다. 현재 미국이 사실상 교과서 문제에는 뒷짐지면서 일본의 헌법 제9조 수정 및 재무장에 동조하고, 일본이 미국의 엠디체제에 협조하는 분위기는 이를 반영한다. 따라서 '새역모' 측이 『새 역사교과서』에서 미국의 위협을 강조하고 미국 비난에 많은 지면을 할애하였다고 해서 결코 '반미사관'이라고 볼 수 없다. 현재까지 그들은 오히려 미국의 국익에 충실히 복무하고 있다.

사실 일본의 고립주의에 가장 당혹스러운 것은 한국이다. 통일이 된다 해도 일본이나 중국처럼 내수시장이 크지 않은 한국으로서는 후자만의 방식은 위험천만하다. 또한 일본처럼 고립주의로 나아가면서 미국과의 동맹강화를 노릴 수도 있겠지만, 그럴 경우 초래되는 종속 심화도 걱정이지만 공산주의가 무너진 현실에서 이전과 같이 '반공의 보루'로서 이점을 가질지 의문이다. 현실적으로 동북아시아에서 가장 연대가 필요한 것은 한국이다. 따라서 세계화 국면에서 또는 역사교과서 문제에서 국민국가와 민족주의의 유효함만을 강조하는 논의는 다소 무책임하다. 세계화 공세에 직면하여 필요한 것은 국민국가를 넘나드는 모색과 국민국가 자체의 변화다. 국민국가가 계속해서 자본의 자유(신자유주의)로부터 자유롭지 못하다면 그 생명력을 잃어갈 것이다(신자유주의 시대의 국민국가에 관한 모색에 관해서는 정병욱, 「신자유주의로부터 자유로운 통일국가를 바라며」, 『내일을 여는 역사』 창간호, 2000년 봄 참조).

나오는 말 – 상호이해의 길

이상의 내용으로 볼 때 『새 역사교과서』의 관형어 '새'는 '헌'으로 바꾸어야 할 것이다. 포성이 멈춘 지 50여 년이 지났건만 다시 그 전쟁터 일본으로 회귀한 것 같다. '교과서'로서의 품격과 균형도 갖추고 있지 못하다. 역사를 소재로 한 선동책자에 가깝다. 선동은 대중 또는 집단의 의견이나 행동을 특정 방향으로 유도하기 위해, 특별히 대상의 정서적(情緒的) 반응을 중시하면서 행하는 의도적 노력이라고 한다. 『새 역사교과서』는 비원(悲願), 쾌진격(快進擊), 옥쇄(玉碎), 옥음(玉音) 등과 같은 당시 사람들의 용어나 감정이 이입된 용어를 구사하면서 일본인을 '충량한 신민(臣民)' 쪽으로 몰아가고 있다. 선동에 휘말리지 않기 위해서는 판단력을 갖추어야 한다. 『새 역사교과서』는 역사를 '현재의 도덕을 가지고 판단하는 재판장'으로 만들지 말자고 한다(7쪽). 물론 현재 잣대로 과거를 농락해서는 안 되지만 그렇다고 해서 판단을 정지시켜서도 안 된다. 대학살은 악마가 저지른 것이 아니라 판단력을 상실한 인간이 저질렀다는 점을 명심해야 된다.

이 글에서 살펴본 『새 역사교과서』의 문제점은 크게 '교과서에서 사라진 것들'의 식민지 부분까지와 그 이후로 나누어볼 수 있다. 전자는 주로 민족적 차원의 대응에서 나온 문제점이기 때문에 공분(公憤)하기 쉬운 부분이다. 후자는 일본 내부 문제로 치부할 수도 있지만 문제의 성격은 국가 범위를 넘어선 보편적인 것이며 한국사회나 한국 역사교과서도 그로부터 자유롭지 못하기 때문에 찔끔하기 쉬운 부분이다. 그런데 전자와 후자 모두 잘못된 타자인식이나 타자인식 자체의 부재로부터 나온 문제점이며, 양자 사이에 만리장성이 있는 것은 아니다. 『새 역사교과서』도 읽는 사람에 따라서 자기성찰의 '거울'이 될 수 있을 것이다.

『새 역사교과서』로 한일 간의 관계가 어색해졌지만 그럼에도 불구하고 교류는 계속되어야 한다. 문호개방 이후 양국간의 비극적 만남은 교류 단절에서 비롯된 것인지도 모른다. 조선 통신사는 1764년을 마지막으로 에도에 들어가지 못했으며 일본에선 이후로 정한론적인 사고가 대두되기 시작했다.

1811년 쓰시마를 끝으로 조선은 더이상 통신사를 보내지 않았으며, 이후로 일본에 대한 관심과 연구가 쇠퇴하기 시작했다(⑦ 152~161쪽, ② 297~303쪽). 이러한 교류와 이해의 단절이 이후 불행한 역사와 무관하지는 않을 것이다. 과거의 관계를 되풀이하지 않고 새로운 공생 관계를 도모하기 위해서는 끊임없고 풍부한 교류와 상호 이해가 절실하다.

정병욱(고려대학교 강사, 역사문제연구소 연구원)

 참 고 문 헌

① 旗田巍(이기동 옮김), 『日本人의 朝鮮觀』, 一潮閣, 1983

② 河宇鳳, 『朝鮮後期 實學者의 日本觀 硏究』, 一志社, 1989

③ 미야케 히데토시(하우봉 옮김), 『역사적으로 본 일본인 한국관』, 풀빛, 1990

④ 구대열, 『한국 국제관계사 연구 1』, 역사비평사, 1995

⑤ 藤岡信勝, 『汚辱의 近現代史』, 德間書店, 1996

⑥ 新しい歷史敎科書をつくる會, 「設立總會趣意書 'つくる會'의 主張」, 1997.1(http://www.tsukurukai.com)

⑦ 이진희 · 강재언(김익한 · 김동명 옮김), 『한일교류사 – 새로운 이웃나라 관계를 구축하기 위하여』, 학고재, 1998

⑧ 西尾幹二, 『國民의 歷史』, 産經新聞社, 1999

⑨ 上杉聰 · 君島和彦 · 越田稜 · 高嶋伸欣, 『いらない! 神의 國 歷史 · 公民敎科書』 (上杉聰 外 著), 明石書店, 2001. 3. 25

⑩ 和田春樹 外, 「扶桑社中學校社會科歷史書의 近現代史의 問題點」 2001. 4. 25(市民의 敎科書硏究所 홈페이지 http://www.h2.dion.ne.jp/~kyokasho)

⑪ 외교통상부 일본역사교과서왜곡대책반, 「일본 중학교 역사교과서 한국관련 내용 수정 요구자료」, 2001. 5. 8(국사편찬위원회 홈페이지http://www.history.go.kr

의 한국사 한마당>한국사 자료실)

⑫ 鄭在貞, 「일본 중학교 역사교과서에 나타난 韓國史觀의 특징 - 扶桑社 간행 교과서를 중심으로」, 『國際學術會議 日本 歷史敎科書의 實態와 問題點』(한국독립운동사연구소 주최), 2001. 6. 15

⑬ 上杉聰・君島和彦・越田稜・高嶋伸欣, 『'つくる會'敎科書はこう讀む!』, 明石書店, 2001. 6. 15

⑭ 日本敎職員組合 編, 『敎科書白書2001〈中學校 歷史・公民 編〉』, アドバンンテージサーバー, 2001. 6. 15

⑮ VAWW-NETジヤパン編, 『ここまでひどい! 'つくる會'歷史・公民敎科書』, 明石書店, 2001. 6. 15

⑯ 大阪歷史科學協議會 外, 「扶桑社 '新しい歷史敎科書'に對する歷史學關係21團體共同聲明」, 2001. 6. 20(子どもと敎科書全國ネット21 홈페이지
http://www.ne.jp/asahi/kyokasho/net21)

⑰ 타와라 요시후미(일본교과서바로잡기 운동본부 역), 『철저검증 위험한 교과서』, 역사넷, 2001. 7. 20

일본군 성노예 문제와 교과서

우리 사회는 장기간에 걸쳐 일본 역사교과서 왜곡 논쟁의 연속선상에 있어왔다. 매번 일본 문부성의 교과서 검정 발표가 있을 때마다 그 양상이나 위험수위가 조금씩 다르긴 해도 일본의 검정결과는 늘 우리 사회의 위기를 불러왔다. 이번에도 예외일 수는 없었다.

기존의 7종 역사교과서에서 '일본군 위안부' 기술이 전면 삭제 내지는 일부 수정되었다는 점에서 이번 역사교과서 왜곡 파문의 심각성은 예년과 다르게 바라볼 수밖에 없다. '일본군 위안부' 역사기록이 전후 52년 만에 교과서에 등장했다가 4년 만에 삭제되는 비운(悲運)은 '일본군 위안부' 성노예 피해 여성의 개인사만큼이나 기구하다.

1996년 6월 27일 문부성이 '일본군 위안부'에 관한 내용이 실린 중학 역사교과서 전 7종을 합격시켰다는 발표가 있었을 때, 일본 우익세력이나 우익 정치가 및 학자들은 히스테리화되어갔다. 이들은 마치 먹이를 찾아 움직이는 아메바같이 '일본군 위안부'가 기술된 역사교과서를 향하여 왜곡 논리를 전개하며 위안부 기술 삭제 운동에 손길을 뻗어나가기 시작했다. 이들의 논리는 '일본군 위안부'를 교과서에 기술한 것은 반일사관(反日史觀), 자학사관(自虐史觀), 암흑사관(暗黑史觀)이라는 것이다. 때문에 감수성이 예민한 사춘기 중학생들에게 위안부에 관한 역사를 가르치는 것은 교육에 반하는 일임은 물론 어린 학생들에게 일본인이라는 긍지를 박탈하는 일이며, 그렇게 되면 일본은 정신의 해체위기를 맞게 된다고 신경증적인 반응을 보였다.

'일본군 위안부'와 교과서 문제에 가장 히스테릭한 반응을 보인 인물은 도쿄대 교육학부 교수인 후지오카 노브카쓰(藤岡信勝)였다. 그는 1995년 1월 '자유주의사관 연구회'를 결성하고, '일본군 위안부'는 결코 강제연행된 여성이 아니었으며 그녀들은 상행위를 하기 위하여 스스로 자진해서 일본군대에 종군한 매춘부라는 망언도 서슴지 않았다.

후지오카는 1997년 1월 니시오 간지(西尾幹二)를 회장으로 '새로운 역사교과서를 만드는 모임'을 결성한다. 이 모임은 '일본군 위안부' 기술 삭제에 전력투구하고 후에 그 힘을 역사 왜곡으로 이동시키면서 마침내 위험한 교과서인 『새로운 역사교과서』를 꾸리게 된다.

그러나 이들의 전쟁찬양과 일본 우월주의 역사인식이 초석이 되어 탄생

일본군 위안부 문제 해결을 위한 정기수요시위(2001. 일본대사관 앞)

한 위험한 교과서는 일본시민사회의 동의를 얻어내지 못하고 채택률 0.039%라는 늪지로 추락하고 말았다. 그렇다면 이들이 그토록 강한 불안감과 강박증세로 집단 히스테리를 일으키면서 반발하던 교과서 내의 '일본군 위안부'에 대한 서술 내용은 어떠한가 살펴보자.

- 군위안부로서 강제로 전장(戰場)에 내보내진 어린 여성도 다수 있었다.
  (도쿄서적 236쪽)
- 조선 등에서 젊은 여성들을 위안부로서 전장으로 연행했다.
  (오사카서적 260~261쪽)
- 또, 많은 조선 여성들이 종군위안부로서 전지(戰地)에 내보내졌다.
  (교이쿠출판 261쪽)
- 위안부로서 전장(戰場)에 있는 군(軍)을 수행하게 된 여성도 있었다.
  (니혼분교출판 252쪽)

이미 삭제된 4종 역사교과서의 해당부분이다. 이외에 일본서적과 시미즈서원, 데이코쿠서원은 기존 교과서의 일본군 위안부에 관한 내용을 일부 수정하여 게재하고 있다고 한다. 그러나 이 3종 역사교과서 채택률 또한 저조하다는 점에 주목해야 한다.

어린 나이에 일본의 침략전쟁터로 강제로 끌려가서 집단강간과 지속적인 성폭력을 당하면서 성노예 상태에 놓여 있던 일본군 위안부 역사를 전 역사교과서에 이렇게 단순하고도 간략하게 기재한 사실 때문에 당시 우리는 분노를 금치 못했다. 더욱 우리를 경악하게 한 것은, 일본군의 가해 사실에 비하면 극히 일부분에 해당하는 기록에 대하여 일본 우익세력이나 학자들이 히스테리화되어가는 현상이었다.

일본교과서 왜곡시정에 관한 전반적인 노력도 중요하지만, 우선 '새역모' 교과서가 현재 일본 내에서 채택률 0.039%로 저지된 지금, 삭제된 '일본군 위안부' 서술을 전 역사교과서에 '부활' 시킬 구체적인 논의와 실천 방안이 우선적으로 요구되는 시점이다. 후지오카와 그 동조자들의 압력으로 삭제된 '일본군 위안부' 가 다시 교과서에 '부활' 되는 그날, '새역모' 가 꾸며낸 위험한 교과서는 위안부 문제와 함께 역사 왜곡을 반증할 결정적 증거로 남게 될 것이다.

이성순(전 정신대연구소 연구원)

교과서문제를 중심으로 살펴본 일본 망언의 역사

해방되고나서 지금까지 일본 정·관계 지도급 인사들은 연례행사처럼 줄곧 망언을 일삼아 우리를 경악케 해왔다.

패전 이후, 친미(親美)주의와 경제제일주의 노선 위에서 일본 부흥의 기틀을 마련하여 현대 일본의 가장 존경받는 정치인으로 자리매겨지는 요시다 시게루(吉田茂) 수상은 일제 식민지는 합법적으로 이루어진 것이고 각 식민지는 일제 덕분에 근대화되어 발전할 수 있었다는 주장을 서슴지 않았다.

전후(戰後) 한국에 대한 망언 제1호로 공인되는 구보타 간이치로(久保田 貫一郎 ; 한일회담 일본측 수석대표)는, 1953년 제3차 한일회담에서 일제가 철도를 부설하고 농지를 조성하고 민둥산에 나무를 심어주었을 뿐만 아니라 많은 재정을 투자하여 조선 경제를 발전시켜주었다는 망언을 늘어놓았다. 그로 인해 한일회담은 결렬되어, 그 후 몇 년 간 중단되기도 했다 (재개된 것은 1957년).

5·16 군사 쿠데타로 집권한 박정희 정권은 한일 양국의 국교 재개에 심혈을 기울였다. 경제건설과 집권을 위하여 청구권 자금이 필요했기 때문이었다. 한일회담이 본격적으로 추진되면서 망언은 속출하였다.

1965년 한일협정 체결시 외상이었던 시이나 에사부로(椎名悅三郞)는, "일본이 명치 이래 강대한 서구 제국주의 이빨로부터 아시아를 지키고 일본 독립을 유지하기 위해 대만을 경영하고 조선을 합방하며 만주에 대아시아제국 건설을 꿈꾸었다"는 망언을 늘어놓았다. 침략성을 위장하는 논리인 대아시아주의와 대동아공영권 사상을 그대로 답습한 것이다.

그 이후 망언은 지금까지 정치가들에 의해 연례행사처럼 발설되고, 애국자로 둔갑한 그들의 발언은 선거에서 유리하게 작용해 그들을 당선시켜 왔다.

망언에서 드러나는 그들의 역사인식은 우리와 관계되는 틀 내에서 다음과 같이 정리할 수 있다. 1) 한국침략을 위한 청일·러일전쟁에 대한 한민족 구제전쟁론, 2) 한국불법강점에 대한 합법적 합의적 한국지배론, 3) 식민지 수탈에 대한 근대화론과 시혜론, 4) 식민지론에 대한 '일선동조'의 합방론과 비식민지론, 5) 동남아 침략전쟁에 대한 대동아공영을 위한 아시아민족 해방전쟁론, 6) 전쟁으로의 강제연행에 대한 자발적 참여론 등이다.

이러한 역사인식은 일제강점기 황국사관의 역사인식 그 자체이고 이것이 패전 후에도 그런 교육을 철저히 받은 황국신민관료 출신들에 의해 망언으로 내뱉어진 것이다. 그런데 이번에 '새로운 역사교과서를 만드는 모임'이 이러한 황국사관과 왜곡된 역사인식에 입각하여 일본인의 자긍심과 긍지를 드높인다는 명분을 내걸고 침략과 전쟁을 미화하고 애국주의를 선동하면서 새롭게 역사교재를 만들어냈고 일본정부는 검정절차를 거쳐 이를 통과시킨 것이다.

이번 교과서사건은 망언으로 일관되어온 일본인의 왜곡된 역사인식이 다음세대를 교육하는 역사교과서로까지 침투하였고 이를 국가가 공인하였다는 것을 의미한다. 그리고 잘못된 역사인식은 이제 망언이 아니라 일본적 상식과 논리가 되어 일본의 군국주의 부활을 획책하는 정신적 토양으로 작용하게 됨을 뜻한다. 이것은 향후 일본이라는 나라의 향방을 가늠하게 해준다.

일본군국주의는 패망과 더불어 점령국인 미국에 의해 해체작업에 들어가는 것 같았다. 실권천황제가 상징천황제로 바뀌고 집단적 자위권과 군사재무장이 헌법에 의해서 원천적으로 봉쇄당하였으며 재벌도 해체당하였다. 이러한 외형적인 모습과 현상만을 가지고 1945년 8월 15일 시점을 역사의 단절점으로 자리매기기도 한다. 그러나 한편으로 정계와 관료계의 인맥 및 구조, 역사의식, 세계관과 가치관 등은 전혀 그렇지 못했다.

제1의 전범인 천황에게 전쟁책임을 묻지 않았을 뿐만 아니라 실권만을 박탈하였을 뿐 계속 신앙의 대상으로 존재하게끔 하였다. 천황의 신국(神國)신화는 무의식 세계에 잠복되어 계속 주술적으로 작용하는 것이었다. 침략전쟁 전범들도 사면하여 이들을 정계와 관계에 복귀시켰다. 점령국 미국은 동아시아전략의 일환으로 일본을 동아시아의 반공 보루로 삼기 위해 군국주의자들을 반공전선에 재배치시킨 것이다.

미국은 대소련 방위전략과 일본의 공산화를 막기 위하여 철저한 반공의 '황국관료'를 재기용하였다. 그 후 일본은 내각제하에서 관료 지배체제라고 해도 지나치지 않을 정도로 관료 중심으로 이끌려왔다. 이 관료 집단은 역사의 단절 없이 전전의 일본을 계승시키려고 몸부림쳤다. 스스로의 의식 개혁 없이 타율적으로 주어지는 단절화 요구는 그들에게 한낱 강요된 압박에 지나지 않았다.

특히 '과거청산' 없이 문부성을 그대로 장악한 황국관료들은 전전(戰前)의 검정교과서 제도를 그대로 계승하여, 특히 역사교과서에 대한 검열과 규제를 엄격히 해왔다. 역사인식의 문제와 직결되기 때문이었다. 진보적이거나 양심적인 역사학자들의 반발과 비판에도 아랑곳하지 않고 반동적이고 제국주의적인 사관 아래 사실은폐와 역사왜곡을 자행하였다. 문부

성의 검정 제도를 통한 역사왜곡 작업은 일본의 망론과 망언을 확대재생
산하고 그에 토대를 둔 일본적 가치와 상식을 고착시켜갔다.

이들은 패망한 일본을 부흥시키기 위하여 미국에 굴종적으로 기생하면
서 전후복구를 이루어나갔다. 그러다가 1970년대 경제대국으로 비상하면
서부터 본심을 드러내, 전면에 나서 '대국 일본'을 외치면서 일본의 우경
화를 주도해갔다. 미국에 대해서도 감히 'NO'라고 외치는 급진적인 반미
주의자들도 서서히 등장하기 시작했다.

일본의 경제적 성공은 '현인신(現人神)인 천황의 나라' 일본을 특종화
하기에 좋은 조건이 되고 일본국민들을 천황교에 빠지게 할 수 있는 좋은
재료가 되었다. 과거 메이지유신을 통하여 부국강병을 달성하였을 때 '신
국(神國) 일본'을 그려내 천황교 주술에 빠져들게 하였던 전례와 너무나
흡사한 경우다.

〈동아일보 만평〉 2001. 4. 4

본질을 숨기고 수면하에서 추진되던 우경화 작업은 종종 망언을 발설하면서 존재를 확인하는 정도에 그치었다. 그러나 경제대국으로 성장하면서 점차 가면이 벗겨지더니 1980년대에 들어와 노골적으로 모습을 나타냈다. 1982년에도 '교과서 파동'을 일으켰으나 주변나라의 반발에 부딪혀 잠복하였다. 아직은 여건이 성숙되어 있지 않다는 역부족을 느꼈기 때문이었다.

전쟁에서 패망하여 50년이 지난 1995년은 하나의 분기점이었다. 전후 50주년은 자타가 공인하듯 일본이 경제력을 바탕으로 정치적으로도 군사적으로도 세계 강국으로 재도약해 있었다. 너나할것없이 내걸은 '전후 50주년 총결산'이란 다름 아니라 이러한 상황 아래서 패전에 의해 적나라하게 드러난 현대 일본의 '원죄의식'을 청산하고 세계 속의 '새로운 비상'을 꿈꾸는 야망을 실현시키는 계기로 삼고자 하였다.

우익세력이나 보수적인 세력은 50주년을 계기로 우경화 프로젝트를 노골적으로 진행시켜나갔다. 국회에서는 '부전(不戰)결의'를 채택하였는데, 이는 과거 수탈과 침략의 역사를 애매모호한 문구로 수식하여 그 책임을 회피해버리면서 '전후 총결산'을 선언하는 것이었다. 그리고 군사재무장을 금지한 평화헌법을 개정해야 한다고 공공연히 주장하면서 그 실현에 박차를 가하기 시작하였다. 미국과는 1997년 9월 미·일방위협력 신지침(신가이드라인)을 채택하고, 1998년 5월에는 신지침 관련 3법안을 국회에서 통과시켜 공격적인 군사력 사용을 가능하게 하였다. 또한 1998년 6월에는 실권천황제 국가의 국가인 기미가요(君が代)와 국기인 히노마루(日の丸)를 상징천황제 일본의 국가, 국기로 정하였다. 정치지도자들의 망언이 한층 더 기승을 부렸음은 말할 나위조차 없다.

1996년 지식인이라 할 수 있는 교수, 만화가, 작가 등을 중심으로 자칭 자유주의사관을 표방하면서 만들어진 '새 역사교과서를 만드는 모임'은

과학적 역사를 반일본적인 역사로, 역사적 진실을 자학적인 것으로 매도하면서 역사교과서 개악운동을 전개하기 시작하였다. 거대한 정치운동의 일환이었고 이제 그 운동이 정책화한 것이다.

현재 일본은 전쟁 체험이 없는 새로운 세대가 모든 분야에서 자연적 세대교체의 흐름을 타고 주역이 되고 있다. 경제부흥과 고도성장의 모습을 보면서 성장한 이 세대는, '일등 국민의식'으로 정신구조가 틀 짜여져 있다. 전전(戰前) 황국신민관료 출신들이 전후 재등장하여 집권하면서 펼친 세뇌교육의 일정한 작용을 받으면서 의식이 형성된 세대기도 하다. 경제적 풍요로움 속에서 불감증에 걸리고 천황교의 주술에 걸린 '별난 나라 별종인간' 군상들이다.

정계의 세대교체와 함께 형성된 신보수주의는 '총체적 대국 일본' 건설을 본질로 하고 있다. 이들 세력에 의해 보수 우경화가 더욱 촉진되고 그들의 망언은 정설로서 더욱 확대 재생산되어갔다. 여기에는 동서냉전체제가 붕괴되고나서 유일 초강대국인 미국이 중국을 가상 주적으로 설정하면서 일본을 그 대항마로서 이용하려는 동아시아전략이 작용하여 일본의 군국주의화를 부추기는 측면도 있다. 또한 세계화 흐름에 대해 국가와 민족이 정체성에 심각한 위기를 느끼고 그 자신을 온존, 강화시키려는 반동성도 배경에 깔려 있다.

황국관료는 천황주의자고 철저한 반공주의자며 군국주의자다. 패망한 후에도 황국관료에 의해 장악된 일본은 그들에 의하여 농락당해왔다. 이제 일본은 경제적인 풍요로움과 천황제의 주술, 미국의 동아시아전략과 세계화 흐름 속에서 이들 조직된 소수에 맡겨져 군국주의 부활의 길로 나아가려고 하는 것이다.

강창일(배재대학교 세계지역학부 교수)

일본 여성학자들의 '후소샤 교과서' 분석과 비판

일본군 위안부 문제에 대한 여성주의적 접근방식은 이 문제에 대한 대중적 여론을 만들어나가는 데 상당한 영향력을 행사하고 있다. 그리고 위안부들로 하여금 자신들을 피해자로서 드러낼 수 있게 하는 분위기를 조성하였다.

고(故) 김학순 할머니를 위시하여 일본군 위안부 피해 여성들이 반세기 동안의 침묵을 깨고 증언을 시작한 지 10년이 지났다. 위안부 문제 해결 운동의 초기 목적은 일본정부의 사죄와 위안부에 대한 정부차원의 배상, 진상규명, 교과서 기술 및 위안부 역사 교육 등이었다. 그러나 대부분 해결을 보지 못한 채 이 운동은 계속되고 있다.

1997년 신학기, 중학교 역사교과서에 일본군 위안부 역사가 간략하게나마 게재되었을 때 피해국 운동단체들은 이 문제가 일부분이나마 반영되었다는 위안을 받았다. 그러나 2002년이면 그마저 삭제될 운명이다.

고(故) 김학순 할머니가 1991년 12월 일본 TV에 모습을 보였을 때 상황을 오오코시 아이코(大越愛子)는 다음과 같이 적고 있다.

가공할 전쟁 범죄인 성노예 제도 속에 억압되어 있던 피해자를 목격하고 수많은 일본인들은 충격을 받았다. 그녀의 분노와 슬픔에 가득 찬 증언을 듣고 일본인들은 그분들을 위한 다양한 운동을 전개했다. 피해자 한 사람 한 사람에게 접근해서 일상생활을 지원하는 작은 운동에서부터 그들의 법정투쟁을 지원하는 운동과 성노예 제도의 실태와 그것을 만든 원인을 규명하기 위한 조사활동에도 나섰다.

「'여성·전쟁·인권' 학회」 회장으로 있는 오오코시는 전쟁책임을 직시하기보다 회피하고 있는 일본인의 정신상태를 점검해보아야 한다고 주장했다. 그녀는 '새로운 역사교과서를 만드는 모임' 학자들의 논지를 분석하고 비판했다. 후지오카 노부카쓰(藤岡信勝)의 '자유주의사관'에 동조해서 모인 '새역모' 논객들은 일본이 행한 침략전쟁을 구미 식민주의에 대항한 자위전쟁이며 또한 아시아 해방전쟁이라고 기술하고 있다. 한편 위안부 기술 삭제파인 이들은 여성들에 대한 강제연행은 없었다고 위안부 사실을 날조하면서 일본군 위안부 경험에 대한 증언을 다시 봉인하려 한다. 오오코시는 위안부 신체에 각인되어 있는 기억의 상흔과 그녀들이 밝힌 리얼리티를 결코 받아들이지 않고 있는 이들을 일본의 전쟁책임을 부정하고 그 의미를 왜곡하려는 역사수정주의자들로 정의했다. 이들은 '새로운 역사교과서'를 만들며 역사를 운운하고 있지만, 어찌되었든 이들의 입장은 역사적 진실을 탐구하려는 역사가들과는 거리가 멀다고 지적하고 있다.

일본의 일부 양심세력의 공격과 여성학자들의 지속적인 반론에도 불구하고 어떻게 이들이 주창했던 '일본군 위안부' 기술 삭제운동이 4년 만에 대성공을 이루고 교과서에서 위안부 역사를 삭제하는 역량을 발휘할 수 있었는지 놀라운 일이다. 그뿐이 아니다. 병리적이고 모순투성이인 위안부 기술 삭제 논의가 어떻게 문부과학성에서 수용될 수 있었는지 주목해

보지 않으면 안 된다.

위안부 존재 자체를 전면 부인하는 이들의 논의 속에는, 전장(戰場)에서 장엄하게(?) 죽어갔을 자신들의 '연인' 또는 '아들', '남편', 아니면 '아버지'께서 일본군 위안소 앞에서 차례를 기다리는 위안부 자료 사진 속의 인물이 아니기만을 바라는 일본군 전사자나 생존자 가족, 또는 후손의 염원이 들어 있다고 보아야 한다. 이들의 논의가 저능한 일본 우월주의적 역사왜곡으로 뒤엉켜 있음에도 불구하고 일본에서 암묵적으로 지지를 얻고 있는 배경에는 이러한 일본 특유의 정서가 작동하고 있다고 볼 수 있다. 이번 교과서왜곡 사건에는 문부과학성의 이러한 내셔널리즘 이상기류에 대한 굴복이 중요한 기제로 작용했을 것이다.

위안부 문제는 여성문제이며 한일 간의 민족문제이기도 하다.

〈동아일보 만평〉 2001. 4. 13

재일동포 여성학자인 야마시타 영애는 이 문제를 세 가지 측면에서 고찰하였다. 식민통치하에서 피지배민족의 수많은 여성이 위안부로 연행되었다는 점에서 민족차별이며, 조선의 여성이 당한 폭력이라는 의미에서 여성차별이며, 가난한 집안의 여성들이 취업사기에 동원되었다는 점에서 계급차별적 측면이 있다는 것이다. 이처럼 일본군 위안부 문제는 일련의 명제들을 통합하고 있다는 점을 간과해서는 안 된다.

가부장적 사회구조의 역사 속에서 여성은 몸에 의해서 모든 가치가 결정되어왔다. 여성의 순결과 정조를 여성의 가치로 매개하는 가부장적 한국사회로 귀향한 위안부 피해여성은 또다시 가족과 이웃으로부터 격리되어 고립되었다. 성노예 상태로 살았던 그들의 지난한 과거는 가족의 수치와 민족의 불명예로 전환될 수밖에 없는 상황으로 이어졌다. 이러한 가운데 그들은 침묵 이외에 선택할 아무것도 없었다.

일본 여성사 연구가인 스즈키 유코(鈴木裕子)는 '자유주의사관 연구회'와 '새역모' 논객들이 교과서에서 위안부 역사를 삭제하기 위하여 광분하는 이면에는 첫째, 성차별주의 의식과 둘째, 일본의 전쟁범죄와 그 책임을 일본인의 기억에서, 그리고 일본 역사에서 말살시켜버리고자 하는 의도가 숨어 있다고 논했다. 스즈키는 위안부 문제를 강제연행이냐 아니냐의 차원에서 논의하는 것은 그 출발부터가 옳지 않다고 지적했다. 또한 위안부는 매춘부로 병사들의 '급료'보다 높은 돈벌이가 되는 '수익이 좋은 비즈니스' 상행위였다고 문부대신에게 후지오카가 띄운 공개서한이야말로 여성차별 사상이라고 맹렬하게 비판했다.

후지오카와 그 동조자들은 군위안부 제도는 공창제도이며 이 제도는 일본군의 매춘방지가 아닌 매춘통제에 의한 일본군의 성병감염 방지를 위해서 있었다고 주장한다. 일본은 1956년 매춘방지법이 성립되었으므로 당시 공창제도 아래 있었던 매춘(賣春)은 합법이기 때문에 위안부 문제는 전쟁범죄에 해당되지 않는다는 것이다. 공창제도가 여성의 인권침해 시스템임에 틀림없는데도 그것을 역으로 위안부 문제를 면책하기 위한 명분으로 거론하고 있는 후지오카와 그 동조자들에 대하여 스즈키는 이들이야말로 가부장제 남성중심사회가 낳은 남성권력의 화석(化石)이라고 질타했다. 그녀는 매춘을 용인하는 성풍토와 '강간문화'라고 스즈키가 표현하는 도착된 성이 만연해 있는 일본사회가 그들이 여기저기 쓰고 떠들 수 있는 기반을 제공하고 있다고 오늘의 일본 현실을 돌아보았다.

　1990년대 초부터 일본 페미니즘 담론 시장에서 '일본군 위안부' 문제는 전쟁과 여성과 인권을 둘러싼 논쟁의 핵심주제였다. 그러나 2001년 '일본군 위안부' 문제는 일본에서 왜곡교과서를 둘러싼 논쟁의 핵심으로 전환되었다. 현재 페미니즘 담론 시장에서 이 문제는 더이상 논쟁의 주제가 되지 않는다. 이제 '일본군 위안부' 문제는 일본정부가 해결해야 할 우리의 문제임을 알아야 한다. 동시에 일본의 왜곡교과서를 바로잡기 위하여 '일본군 위안부' 문제가 선결되어야 한다는 점을 명심할 필요가 있다.

이성순(전 정신대연구소 연구원)

Ⅱ

누가 왜곡하는가

'새로운 역사교과서를 만드는 모임'과
그것을 움직이는 주역들*

'새로운 역사교과서를 만드는 모임'이 공식 결성된 것은 1997년 1월이었다. 그런데 이 모임의 결성은 1993년 8월부터 1995년 2월까지 존재했던 자민당의 '역사 검토위원회'가 그 배경이 되었다. 이 위원회는 1980년대 초반에 전개되었던 우익측의 제2차 교과서공격** 실패에 대한 대응책으로 만들어진 것이었다.

당시 제2차 교과서공격은 우리나라를 비롯한 주변국들의 반발과 이에 나가의 제3차 소송 제기*** 등으로 인하여, 오히려 교과서에 주변국에 대한 침략사실이 기재되는 계기가 되었다. 난징대학살의 경우 1984년판 모든 중학교 교과서에 기록되었고, 곧이어 모든 1985년판 고등학교 교과서에도 실리게 되었다. 그리고 1992년에는 초등학교 전 교과서에 실리게 되었다. 또한 1994년판 고등학교 교과서에는 '종군위안부'가 있었다는 사실이 등장했고, 그것이 1997년에는 중학교 교과서에도 실리게 되었다.

----

* 이 글은 타와라 요시후미가 지은 『위험한 교과서』(일본교과서바로잡기 운동본부 역, 역사넷, 2001)를 주로 참고했다.

** 일본의 교과서공격에 대해서는 이 글 뒷부분 참조.

*** 이에나가 소송에 관해서는 제4부 3장 참조.

이러한 교과서 개선에 위기의식을 느낀 자민당은 스스로 대동아전쟁(태평양전쟁)을 총괄한다는 목표를 세우고 '역사 검토위원회'를 만들었던 것이다. 이들은 1995년 8월 자신들의 '검토' 결과를 책으로 발표했다. 그들의 결론은 이렇다. ① 대동아전쟁은 침략전쟁이 아니라 자존·자위 전쟁이며 아시아 해방전쟁이었다. ② 난징대학살, '위안부' 등의 가해사실은 날조이며 일본은 전쟁범죄를 범하지 않았다. ③ 최근 교과서는 있지도 않은 침략이나 가해사실을 적고 있어 새로운 '교과서 분쟁'이 필요하다. ④ ①, ②와 같은 역사인식을 국민의 공통인식, 상식으로 하기 위해 학자로 하여금 국민운동을 전개하게 할 필요가 있다.

이들의 결론에 근거해서 1996년 제3차 교과서공격이 개시되었다. 그리고 그들의 네 번째 주장, 즉 학자들의 '국민운동'이 준비되었다. '운동'의 중심은 당시 '종군위안부'나 난징대학살을 비롯한 가해사실을 '반일적·자학적·암흑적'이라고 비방하고 '교과서에서 삭제하라'는 주장을 하고 있던 '자유주의사관 연구회'가 되었다. 이들의 '운동'은 1997년 1월 '자학사관'을 '극복'한 새로운 교과서를 직접 발행하겠다는 목표를 내건 '새로운 역사교과서를 만드는 모임'의 결성으로 귀결되었다.

그런데 역사교과서를 새로 만들겠다는 이 단체 중심인물들은 정작 역사 연구자들이 아니다. 회장 니시오 간지(66)는 독문학 전공의 전기통신대학 교수이며, 자유주의사관 전도사 역할을 하고 있는 동경대 교수 후지오카 노부카쓰(58)는 교육학 전공이다. 또한 만화를 통해 우익 이념을 전파하며 선전부장 역할을 하고 있는 고바야시 요시노리(47)는 그야말로 만화가다. 굳이 역사전공자를 찾는다면 동경대 명예교수인 이토 다카시가 유일하다. 나머지 회원들은 대부분 국제정치학자, 변호사, 기업인 등이다.

어쨌든 '새역모'는 결성 이후, 전쟁을 수행할 수 있는 '보통국가'로의 헌법개정운동을 벌이고 있는 '일본회의', 보수 우익의 대변지 '산케이신문' 등과 연합하여 자민당이 주장한 '국민운동'을 전개하는 전위부대로서의 역할을 하기 시작했다.

'새역모' 측은 자신들의 동맹세력들과 함께 전국을 순회하며 각종 강연회와 심포지엄을 연간 700회 이상 개최했다. 또한 최근 4년 동안 100권이 넘는 도서를 출판, 보급했다. 또 이들은 각 지역 보수 정치인들을 포섭하여 중학교 교과서 채택권을 가지고 있는 각 지역단위의 교육위원회를 장악하려는 시도를 전개하고 있다.

'새역모'는 1999년 10월 말 현재 이미 47개 지역 48개 지부(동경은 2지부)를 거느리는 거대한 조직이 되었다. 회원 수는 1만 명을 넘어섰다. 이들의 성장은 보수 우익 기업들과 산케이신문의 적극적인 후원하에 진행되었다. 이들은 교과서 채택과정에서 지방의회나 교육위원회에 압력을 효과적으로 가하기 위해 각종 우파조직들을 결집시켜 2000년 4월에는 '교과서 개선연락협의회'를 발족시켰다. 또 자민당 지방의원들은 이들을 지원하기 위해 '교과서의원연맹'을 조직했다.

이처럼 '새역모'는 우익측이 오래전부터 끊임없이 진행해오던 교과서공격을 진일보한 형태로 전개하기 위해 만든 핵심조직이다. 또한 그들은 일본헌법 개정과 같은 일본사회의 우경화를 진행하는 핵심이기도 하다. 실제로 '새역모' 아오모리현 지부장은 일본회의 아오모리현 운영위원장을 겸임하고 있고, '새역모' 나가사키현 지부장은 일본회의 나가사키현 부회장을 겸임하는 등 양조직은 불가분의 관계에 있다. 따라서 '새역모'의 실체는 교과서공격에 가담하고 있는 우파조직들의 전체상 속에서 파악해야 그 위상을 정확히 파악할 수 있다.

'새역모' 사무국장 다카모리는 자신들의 교과서공격이 일본 시민사회의 반발과 주변국들 항의로 인해 실패한 이후 '4년 후의 복수'를 다짐했다. 앞으로도 '새역모'는 교과서왜곡의 핵이 될 전망이다.

이신철(역사문제연구소 선임연구원)

일본 교과서공격의 역사

한국인들의 기억에 일본의 역사교과서 왜곡은 크게 세 차례 있었다. '근린제국조항'을 만들어냈던 1982년, '일본을 지키는 국민회의'의 고등학교용 『신편 일본사』 파문이 있었던 1986년, 그리고 '새로운 역사교과서를 만드는 모임'의 교과서가 문제된 2001년이다. 그런데 일본에서는 역사왜곡 시도를 '교과서공격'이라 부르면서, 그 시기를 한국과는 다르게 설정하고 있다. 일본의 사례를 중심으로 교과서왜곡의 역사를 간단히 살펴보자.

1. 교과서검정의 검열화 – 제1차 교과서공격

1955년 일본민주당은 총선거에서 '자주헌법 제정·자위군 창설·국정교과서 통일'을 공약으로 내걸고 팸플릿 『우려할 교과서문제』 제1집~제3집을 발표하여 검정에 합격한 역사교과서를 비방공격하기 시작했다. 1955년 11월 자유당과 민주당의 보수합동(자유민주당 결성)으로 교과서제도의 개악이 단숨에 진행되었다. 1956년 문부성은 교과서조사관제도를 신설하고 교과용도서검정조사심의회의 위원을 이전의 2배인 100인으로 증원하여 검정을 강화했다. 1957년 검정에서는 소학교의 $\frac{1}{3}$이 불합격되고 중학·고교의 사회과교과서 8종이 불합격되었다. 전일본교직원조합(일교조) 전국연구집회의 강사를 했던 대학교수 등이 편집한 교과서가 모두 불합격되었다.

2. 교과서의 개악과 개선 – 제2차 교과서공격

1979년부터 자민당은 국제승공연합과 같이 팸플릿 『신(新) 우려할 교과서문제』를 발행하고, 제2차 교과서공격을 시작했다. 개선되기 시작한 교과서는 다시 엄한 검정을 받게 되었다. '침략'을 '진출'로 고쳐 썼던 사실이 검정강화의 상징이 되어 국내는 물론 아시아 각국에서도 비판이 쇄도했다. 1982년 정부는 문제의 부분을 수정하고, 검정기

'새로운 역사교과서를 만드는 모임'과 그것을 움직이는 주역들 97

준에 「근린 아시아제국과의 근현대 역사적 사상(事象)을 취급할 때 국제이해와 국제협조의 견지에서 필요한 배려가 있을 것」이라는 조항을 더하는 것으로 매듭지었다. 그후 교과서에 '침략'이라는 표기가 부활되었다. 한편, 교과서공격 진영의 '일본을 지키는 국민회의'는 1986년 고교용 『신편 일본사』를 검정합격시켰으나 각급 학교에서는 1만 부(1%)밖에 채택되지 않았다(일본의 고등학교에서는 학교 단위로 교과서를 채택하게 되어 있다).

3. 1990년대의 교과서문제 – 제3차 교과서공격

1991년 자민당의 안전보장문제간담회는 자위대를 '전쟁이 가능한 군대'로 만들기 위해 국민의 역사인식을 바꾸어 국가에 대한 자부심을 가지게 하지 않으면 안 된다고 주장했다. 또한 1993년 자민당의 역사검토위원회는 ① 대동아전쟁은 침략전쟁이 아니었다, ② 종군위안부·남경사건은 날조다, ③ 지금 교과서를 시정하는 싸움이 필요하다는 결론을 내렸다. 이러한 정치흐름 속에서 후지오카 노부카쓰는 1995년에 자유주의사관 연구회를 조직하여 교사들과 근현대사 고쳐쓰기 운동을 시작하고, 자민당 측도 끌어들였다.

한편으로 1991년 12월 전 위안부 김학순 할머니가 동경지방재판소에 개인보상을 구하는 소송을 제기했다. 한국정부는 진상규명을 요구했다. 1993년 8월 고노(河野) 관방장관은 '정부조사결과'를 발표하여, 국가가 관여했으며 본인의 의사에 반하여 '위안부'가 모집되었음을 인정했다. 그리하여 1997년의 중학교 역사교과서에 '종군위안부' 사실이 기술되기 시작했다.

이에 대해 자유주의사관파는 1997년에 '새로운 역사교과서를 만드는 모임'을 결성하고 우익과 함께 종군위안부 기술의 삭제와 '자학사관' 교과서의 개정을 요구하는 공격을 시작했다. 그리고 2000년에 후소샤에서 신청본을 검정에 제출했다. 동시에 교과서 채택과정에서 현장교사를 배제하는 운동을 전개하여 학교투표제를 폐지시켰다. 자민당 의원도 국회에서 근현대사 기술을 문제삼고 교과서회사에 개정을 요구했다. 그 결과 '침략' 기술은 변하지 않았지만 '종군위안부' 기술은 후퇴했다.

8월 15일 교과서채택 결과 후소샤 교과서는 0.039%밖에 채택되지 않았다. '새로운 역사교과서를 만드는 모임'의 공격은 실패로 끝난 셈이다. 그러나 그들은 이번의 실패를 계기로 4년 뒤에 다시 도전하겠다는 의사를 밝혔다. 우선 1986년에 학교 현장에서 배척된 『신편 일본사』의 개정판을 내년도 고등학교 검정에서 적극 지원하겠다는 입장을 밝혔다. 또 2003년에는 소학교(한국의 초등학교 – 편집자) 교과서에도 참가하겠다고 공언했다. 이것을 토대로 2005년에 제4차 교과서공격을 감행하겠다는 계획인 것이다.

교과서공격・역사개정파와 우파 인맥(존칭 생략)

타와라 요시후미(俵義文) 작성(2001년 1월 개정)

아래 이름은 교과서공격을 행하고 있는 인물을 중심으로 한다.

* '자유주의사관' 연구회 회원은 거의 대부분 '새역모' 회원
* '자유주의사관' 연구회의 중진 사람은 소와사(昭和史)연구소 관계자

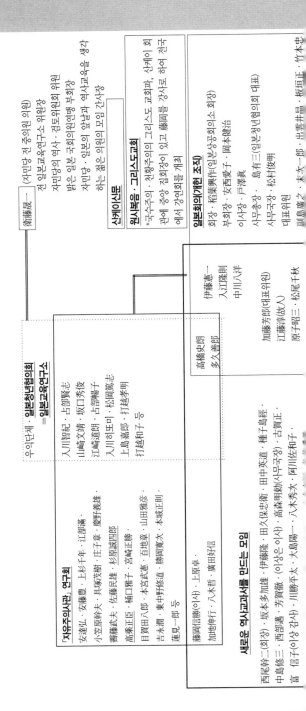

'자유주의사관' 연구회

安達弘・安藤豊・上杉千年・江部節雄・
小笠原幹夫・具塚交樹・庄子章・慶野義雄・
齋藤武夫・佐藤民雄・杉原誠四郎
高乘正臣・桶口雅子・宮崎正勝・
日賀八郎・本宮武憲・百地章・山田雅彦・
吉永潤・東中野修道・勝岡寬次・本城正則・
蓮見一郎 등

새로운 역사교과서를 만드는 모임

西尾幹二(회장)・坂本多加雄・伊藤隆・田久保忠衛・田中英道・種子島經・
中島修三・西部邁・芳賀徹・(이상은 이사)・高森明勅(사무국장)・古賀正・
富 信子(이상 감사)・川勝平太・大島隆一・八木秀次・阿川佐和子・

우익단체
人川智紀・占部賢志
山崎文靖・坂口秀俊
江崎道朗・占部陽子
人川히로미・松岡篤志
上島嘉郎・打越孝明
打越和子 등

일본청년협의회
=일본교육연구소

高橋史朗
多久善郎

伊藤憲一
入江隆則
中川八洋

加藤芳郎(대표위원)
江藤淳(고人)
原子昭三・松尾千秋

衛藤晟一
(자민당 전 중의원 의원)
전 일본교육연구소 위원장
자민당의 역사・검토위원회 위원
받은 일본 국회의원연맹 부회장
자민당・일본의 앞날과 역사교육을 생각
하는 젊은 의원의 모임 간사장

새역이신문

원사복음・그리스도교회
*'국주주의', 천황주의의 그리스도 교회파, 신에이 회
관에 중앙 집회장이 있고 藤岡을 강사로 하여 전국
에서 강연회를 개최

일본회의(개인 조직)
회장・稲葉興作(일본상공회의소 회장)
부회장・安西愛子・岡本健治
이사장・戸澤眞
사무총장・島有三(일본청년협의회 대표)
사무국장・松村俊明
대표위원
副島廣之・末次一郎・出雲井晶・板垣正・竹本忠

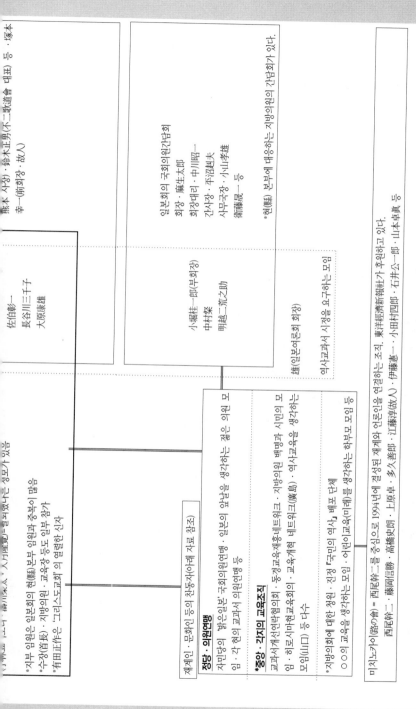

* 타와라 요시후미 저 / 일본교과서바로잡기 운동본부 역, 『위험한 교과서』, 역사넷, 2001, 206~207쪽에서 전재

'새로운 역사교과서를 만드는 모임'을 지원하는 세력

(1) 우익 정치인

일본은 한국과 달리 의원내각제를 채택하고 있다. 최고 권력자인 수상에 의한 절대적 통치라기보다는 상대적으로 국회의원 의견이 중시되는 정치환경이다. 이러한 정치환경 속에서, 현재의 교과서 개악문제는 고이즈미(小泉) 수상 일개인의 역사인식과 독자적인 판단에 의해 추진되는 것이 아니라 고이즈미가 속해 있는 자민당 내 대다수 의원의 교과서문제에 대한 인식을 반영하고 있다고 할 수 있다.

일본은 현재 고이즈미를 수상으로 자민당, 공명당, 보수당이라는 삼당 연립으로 정국을 운영하고 있다. 삼당 연립이라 할지라도 실제는 다른 연립정당에 비해 자민당이 의원 수에 있어 다수를 차지하므로 정책 결정에 있어서는 자민당 의향이 많이 반영되고 있다. 이런 정치상황에서 '새로운 역사교과서를 만드는 모임'의 활동을 적극적으로 지지·지원하는 것은 자민당이다. 반면 야당인 민주당, 사민당, 공산당은 '새역모'가 만든 교과서에 대해 비판적인 태도를 보이고 있다.

교과서 개악문제에 있어 정치적 지원세력인 자민당은 1955년 자유당과 민주당이라는 두 보수계열 정당이 합당하여 만들어진 정당으로 이후 1993년 호소카와(細川) 연립정권 발족으로 잠시 여당 자리에서 물러났지만, 이후 하시모토(橋本) 총재하에서 집권당으로 컴백하여 현재에 이르고 있다. 실로 약 45년 간이나 집권당으로서 군림하며 보수세력의 이익을 대변하고 있는 것이다.

'새역모'에 대한 자민당 내의 중심적인 지지세력은 '역사 검토위원회' 소속 의원이다. 1993년 자민당 일당우위 체제에 종지부를 찍고 국민의 기대를 안고 출범한 비자민당의 호소카와 수상은 8월 10일 기자회견 석상에서 태평양전쟁에 대해 '침략전쟁'이라는 표현을 공식적으로 사용하였고, 이에 위기감을 느낀 자민당 내의 보수 우익성향 의원들이 8월 23일, '영령에 보답하는 의원협의회', '유가족 의원협의회', '함께 야스쿠니신사에 참배하는 국회의원 모임' 3단체가 중심이 되어 중·참의원 105명이 참가한 '역사 검토위원회'를 조직하였다. 이 위원회는 첫번째 모임에서 교과서 공격의 필요성, '대동아전쟁'을 긍정하는 역사인식을 국민들에게 심어주기 위해 학자에게 자금을 원조하는 방안 등을 거론하였다. 이후 20회의 학습회를 거쳐 1995년 『대동아전쟁의 총괄』을 간행하였다. 대동아전쟁이라는 책제목이 시사하듯이 이 책은, 태평양전쟁을 '자위전쟁'이며 '아시아해방을 위한 전쟁'으로 부각시켜 침략전쟁을 미화하며, 남경사건 같은 전쟁범죄를 부인하는 등 침략전쟁 찬미로 점철되어 있었다. 이러한 '역사 검토위원회' 조직과 역사교과서 문제에 대한 인식은 자민당 내의 교과서 공격 모체로서 계승되었다. 즉 이듬해 1996년, 중학교 교과서에 종군위안부에 대한 내용이 실리자, 6월 자민당 의원은 '밝은 일본 국회의원 연맹'을, 1997년에는 '일본의 앞날과 역사교육을 생각하는 젊은 의원 모임'을 결성하여 정부와 문부과학성에 정치적 압력을 가하여왔다. 2001년 3월, '일본의 앞날과 역사교육을 생각하는 젊은 의원 모임'은 문부과학성 검정을 통과한 '새역모' 교과서에 대한 한국·중국의 재수정 요구에 대해 "한·중의 요구는 명백한 내정간섭"이며 "한국과 중국의 국정 교과서에 있는 반일 기술에 대해서도 시정을 요구해야 한다"고 주장하며 '새역모'를 전폭적으로 지원하고 있다.

이러한 조직적인 지원세력과 더불어 개개인으로 거론할 수 있는 정치가는 역시 모리 요시로(森喜朗) 전 수상, 마치무라 노부타카(町村信孝) 전 문부과학상, 이시하라 신타로(石原愼太郎) 동경도지사다. 문제의 교과서가 검정 통과하는 데 있어 결정적인 역할을 한 것은 모리 전 수상과 마치무라 전 문부과학상이다. 자민당 내 우익성향을 가진 모리 전 수상은 앞서 거론한 '역사 검토위원회' 멤버로, 1994년 무라야마(村山-사회당) 정권하에서 동아시아에서의 평화공존을 위해 추진되었던 '전후50년 국회결의(1945년 이전 일본이 행한 침략행위를 반성하며 향후 세계평화를 위해 노력하겠다는 내용)'에 반대하였다. 모리에 의해 2000년 12월 문부성(현 문부과학성) 장관에 임명된 마치무라는, 문부상이던 1998년 6월 국회에서 "현 역사교과서의 메이지유신 이후 내용에는 부정적인 면이 너무 많다"고 답변했으며, 2001년 4월 기자회견에서도 "일본은 패전의 잿더미에서 지금의 부흥을 이뤄냈다. 그런데도 우리는 너무 부정적인 면만 강조해오지 않았나, 좀더 긍정적이어도 좋은 게 아닌가 하는 생각을 지금도 갖고 있다"고 발언해 이미 기존 교과서에 비판적이었으며 교과서 개정에 적극적이었던 인물이었다. 결국 모리, 마치무라를 비롯한 우익성향이 강한 국무대신들로 포진된 모리 2차 개조내각에서 '새역모'가 만든 교과서는 검정 통과되었다. 또한 남경사건 부정, 제3국인 발언으로 물의를 빚었던 동경도지사 이시하라는 도지사라는 지위를 이용하여 동경도 교육위원회가 '새역모' 교과서를 채택하도록 영향력을 행사하였다.

김봉식(광운대학교 강사)

(2) 우익 기업인들

일본 역사교과서 왜곡에 앞장서온 '새로운 역사교과서를 만드는 모임' 측의 1999년도 결산액이 4억 1,532만 엔에 이르고 있다는 사실이 후소샤 교과서가 공정거래위반혐의로 고발되면서 알려졌다. 과연 '새역모' 측은 어떻게 해서 이런 거금을 마련할 수 있었을까?

2000년 7월 개최한 '새역모' 제3회 정기총회 결산보고에 따르면 1999 년도(1999.4.1~2000.3.31) 수입이 일반회계로 1억 4천80만 엔, 특별회계로 2억 8천만여 엔에 이르렀다고 한다. 회원수는 2000년 3월 31일 현재 10,445명에 이르고 있으며 1년 전부터 26% 증가된 것으로 알려져 있다. 산술적으로 계산해볼 때 '새역모'에 참여하고 있는 회원들은 연간 평균 4 만 엔 이상의 거금을 회비로 내고 있는 것이다.

하지만, 보통 일본의 시민단체 회원들이 연간 5천 엔 정도를 회비로 기 부하는 것을 볼 때 '새역모'의 수익구조는 기존의 시민단체와는 사뭇 다 르다는 것을 쉽게 알 수 있다.

'새역모'에서 출판하는 기관지 『史』에는 '새역모'에 참여하고 있는 임 원의 명단을 게재하고 있다. 이 명단에는 저명한 저널리스트에서부터 일 본 유수의 기업 간부들까지가 총망라되어 있다. 이러한 든든한 배경이 오 늘의 '새역모'를 떠받치고 있으며, '새역모' 회원들은 바로 이들의 영향 력에 의해 움직이고 있는 것이다.

'새역모' 측에서 밝히고 있는 명단에 간부가 속한 기업은 가시마 건설 (鹿島建設), 스미토모(住友)계열 기업, 미쓰비시 중공업(三菱重工業), 가와 사키 중공업(川崎重工業), 오사카 상선(大阪商船), 니혼타바코(日本たばこ) 등 우리에게 이미 낯익은, 한국에 진출해 있거나 한국기업과 제휴하고 있 는 기업들이다. 이들 기업과 '새역모'에 참여하고 있는 기업간부의 역할

이 어느 정도의 연관성을 갖고 있는지는 아직 알려져 있지 않다.

하지만, 하시모토 일본총리에게 교과서에서 '일본군위안부' 기술을 삭제해달라고 주장한 '일본회의' 대표가 일본 상공회의소 회장 출신인 이나바(稻葉興作)인 것을 볼 때, 일본의 정계뿐 아니라 재계 역시 역사왜곡에 적어도 동참하고 있다고 보아야 할 것이다.

그러나 모든 일본기업들이 '새역모'가 주도하고 있는 역사왜곡에 동참하고 있다고는 볼 수 없다. 우리에게 익히 낯익은 소니나 도요타와 같은 글로벌 마케팅을 표방한 기업들은 참여하고 있지 않다. 또한, 이들 기업들의 간부들은 일본의 우익 정치인들이나 '새역모'의 역사왜곡 움직임에 대해 달가워하고 있지 않다.

결국 일본내 기업들은 세계시장을 무대로 적극적인 영업전략을 추진하고 있는 기업과 분쟁이나 전란을 통해서 이득을 꾀할 수 있는 기업으로 양분되어 있다고 보여진다. 즉, '새역모'에 간부가 임원으로 참여하고 있는 기업들은 전전부터 국책회사로서 발족하여 유수의 재벌로 성장한 중기업들이 주도하고 있으며, 전후에 생성된 신생기업, 특히 소비재를 중심으로 한 기업들은 부정적인 입장을 견지하고 있다.

한편 '새역모'를 지탱하고 있는 기업으로는 재벌기업뿐 아니라 산케이신문으로 대변되는 언론사들도 적극적으로 참여하고 있다. 산케이신문은 역사왜곡에 항의하는 주변국의 목소리를 내정간섭으로 매도하고 있으며, 왜곡교과서를 출판하고 있는 후소샤에 최대주주로 참여하고 있다. 산케이신문이라는 일본 유수의 언론사가 자본금 4천만 엔의 열악한 후소샤의 최대 주주로 참여하고 있는 것은 언론사가 직접적으로 '새역모'를 후원하고 있다는 비판에서 비껴가기 위한 조치로 여겨진다.

우리는 일본의 침략전쟁으로 인하여 막대한 부를 축적하고, 또한 아시아인을 강제연행하여 강제노동에 혹사시켰던 기업들이 스스로의 전쟁책임에 대해서 겸허히 반성하기는커녕 침략전쟁을 은폐, 왜곡시키고 있다는 사실을 직시하고, 이들의 역사왜곡 움직임을 경계해야 할 것이다.

김은식(태평양전쟁피해자보상추진협의회 사무국장)

(3) 보수 언론

'새로운 역사교과서를 만드는 모임'을 전폭적 노골적으로 지지, 지원하며 '새역모'가 만든 중학교 교과서가 검정 통과할 수 있게 한 일등공신은 산케이(産經)신문이다.

일본의 전국지는 판매부수로 보면, 요미우리(讀賣)가 약 1,000만 부, 아사히(朝日)가 약 839만 부, 마이니치(每日)가 약 400만 부, 니혼케이자이(日本經濟)가 약 250만 부, 산케이신문은 203만 부로 다섯 번째다. 각 신문의 논조는 아사히가 혁신, 요미우리가 온건한 우익성향, 마이니치가 중도인 데 반해 산케이는 거침없이 우익노선을 표방하고 있다.

산케이신문은 1932년 6월 오사카에서 '일간공업신문'으로 창간되어, 1942년 11월 '신문통합령'에 의해 '산업경제신문'으로 거듭났다. 그 후 재정난에 허덕이던 산업경제신문은 일본 재계의 지원으로 산케이로 이름을 바꾸고 종합지로 전환하면서 지금과 같은 우익보수의 논리를 대변하게 되었다.

산케이신문은 1996년 1월부터 새역모의 잉태 모체인 '자유주의사관 연구회' 회원들이 집필한 '교과서가 가르치지 않는 역사' 시리즈를 연재하기 시작하면서 기존 역사교과서에 대한 공격의 포문을 열었다. 이후 이 시리즈는 단행본으로 간행되어 각각 수십만 부가 팔려나갔다. 또한 후지오카 노부카쓰나 니시오 간지, 고바야시 요시노리 등 '새역모' 핵심 간부나 우파 학자들의 글을 게재하며 역사교과서에 대한 공격을 집요하게 전개하기

■가시마 건설 ■다이세 건설 ■오바야시구미 ■고마쓰 건설 ■도시바 플랜트 건설 ■히가시니혼 하우스 ■쇼쿠산 주택상호 ■다이킨 공업 ■미쓰비시 중공업 ■고베 제강소 ■스미토모 금속광산 ■스미토모 전기기계공업 ■가와사키 중공업 ■아사히 공업 ■니혼 컴시스 ■smk ■스미토모 부동산 ■이세키 농기 ■도시바 ■후지쓰 ■캐논 ■스미토모 전기공업 ■오키 전선 ■사카구치 전열 ■덴키 화학 ■ntt ■돗판 인쇄 ■다이니혼 잉크화학공업 ■이스즈 자동차 ■히노 자동차 ■마쓰다 ■야나세 ■bmw 도쿄 ■쇼와 비행기공업 ■브릿지스톤 ■요코하마 고무 ■니혼 합성고무 ■주고쿠 전력 ■이데미쓰 석유 ■마루젠 석유화학 ■니혼카이 석유 ■아라비아 석유 ■자바 석유투자 ■스미토모 금속광산 ■오사카 상선 ■이와이 선박 ■닛쇼이와이 ■마루베니 ■후지무라 상사 ■가쇼 ■아지노모토 ■라이온 ■주가이 제약 ■니혼 켄터키프라이드치킨 ■니혼 담배산업 ■도호 레이온 ■도요 방적 ■마쓰야 ■기노쿠니야 식품 ■도쿄미쓰비시 은행 ■스미토모 은행 ■스미토모 신탁은행 ■요코하마 은행 ■히로시마 은행 ■니혼 개발은행 ■아사히 은행 ■산인 합동은행 ■니시니혼 은행 ■도쿄 신용조합 ■난베이 은행 ■도긴 리서치인터내셔널 ■후코쿠 생명보험상호 ■스미토모 생명보험상호 ■니혼 단체생명보험 ■손포 회관 ■니혼 카드 ■스미토모 부동산 ■기타니혼 빌딩관리 ■도쿠야마 ■이케부쿠로 터미널 빌딩 ■긴자 아스타식품 ■도쿄 중소기업투자육성 ■니혼 종합연구소 ■닛코 리서치센터 ■야마다네 종합연구소 ■도쿄 영화제작 ■도프라 ■분쿄도 ■호쿠토 아카데미 ■다이신토 ■미나미니혼 크레인센터 ■도소 ■비즈니스브레인 오타쇼와 ■닛쓰코 ■후지사와오다큐 ■아오야마 감사법인 ■시나가와 여자학원 ■가에쓰 학원 ■조후쿠사이타마 고교 ■사쿠라가오카 여자학원 ■무라타 학원 ■국제문화회관 ■니혼 be연구소 ■모라도지(도덕+학문) 연구소

시작했다.

  1999년 10월부터는 12회에 걸쳐 '중학교 사회과 교과서의 통신부'라는 기사를 연재했다. 이 기사는 현재 사용되고 있는 7사의 중학교 교과서를 문부과학성이 작성한 '학습지도요령'에 근거하여 비교 분석한 것이었다.

예를 들면 태평양전쟁에 대해서는 '침략', '학살', '강제연행' 등 자학적인 표현이 만연해 있다고 비판했다. 또 "대동아전쟁을 '태평양전쟁'으로만 가르치고 있는데, 당시 일본측의 정식호칭을 기피하면 '국민으로서의 자각'은 결코 육성되지 않는다"고 비판했다. 산케이신문은 결국 이런 비판을 토대로 새로운 교과서의 필요성을 강조하였던 것이다. 또한 '새역모'가 만드는 중학교 교과서를 미리 선전하기 위해 '새역모' 회장인 니시오가 집필한 『국민의 역사』를 산케이신문사에서 직접 출판하였다.

2001년 산케이신문사 계열의 후소샤(扶桑社)에서 간행하는 '새역모'의 중학교 교과서가 검정 통과되자, 이를 선전하기 위해 '중학교 교과서 통신부'라는 코너에서 다른 출판사에서 간행한 교과서에 비해 자사 교과서가 뛰어나다는 점을 선전하였다. 또한 한국과 중국에서 일본의 '새역모' 교과서에 대한 재수정 요구가 거세지자 오히려 한국·중국의 교과서 오류 부분을 시정하라는 주장을 하기도 하였다. 요미우리신문도 이러한 노골적인 산케이신문의 역사교육 비판 논리에 동조하고 있다.

한편 일간지뿐만 아니라 문예춘추사가 발행하는 극우파의 대변격인 월간 『쇼쿤(諸君)』, 산케이계열사가 발행하는 『세이론(正論)』을 중심으로 『분게이순주(文藝春秋)』에 후지오카와 니시오를 비롯한 '새역모'의 핵심멤버와 우파 평론가 정치인들이 역사교육, 기존 교과서에 대한 비판, '새역모'가 만든 교과서의 선전 기사를 집중적으로 게재하여 여론을 환기시켜왔다. 월간지 이외에는 쇼가쿠칸(小學館)이 격주로 발행하는 『SAPIO』를 중심으로 『주간신조』, 『여성세븐』, 『주간포스트』가 이에 동조하여왔다. 특히 『SAPIO』는 '새역모' 핵심 인물 중 한 사람인 고바야시가 만화매체를 이용해 왜곡된 역사인식을 양산하고 있다.

김봉식(광운대학교 강사)

일본 우익의 역사

　일본에서 우익은 일반적으로 국가주의 · 일본주의 · 농본주의 · 국가사
회주의 · 반공주의 등을 표방하는 개인 및 단체를 일컫는 말이다. 이념적
으로는 다양한 편차가 있다고 인정할 수 있지만, 이들의 기본원리는 천황
중심주의적 국가관에서 찾을 수 있다. 그리고 우익의 역사는 1945년 패전
이전과 이후를 구분해서 살펴보는 것이 이해하기 쉬울 것으로 생각된다.

　먼저 천황의 존재에 대해 언급하면서 이야기를 풀어가기로 하자. 일본
의 우익은 천황 = 신에 대한 절대적 귀의와 더불어 천황이 통치하는 일본
국은 세계에 으뜸가는 훌륭한 나라라는 신념에서 출발한다. 여기에서 '황
실의 존엄', '일군만민', '신주(神洲)불멸', '만방무비의 국체(國體)' 등의
이데올로기가 생겨나 구체적 운동 지침이 된다. 일본 우월주의나 서구 배
척과 같은 발상이 여기에서 나온다. 당연히 이런 국체의 변혁을 기도하는
공산주의와는 물과 기름 관계로서, 반공은 거의 모든 우익에 공통되는 기
본적 이데올로기가 된다.

　대외 침략이라는 면에서 볼 때 일본 우익의 역사는 사실 일본 근대사 주
역들의 역사라고 할 수 있다. 1868년 '메이지유신'으로 일본이 근대화의
첫발을 내디뎠을 때, 이웃한 한반도는 우호와 협력 대상이 아닌 침략 대상

으로 규정되었다. 한반도를 정벌하자는 일본의 소위 '정한론'으로 대표되는 침략 이데올로기가 그것으로, 당시 메이지유신 지도자 중에서 조선을 치자는 데 반대한 사람은 한 명도 없었다.

이후 청일전쟁, 러일전쟁으로 일본 제국주의는 한반도를 집어삼키겠다는 야욕을 더욱 노골화해갔고, 그 첨병 역할을 한 집단들이 우리가 '낭인'이라 부르는 자들이었다. 명성황후 시해는 그 대표적인 예가 되며, 이들이 관여했던 현양사(1881년 결성), 흑룡회(1901년 결성) 같은 단체는 대외 침략의 선봉을 담당했다.

이처럼 근대 일본의 우익은 그 출발점이 한반도를 포함한 대륙침략이었고, 이를 흔히 '대아시아주의'라 칭한다. 즉 전전 우익의 '원조' 현양사는 그 이름이 '유유히 대륙을 바라보는 현해탄'에서 나왔으며, 흑룡회라는

〈동아일보 만평〉 2001. 7. 10

명칭은 지금의 중국 북부 흑룡강까지 차지하겠다는 야심을 나타낸 것이다. 초기 우익의 공통분모는 다름 아닌 배외적이고 침략적인 대외팽창주의였던 것이다.

한편 일본은 1910년대 이후 1920년대에 걸쳐 노동운동을 비롯한 민중들의 움직임이 활발해지는 소위 '다이쇼 데모크라시' 기를 맞게 된다(다이쇼는 1912년에서 1925년까지 즉위했던 천황으로 히로히토[쇼와] 천황의 아버지). 이에 따라 우익 운동은 대중운동이나 노동쟁의에 폭력적으로 개입하면서 서서히 '국가개조운동'으로 탈바꿈해나갔다.

여기에 군부가 등장했다. 즉 군부는 국내적으로는 국가총동원체제 실현에 의한 고도국방국가를 건설하고, 밖으로는 만주를 비롯한 아시아 대륙에 본격적인 침탈을 꾀했던 것이다. 1931년 만주사변 도발은 이후 중일전쟁(1937)과 태평양전쟁(1941)으로 이어지는 15년 간 침략전쟁의 서막으로 우리에게 기억되고 있다.

1929년 대공황 이후 우익들은 국가개조운동을 실천하는 직접행동을 감행했다. 이들은 일본의 경제파탄을 위시한 정치 실패와 사회 퇴폐는 모두가 천황을 대신하여 정치를 담당하는 원로 · 중신 · 정당 · 재벌 등이 형편없기 때문에 초래되었다고 믿었다. 이런 '분통터지는' 현상을 타파하고 '천황 친정'을 수립하기 위해 그들은 1930년대에 일련의 테러와 쿠데타 사건을 저질렀다. 대표적인 것이 1936년 '2 · 26사건'이다(바로 박정희 5 · 16쿠데타의 모델이 됨).

하지만 2 · 26사건은 결국 천황의 명령에 의해 진압되었고, 군부는 국가개조운동을 역이용하여 기성 지배층을 위협, 국가총동원체제 건설로 국가 진로를 일원화하면서 권력을 장악했다. 이후 우익과 그 운동은 중일전쟁 개시, 국가총동원법 시행(1938), 정당 해산(1940), 태평양전쟁 도발로 이어지는 군부 중심의 위로부터의 파시즘 체제에 수렴되어 어용단체로 이용되기도 했다.

패전 후 미군정하에서 1946년 거의 대부분의 우익인사와 단체들은 추방과 해산으로 내몰렸다. 하지만 샌프란시스코 강화조약(1951)으로 일본이 독립하자 이들도 본격적인 재건에 나섰다.

일미안보조약 개정 1년 전인 1959년, '전일본애국자단체회의(전애회의)'가 결성되어 여기에 전전 우익의 주요 인물이 거의 가맹했다. 이 전애회의를 중심으로 패전 후 10년 간의 반공우익, 깡패우익에서 탈피하여 '민족파운동'을 중심축으로 삼는다는 쪽으로 방향을 잡았다. 즉 일본 전통의 고수와 부활, 특히 헌법개정을 목표로 하는 '신유신운동'이 정통으로 자리잡게 되는 것이다.

이후 우익세력은 일미안보조약 개정을 반대하는 '안보투쟁'에 대한 공격, 사회당 위원장 암살, '삼무사건(1961, 이케다 내각각료의 암살기도)' 등을 일으키면서 다시 활발히 움직여나갔다. 지금도 일본의 거리를 걷다보면 '우국', '국체 호지', '북방영토 반환' 등의 문구가 새겨진 검은 칠을 한 선전차량과 군복 비슷한 차림의 무리들을 가끔 목도할 수 있는데, 이들이 바로 그 후예들이다. 이들을 편의상 '전통우익'이라 부르기로 하자.

한편 패전과 점령하의 모든 개혁은 일본 우익운동의 지형을 근본적으로 바꿔놓았다. 이는 곧 원칙적으로는 전전 군국주의가 부정되고 '전후민주주의' 기치 아래 일본 경제 재건이 국가 목표로 정해지면서, 우익의 운동목표와 구호가 재편될 수밖에 없다는 사실과 연결된다. 동시에 전전 군국주의 역사를 어떻게 평가할 것인가, 그 교육은 어떤 내용이어야 하느냐를 놓고, 즉 역사인식을 둘러싼 공방전이 치열해지면서 새로운 전선이 광범위하게 형성되었다. 전후 등장한 이 부류를 '신우익'이라 부를 수 있겠다.

먼저 운동목표와 구호 측면에서 본다면, 전전과 같은 대륙침략의 길이 원천적으로 봉쇄되고 말았다는 점이 지적되어야 한다. 현행 일본국헌법

제9조는 일본의 군대를 '자위대'로 못박았고, 대외 침략전쟁을 일으키지 못하도록 규정했다. 개헌 주장이 우익의 단골 메뉴가 된 것은 이 때문이다. 이에 따라 대외관계에 관한 '전통우익'의 구호는 앞서 나온 '북방영토 반환', 즉 러시아가 태평양전쟁 때 점령한 쿠릴열도 남쪽의 4개 섬을 돌려 달라는 것과 독도 문제, 그리고 중국과 마찰을 빚고 있는 조어대 등과 같이 영토문제로 국한된 느낌이다.

그리고 전후민주주의하에서는 전전과는 달리 사회당뿐만 아니라 공산 당까지도 합법정당으로 존재를 보장받았다. 그로 인해 '반공'의 기치가 강조되었으며, 특히 일본의 전교조인 '일교조'에 대한 가공하고도 집요한 공격은 지금도 계속되고 있다.

또 현인신이자 주권자로서의 천황상이 부정되고 전후민주주의하에서 상징천황제로 재편된 것도 이들의 변신을 촉구했다. 이들에게는 '격하'된 천황의 복권 시도는 빼놓을 수 없는 임무가 되었으니, 앞에서 나온 '국체 호지' 구호가 그러하다.

바로 이 천황에 대한 사고방식에서 두 우익은 약간 다른 뉘앙스를 보인다. '전통우익'이 전전 천황제로의 복귀를 주장한다면, '신우익'의 경우 는 '상징천황제' 틀 내에서 천황에 대해 경외심을 갖자는 정도에 머무는 경우가 많다. 따라서 개헌의 경우도 '전통우익'은 단연 전전의 대일본제 국 헌법 부활을 주장한다.

역사인식 혹은 과거사청산 측면에서는 단연 '신우익'의 활동이 두드러지게 활발하다. 1950년대 말과 60년대에 걸쳐 일어난 소위 '소화사 논쟁'이 그 발단으로, 태평양전쟁은 침략전쟁이 아니라 '자위전쟁'이라는 주장이 제기되면서 불이 붙었다. 1979년의 원호법(천황의 연호 사용을 사실상 강제)과 야스쿠니신사 참배 문제, 일본군 '위안부' 문제, 그리고 지금도 물의를 일으키고 있는 역사교과서 문제 등이 그 대표적인 전장이다.

'전통우익'과 '신우익'은 사실상 그 주장과 구호만으로는 엄밀하게 구분하기 어렵다. 단지 전자가 전전부터의 계보를 나름대로 잇고 있는 유서있는(?) 단체라고 한다면, 후자는 기본적으로 전후 일본사회가 배태한 역사수정주의적 · 우파적 경향의 모든 단체와 개인을 통칭한 것이라 이해할 수 있겠다. 그리고 전자가 상하관계가 분명하고 내부 결속력이 강한 정치 결사체라고 설명한다면, 후자는 지식인 그룹을 중심으로 한 느슨한 결사체로서 상황과 이슈에 따라 이합집산을 거듭하는 행태를 보여왔다. 굳이 표현하자면 '전통우익'은 재래전 전문가의 '비합법 서클'이고 '신우익'은 피를 흘리지 않는 선전전이나 사이버 전쟁에도 능한 '합법 서클'이라고나 할까.

하여간 '신우익'이든 '전통우익'이든 현재의 역사교과서 문제를 놓고 둘 사이에는 확고한 연대전선이 구축되어 있다. 전자로서는 '새역모' 외에 '자유주의사관 연구회', '소화사 연구소', '일본여론 모임', '역사교과서 시정을 요구하는 모임', '일본회의' 등을 기억할 필요가 있고, 후자 중에서는 '대일본생산당', '대동숙', '일본향우연맹', '일본건국을 축하하는 모임', '일본청년협의회' 등이 적극적으로 동조하고 있다. 그 점에서 우리는 한시도 경계의 끈을 늦추어서는 안 된다.

하종문(한신대학교 국제학부 교수)

III

우리는 무엇을 하고 있는가

역사왜곡에 대한 대응의 역사—1982년에 일어난 일

지금까지 일본의 역사왜곡 문제에 대해 국제사회가 크게 반발한 경우는 모두 세 차례였다. 특히 1982년과 2001년에 있었던 일본의 역사왜곡 파동은 한국과 일본 사이에 외교적인 마찰을 넘어 민족대결 양상으로까지 확산되었다.

1982년은 일본의 역사교과서 서술내용이 한국과 중국 등으로부터 강한 비판을 받았던 첫해였다. 일본의 집권 여당인 자민당은 1980년 6월 중의원과 참의원 동시 선거에서 압승을 거두었다. 여기에서 자신감을 얻은 정치인과 정부, 그리고 보수 우익세력은 교과서 검정제도를 강화하는 한편, 출판사의 '자주적'인 검정이란 이름으로 자신들의 역사관을 집필자들에게 강요하였다. 특히 일본 문부성은 '3·1운동'을 '데모와 폭동'으로, '출병'을 '파견'으로 고쳐 쓰게 하는 등 역사왜곡을 주도하였다. 2001년도 역사왜곡 파동이 '새로운 역사교과서를 만드는 모임'이란 보수우익 성향의 민간단체에서 총대를 메고 나섰던 모습과는 달랐다.

일본정부가 주도하는 역사왜곡 내용은 1982년 6월경부터 일본 언론을 통해 국내에 알려졌다. 그런데 그 사실이 7월 27일 열린 국무회의에 처음 보고되는 등 한국정부의 대응은 말 그대로 늦장 대응이었다. 그것은 이 문제를 다룰 상임위원회 개최문제를 논의하기 위한 여야 총무회담이 30일에야 열렸던 국회도 마찬가지였다. 당시 제5공화국 정부는 일본정부로부터 수십억 달러의 경제협력자금을 빌려 경제안정과 성장을 이룩함으로써 취약한 정통성을 만회할 계산이었다. 때문에 제5공화국 정부로서는 일본과의 어떠한 갈등도 바라지 않았던 것이다.

하지만 7월 하순경부터 이미 국내 언론에서는 일본의 역사왜곡 내용과 한국정부의 대응을 비판하는 기사를 연일 1면에 게재하였다. 그에 따라 국민감정도 격앙되어갔다. 정부와 국회는 언론이 선도하는 폭발적인 비판 여론을 무시할 수 없었다. 한국정부는 8월 3일 '상당한 각오'로 역사왜곡 문제에 대처하기로 결정했고, 국회도 5일에야 문교공보위원회를 열어 정부측의 미온적인 대응을 질타하며 강경 대응을 주문하였다. 그렇다고 역사왜곡 문제에 대해 국회의원들이 특별한 활동을 벌였던 적은 없었다. 늦장으로 대응한 정부, 강경 일변도만을 주문하며 정작 입법활동을 통해 일본의 역사왜곡에 대응하지 못하는 국회의원들의 모습은 2001년에도 볼 수 있었다.

8월 들어 한국정부는 일본의 역사왜곡에 강력하게 대응하기로 결정하였다. 이에 따라 경제협력자금을 빌리기 위해 그동안 벌여왔던 외교교섭을 중단하는 한편, 국내 여론을 무마시키기 위한 방편으로 언론을 통해 '극일(克日)' 문제를 제기하였다. 즉 더이상 일본에게 우롱당하지 않기 위해, 그리고 더이상 분노와 감정만으로 일본과 싸워 이길 수 없다는 명분을 내세우며 '극일운동'을 벌이자는 여론을 조성하기 시작하였다. 그 상징이 8월 28일부터 본격화된 독립기념관 건립을 위한 범국민모금운동이었다. '독립기념관에 벽돌 한 개씩을' 이란 구호 아래 모든 언론을 동원하여 벌인 이 운동을 계기로 정부와 일본을 향한 비판적인 국민감정도 일단 수그러들기 시작했다.

또한 국내 언론에서도 이즈음부터 일본제국주의 침략사와 우리 조상들의 항일민족투쟁사에 관한 자료를 발굴하고 이를 적극 연구하는 작업이 필요하다는 문제를 제기하였다. 더 나아가 국내외 관련 학자들을 동원하여 「현대사재조명」(동아일보), 「다큐멘터리 : 일제 36년」(월간조선) 같은 기획 연재기사를 보도하였다. 이러한 기사의 내용은 '민족사관'을 재정립하자는 것으로 압축될 수 있는데, 새로운 국사교과서에 반영되어 역사교육을 강화하는 방향으로 이어졌다. 1982년도 일본 역사왜곡 파동에서 독립기념관 건립이 '극일'의 형식을 상징한다면, 민족사관의 강조가 그 내용을 대표한다고 말할 수 있을 것이다.

하지만 친일잔재를 청산해야 진정한 반일을 이룩할 수 있으며, 그것이 일본의 역사왜곡에 대한 정당한 대응이라는 주장은 힘을 얻지 못했다. 민

〈한겨레 그림판〉 2001. 4. 9

족사관을 강조하며 한국인의 민족주의 의식을 고취시키려고 했지만, 민주적이고 시민적이지 못한 민족주의는 독재에 이용당한다는 비판에 귀기울이는 사람은 그다지 많지 않았다. 일본 전문가를 양성하겠다는 등 일본을 알기 위한 다양한 지원사업이 약속되었지만 정부 주도로 실현된 적은 거의 없었다. 이러한 문제점을 극복하는 것이 화형식이나 일본인의 식당 출입 금지 등과 같은 감정적인 대응을 넘어서는 진정으로 이성적인 행동일 것이다. 그럼에도 불구하고 우리는 지난 19년 동안 그렇지 않았기 때문에 2001년도 일본의 역사왜곡 문제가 제기되었을 때도 여전히 그와 같은 행위를 되풀이하였다. '이성적인 대처'라는 주장의 내용을 무엇으로, 그리고 어떻게 채워나갈 것인가를 제시하고 실천하는 경우는 그리 많지 않았던 데서 비롯한 당연한 결과이다.

1982년도 일본의 역사왜곡 파동이 마무리될 시점인 9월 들어 제5공화국 정부에 가장 비판적이었던 학생운동 세력이 움직이기 시작하였다. 그들은 정부의 안이한 대응과 군사독재정권의 반민족성을 폭로하는 학내 활동을 발판으로 9월 27일, 1만여 명이 참가한 가운데 종로 일대에서 대규모 가두시위를 벌였다. 1980년 '서울의 봄' 이후 대학생들이 가두정치투쟁에 나선 첫 사례로서 광범위한 대중을 참여시키는 데 성공했다는 것은, 일본의 역사왜곡 파동을 얼렁뚱땅 처리하려는 정부 처사에 대한 대중의 비판적인 심정을 대변한 행동으로 볼 수 있다. 그렇지만 학생운동 세력도 반독재투쟁의 정치적 공간으로서만 이 파동을 중시했지 이 문제를 장기적이고 진지한 모색을 시도하려는 전환점으로 삼으려 하지 않았다.

결국 1982년 9월 27일 한국정부는 '즉시 시정' 항목 19개를 포함하여 모두 45개 항목의 수정·검토사항을 일본정부에 요구하였다. 이로써 1982년도 역사왜곡 파동은 일단 마무리되었다. 이번 역사왜곡 파동은 "인근 아시아 제국과의 관계에 관한 근현대 역사적 사실에는 국제이해와 국제협조의 견지에서 필요한 배려가 있어야 할 것"이라는 '근린제국조항' 이 새로운 검정기준으로 추가된 데 그쳤다. 1983년 6월 공포된 일본의 역사 교과서는 한국정부가 '즉시 시정' 을 요구한 19개 항목 가운데 7개 항목에서 왜곡된 표현만을 바꾸었다. 그렇다고 제5공화국 정부가 이에 대해 외교적인 대응을 한 것 같지는 않다.

신주백(성균관대학교 강사)

시민단체의 힘

　일본의 중학교 역사교과서 왜곡 실상이 서서히 알려지면서 한국 내의 대응 움직임도 활발해졌다. 규탄과 항의에는 정부뿐만 아니라 지방자치단체 및 지방의회도 나섰지만, 무엇보다도 시민들의 열기가 가장 대단했다. 이 시민들의 열기를 한곳으로 모으고 올바른 방향으로 이끈 것은 1990년대 이후 성장해온 시민단체들이었다. 시민단체들은 서명운동 조직, 항의시위 및 성명서 전달, 일본제품 불매운동 등을 통해 역사왜곡을 조장한 일본정부를 압박했다.

　그 시민단체들 중에서도 중심이 된 것은 2001년 3월 14일 일본교과서개악저지운동본부로 출범했다가 4월 23일 개편된 일본교과서바로잡기 운동본부(이하 '교과서운동본부'로 줄임)였다. 8월 15일 현재 84개 단체가 가입해 있는 교과서운동본부는 크게 네 종류 단체로 구성되어 있다. 첫째, 일제의 조선지배로 인해 직접 피해를 입은 피해자 단체들이다. 한국정신대문제대책협의회, 위안부할머니들의 수용시설인 나눔의 집, 태평양전쟁피해자보상추진협의회 등이 대표적이다. 둘째, 학술단체들로서 역사문제연구소, 민족문제연구소, 한국정신대연구소, 한국역사연구회 등과 전국역사교사모임이다. 셋째, 한국노동조합총연맹, 전국공공서비스노동조합연맹, 전국교직원노동조합 등 대중운동단체이다. 넷째, 시민운동을 전문적으로 하는 서울YMCA, 우리역사바로알기시민연대 등의 단체다. 교과서운동본부는 시민·대중운동의 경험과 학술단체들의 이론적 지원, 피해자단체의 도덕적 우위가 결합하면서 일본의 역사교과서왜곡 반대운동의 중심단체로 자리매김하였다.

교과서운동본부는 출범시에 내건 4개항의 활동방향에 근거해 한국에서의 역사왜곡교과서 반대운동을 추진했는데, 그 내용은 아래와 같다.

1) 역사왜곡에 책임이 있는 일본정부에게 반성과 시정을 강력히 요구한다.
2) 일본 시민단체의 불채택운동을 적극 지원한다.
3) 각국의 양심적인 시민단체와 연대활동을 강화하고 국제사회에 홍보한다.
4) 한국의 교과서제도와 역사인식 문제에 대해서도 근본적인 반성을 한다.

첫번째 재수정운동은 교과서운동본부뿐만 아니라 한국과 북한, 중국 정부가 공통적으로 요구하는 부분이다. 교과서운동본부는 한국정부에서 일본정부에게 제시한 35개 항목의 수정을 요구했다. 이를 위해 교과서운동본부의 뜻을 담은 성명서를 전달하고(5월 16일), 한국민의 염원을 모은 서명작업을 진행하여 일본정부에게 전달하고자 했으며, 일본 동경의 문부과학성 앞에서 원정시위(6월 11·12일)를 벌이기도 했다. 그런데도 일본정부는 7월 9일 사실상의 거부의사를 밝혔다. 올해 검정을 통과한 교과서가 4년 뒤 검정신청 교과서의 서술기준이 되기 때문에 일본정부에 대한 재수정요구는 앞으로도 계속해야 한다.

두번째 불채택운동은, 일본정부가 한국정부에게 교과서를 더이상 수정할 수 없다고 통보한 7월 9일부터 시작되었다. 문제의 후소샤 교과서가 일본 교육현장에서 쓰이지 않도록 하는 이 운동은, 결과적으로는 일본 전역의 국·공·사립중학교에서 0.039%밖에 채택되지 않는 승리를 거두었다. 학부모를 중심으로 일본의 양심세력들이 혼신을 다해 저지한 이 운동에 한국에서는 간접적으로 지원을 했다. 한국의 50여 개 이상 자치단체에서 일본 자매도시에 간곡한 서한을 보내 후소샤 교과서를 채택하지 않음으로써 그 동안 다져온 우의에 금이 가지 않도록 해줄 것을 요청했다. 각 지방자치단체에서 역사교과서문제에 지속적 관심을 가지고 나온 행동이지만, 6월 말 교과서운동본부에서 600여 곳의 지방자치단체, 지방의회, 교육청 등에 불채택운동 협조공문을 보낸 데 따른 결과였다.

세번째 국제연대와 홍보는 지난 2001년 6월 9일부터 11일까지 일본 동경에서 열렸던 아시아연대긴급집회에서 대략적인 원칙이 정해졌다. 한국, 일본을 비롯해 중국, 필리핀, 말레이지아, 인도네시아 등의 대표가 참가한 이 회의에서 하반기에 아시아교과서네트워크를 구성해서 일본 침략에 따른 각국의 피해를 공동 조사하기로 합의했다. 아시아교과서네트워크는 9

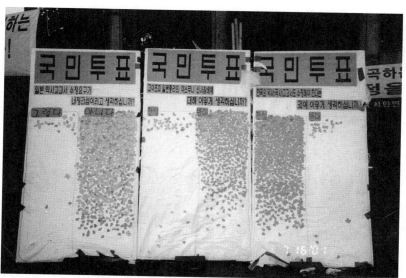

일본역사교과서 문제를 바라보는 한국의 여론(2001. 7. 9 인사동)

월부터 본격적으로 추진되고 있으며, 한국과 일본 시민단체(어린이와 교과서 전국네트워크 21 등) 간의 정보교류와 연대활동은 더욱 탄탄해질 전망이다.

네번째 우리 국사교과서에 대해서는 지난 8월 10일 열린 심포지엄 「역사교육정상화를 위한 새로운 교육과정과 교과서제도 모색」에서 본격적으로 문제를 제기했다. 한국과 일본의 국사교과서가 도대체 무엇이 다르냐는 일본의 비난을 굳이 의식하지 않더라도, 우리 국사교과서가 많은 문제점을 지니고 있음은 모두가 인정하는 사실이다.

우리 국사교과서는 국정(정확히는 1종)으로서 국가가 그 교육내용을 전적으로 관장하고 있다. 교과서 집필의 지침이 되는 '교육과정' 또는 '준거안'은 지난 10년 간 바뀌지 않았다. 이러한 제도적 제약은 교과서 집필자로 하여금 창의성을 발휘하지 못하도록 하며, 이는 바로 교실에서 교사가 학생들을 지도할 때 넘지 못할 벽으로 작용하고 있다. 우리가 비판해 마지않는 일본만 해도 '검정제도'를 채택하고 있다. 국사교과서의 내용적 부분은 이 제도적 환경, 곧 국정제 폐지, '준거안' 폐지 또는 포괄적 지침으로의 완화가 이루어지지 않는 한 불가능하다. 일본의 역사왜곡을 계기로 학계와 현직교사들 사이에 논의되던 국사교육 문제에 불을 지핀 교과서운동본부는 앞으로도 이 불씨를 계속 지켜나갈 전망이다.

결과적으로 교과서운동본부의 활동은, 일회성 투쟁을 일본의 우경화와 역사왜곡에 초점을 맞추어 일본교과서 왜곡에 대한 국민적 관심을 제고시키고 이후 운동 방향을 제시해왔던 것이다. 또한 산하의 한일 교과서위원회를 중심으로 자료집과 논문집 출간, 학술대회 등을 개최함으로써 장기투쟁의 밑거름을 마련했으며 아시아연대의 가능성까지 모색했다.

한편 이러한 운동은 지역에서도 활발했는데, 그 중에서도 대구지역이

돋보였다. 대구에서는 4월 27일 대구흥사단, 전교조 대구지부, 민족문제
연구소 대구지부, 정신대 할머니와 함께 하는 시민모임 등 31개 시민단체
가 연대한 '일본역사교과서 불채택 · 재검정을 요구하는 대구운동본부'
(이하 대구운동본부)가 발족되었다. 대구운동본부는 4월 28일, 대구백화점
앞 광장에서 시민대회를 개최하는 것을 시작으로 5월 한달 내내 참가 단
체가 돌아가면서 매주 수요일마다 선전전과 불채택을 위한 시민서명을 받
았고 자료집 발간, 단체별 회원대상 홍보 등을 전개하였다. 이것은 지역에
서는 최초이자 유일하게 범시민단체 연대기구를 발족시킨 것으로 지역민
들에게 보다 더 정확하고 상세하게 일본 역사교과서의 본질을 알려내고,
시민들의 공감과 실천을 가져오는 중요한 성과를 남겼다.

　대구에서는 시, 시의회, 시교육청, 시교육위원회 및 시민단체가 함께 히
로시마 시청과 교육위원회에 후소샤 교과서 불채택을 청원하는 공문을 발
송토록 하자는 것이 논의되었다. 대구운동본부 제안에 따라 자치단체가

아시아연대 긴급집회 인간띠잇기 시위(2001. 6. 11 일본 문부과학성 앞)

이를 즉각 수용, 히로시마에 서한을 전달하였다. 일본에서 최초로 후소샤 교과서를 채택할 수 있다는 현지 판단이 나오면서 대구시와 대구사랑운동 시민회의 협조로 7월 22일~26일 4박 5일 일정으로 히로시마를 방문하였다. 대구시장과 대구사랑운동시민회 의장의 친필서한과 대구운동본부 청원서를 시교육위원회, 현교육위원회, 시청에 직접 전달하였고, 히로시마시 시민단체와의 교류행사를 통해 한일 공동연대투쟁의 결속을 다지는 성과를 가져왔다.

앞에서 보았듯이 2001년 시민단체들의 일본 역사교과서왜곡 반대운동은 여러 측면에서 이전과 달랐다. 취지에 동의하는 각 단체들의 자발적인 아래로부터의 연대, 감정에만 이끌리는 반일과 극일이 아니라 양심적인 일본 시민세력과의 연대를 통한 바람직한 아시아의 미래모색, 정부와 언론 분위기에 일방적으로 끌려가는 것이 아니라 오히려 정부와 언론을 견인하고 대안을 제시한 점, 다양한 투쟁방안 제시, 일회성을 벗어나 4년 뒤를 예상하는 장기전 대비 등은 일본 역사교과서왜곡 반대운동의 새로운 장을 열었다고 할 것이다.

장신(역사문제연구소 연구원)

학계의 움직임, 그 한정된 대응

1982년 일본의 역사왜곡 파동이 일어났을 때 우리 학계는 독자적인 자기 목소리를 낸 적이 없었다. 학계는 각 언론이 주도하는 기획기사나 좌담회에 참가하는 형식으로 이 파동에 개입하였다. 물론 개개인의 의견이 조금씩 다른 경우도 있었지만, 연구자들은 '민족사관'을 강조하는 방향에서 일제 침략·수탈의 역사와 항일투쟁사를 집중 연구하고 역사교육을 강화해야 한다고 주장하였다. 그런 가운데 재일한국인 학자 등이 참가하여 일본의 역사왜곡을 조목조목 비판한 『일본교과서와 한국사의 왜곡』(민지사, 1982)이 출판되었고, 『역사교육』 34호(1983. 11)에서는 일본 역사교육 제도와 현황 등이 집중 분석되었다.

이후 학계는 일본 역사교과서에 나타난 역사인식을 분석하는 데 그다지 노력하지 않았다. 한일 간 역사인식의 차이를 좁히려는 특별한 노력도 없었다. 일본 역사교과서만이 아니라 한국 역사교과서에 나타난 역사인식의 문제점도 함께 검토하면서 서로의 인식 차이를 극복하려는 학계의 노력은 88서울올림픽이 끝난 이후부터 본격화되었다. 한국의 역사교육연구회, 한일역사교과서연구회, 유네스코 한국위원회 등의 노력이 대표적인 경우일 것이다. 그 결과 한국에서는 『한·일 역사교과서 수정의 제문제』(백산

자료원, 1994), 『21세기 역사교육과 역사교과서』(오름, 1998) 등이 출판되었다.

그렇지만 이러한 노력으로는 1990년대 중반 이후 본격화되는 일본사회의 우경화 과정에서 표출된 역사왜곡을 저지할 수 없었다. 아니, '새로운 역사교과서를 만드는 모임'이란 일본 우익단체의 역사왜곡에 대해 우리 학계는 충분하고 주의 깊은 대응을 준비하지 못했다고 말하는 것이 정확한 표현일 것이다. 그 결과는 2001년도에 그대로 나타났다.

'새로운 역사교과서를 만드는 모임'이 기술한 역사교과서 내용이 국내에 본격적으로 알려지기 시작한 것은 2000년 9월경부터였다. 하지만 한일관계사연구회 등 극히 일부 학회에서만 이 사안의 심각성이 문제되었을 뿐 학계 전체 여론으로까지 확산되지는 못하였다.

그런 가운데 2001년 2월 말경에 이르러 '새로운 역사교과서를 만드는 모임' 측이 제출한 교과서가 검정을 통과할 가능성이 현실로 나타나게 되었다. 우리 학계의 대응도 이때 와서야 본격화하기 시작했다. 3월 19일 15개 역사 관련 학회가 참가한 가운데 '일본의 역사교과서 문제와 네오내셔널리즘의 동향'이란 주제의 심포지엄이 개최되었다. 심포지엄에서는 그 동안의 연구가 축적된 결과이기도 하지만 일본 우익의 역사인식을 '가학적 내셔널리즘'이라 규정하고 그들의 한국관을 구체적으로 비판하였다. 이후 한국역사연구회는 5월 21일부터 24일까지 '일본 역사교과서 왜곡, 무엇이 문제인가'라는 주제로 심층적인 분석을 시도한 대중강연을 개최하였으며, 한국독립운동사연구소에서도 6월 15일 '일본 역사교과서의 실태와 문제점'이란 주제로 국제학술회의를 개최하였다.

일본의 역사왜곡 파동으로 인해 한일 두 나라 사이에 갈등이 고조되는 와중에서 일본이 역사왜곡을 자행한 배경과 그 내용, 그리고 대안을 구체적으로 모색했다는 점에서 학계의 능동적인 대응이었다. 1982년에는 이러한 모습을 볼 수 없었다. 더구나 민족정서만을 앞세운 감정적이고 공격적인 주장보다는 차분하고 분석적인 접근을 시도했다는 점에서 19년 전에 비해 훨씬 여유 있는 모습이었다. 그럼에도 불구하고 우리의 의식과 사회 속에 남아 있는 친일잔재 등이 내용적으로 적극 제기되지 못한 것은 아쉬운 점이었다. 오히려 「일제의 생활잔재」(동아일보) 등 기획기사를 통해 친일잔재와 식민사관 청산문제가 적극 제기되었던 1982년에 비해 이 문제는 소극적으로 제기되었다.

2001년도 역사왜곡 파동에서 학계의 가장 특징적인 대응은 '일본교과서바로잡기 운동본부'로 상징되는 시민운동 단체와 결합하여 연구자운동과 시민운동이 연대한 점이다. 일부 연구자는 운동본부에 직접 참가하여 급박하게 진행되는 상황을 심층 분석하면서 시민단체가 차분하게 대응할

〈한국일보 만평〉 2001. 2. 27

수 있게 하였다. 6월 23일에는 운동본부에서 개최한 '일본의 역사왜곡과 한·일 교과서 바로잡기 운동'이란 심포지엄에도 참가하였다. 심포지엄에서는 그 동안 학계에서 소홀히 다루었던 일본의 공민교과서 속에 내재해 있는 국가주의적인 교육내용을 분석하는 한편, 1965년 이래 일본의 역사왜곡에 대해 한국사회가 어떻게 대응해왔는지를 반성적인 차원에서 집중적으로 검토하였다.

그렇지만 2001년에도 일본 교과서의 역사왜곡에 대한 학계의 전반적 반성은 일부 관심 있는 연구자만의 한정된 대응으로 그쳐버렸다. 예를 들어 1910년 '한일병합'을 미국·영국 등이 인정한 합법적인 조치였다고 보는 일본 우익의 주장을 면밀하게 고찰하고 비판하려면, 한국근대사를 전공하는 사람만이 아니라 일본근대사, 국제법, 국제정치, 서양사 등을 전공하는 연구자도 함께 참가해야만 제대로 된 검토가 이루어질 수 있다. 그런데 좀 거칠게 정리하면 우리 학계에서는 한국사 연구자, 그 중에서도 역사교육에 관심 있는 한국근대사 전공자만이 대응했다고 볼 수 있다. 그것은 연구역량의 미숙함 때문이 아니었다. 연구자가 문제의 심각성을 느끼지 못하거나 인식의 폭이 협소한 때문이었다. 더구나 한국정부가 일본정부에 수정을 요구한 35개조 항목 대부분은 짧은 시기에 학술적으로 비판할 수 없을 만큼 큰 주제였다. 장기적이고 체계적인 대응이 필요한 것이다. 따라서 한 차례의 이벤트식 심포지엄이 아니라 한국사를 중심으로 인접 학문 사이에 유기적이고 조직적인 네트워크를 구축할 필요가 있다.

신주백(성균관대학교 강사)

정부와 국회의 대응, 앞으로의 대책

2001년도 일본 역사교과서의 역사왜곡 문제는 2000년 여름경부터 우려할 만한 내용이 국내에 알려지기 시작하면서 본격화되었다. 우리 정부는 2000년 8월 말경 주한 일본대사관을 통해 "과거사를 왜곡, 축소하는 역사교과서는 미래지향적 양국관계 발전은 물론 일본 스스로를 위해서도 바람직하지 않다"는 입장을 일본정부에 전달하였다. 한국에서는 이후에도 외교통상부, 한일의원연맹 등 여러 기관을 통해 일본사회의 여론 주도층에게 국내 여론을 전달하였다. 2001년 2월 18일에도 한국정부는 두 나라 관계에 중대한 영향을 끼칠 것을 우려한다는 내용의 메시지를 일본정부에 전달하였다.

그럼에도 불구하고 '새로운 역사교과서를 만드는 모임' 측이 검정을 신청한 교과서의 검정신청본이 통과될 가능성이 높아져갔다. 역사교과서 137곳, 공민(公民)교과서 99곳을 수정하도록 지적받았던 '새로운 역사교과서를 만드는 모임' 측에서도 지적사항을 모두 수정하면서 2월 24일 제2차 수정본의 검정이 통과될 것이라고 자신할 정도였다. 국회는 2월 27일 본회의를 열고 '일본국의 역사교과서 왜곡중단 촉구 결의안'을 채택하였고, 정부는 2월 29일 국무총리 주재로 역사교과서 왜곡문제와 관련된 회의를 열어 강한 우려를 나타냈다. 그렇지만 3월 29일 8종의 일본중학교 역사교과서의 검정이 통과되었고, 4월 3일 일본 문부과학성은 이를 공식 발표하였다. 외교적으로 조용히 해결하고자 했던 정부의 대응방식이 전혀 먹혀들지 않았던 것이다.

그런데 이미 8종의 중학교 역사교과서 내용은 국내에 알려져 있었다. 특히 '새로운 역사교과서를 만드는 모임'에서 검정을 신청한 역사교과서의 '백표지본'은 관심 있는 연구자 사이에 복사본이 돌아다닐 정도였다. 정부에서 조금만 관심을 두었다면 일본의 중학교 역사교과서에 어떤 문제가 있는지 구체적으로 파악할 수 있었다. 그렇지만 우리 정부는 이에 관한 노력을 전혀 기울이지 않았다. 다만 외교 채널을 통해 입으로만 주문했던 것이다. 그러한 태도는 국회도 마찬가지였다. 3월 말까지 성명서 한 장 채택한 채 입법기관으로 독자적인 자기 노력을 기울이지 않았기 때문이다.

〈한국일보 만평〉 2001. 7. 16

따라서 정부의 각종 대책회의와 외교적인 대응이 언론을 통해 모두 알려지지는 않았겠지만, 이때까지의 진행경과를 보면 어정쩡한 관망, 미온적인 대응이었다고 말할 수 있다.

검정결과가 발표된 지 3일이 지난 4월 6일, 한국정부는 여전히 한일관계가 손상되지 않는 범위 내에서 일본의 역사왜곡 문제에 대응한다는 입장을 갖고 있었다. 이미 국민 감정은 악화될 대로 악화된 상태였고, 1998년 10월 오부치 일본 수상과 김대중 대통령이 발표한 '한일파트너십공동선언'에도 명백히 위배되고 있음에도 불구하고 여전히 '손상'을 우려하고 있었던 것이다. 그래서 4월 10일 주일대사를 일시 소환했지만, 그것이 '소환'으로 비쳐진 것에 대해서조차 무척 부담스러워했던 것이 한국정부였다. 다만, 이즈음부터 한국정부는 '일본 역사교과서문제 대책반'을 구성해 중장기 대책을 수립하려고 움직이기 시작했다.

정부의 소극적인 움직임이 바뀌기 시작한 것은 4월 11일 김대중 대통령의 발언이 있고나서였다. 김대중 대통령은 한일경제협회 소속 일본인 회장단을 접견하는 자리에서, "1998년 일본 방문시 일본정부는 파트너십공동선언을 통해 과거사에 대해 사죄했고 젊은 세대의 역사인식을 심화시키기 위한 노력의 필요성을 강조"했는데, "이번 역사교과서 검정문제는 이런 공동선언 정신에 비춰 매우 미흡한 데 대해 한국국민이 큰 불만을 표시하고 있다"는 비판적 의견을 피력하였다. 한국정부가 일본의 역사왜곡 문제에 접근하는 기본적 지침인 '한일파트너십공동선언'에는 "한일 양국이 21세기의 확고한 선린 우호협력관계를 구축해나가기 위해서는 양국이 과거를 직시하고, 상호이해와 신뢰에 기초한 관계를 발전시켜나가는 것이 중요하다는 데 의견일치를 보았다"고 나온다. 또한 "양국 정상은 양국 국민, 특히 젊은 세대가 역사에 대한 인식을 심화시키는 것이 중요하다는 점에 대하여 견해를 함께하고, 이를 위하여 많은 노력과 관심을 기울일 필요가 있다는 점을 강조하였다"고 나온다.

한국정부는 '한일파트너십공동선언' 정신을 훼손한 일본정부에 대해 구체적인 대응을 본격화하기 시작하였다. 정부는 4월 11일 일본역사교과서 왜곡대책반을 구성하였다(이하 대책반). 2001년도 일본의 역사왜곡에 적극 대응하기 위해 구성된 대책반은 1982년 제5공화국 정부의 대응과 차원이 다른 접근법으로서 올바른 선택이었다. 뿐만 아니라 정부는 전문가 분석팀을 구성하고 4월 10일부터 20일 사이에 일본의 중학교 역사교과서에 대한 제1차 분석작업을 진행했으며, 21일부터 24일까지 국사편찬위원회에서 제2차 평가·검증작업을 진행하도록 하였다. 더 나아가 두 작업팀의 합동작업이 27일부터 29일 사이에 있었으며, 역사 연구자와 일본 전문가로 구성된 12인의 자문위원단도 17일에 구성·운영되어 대책반의 활동을 측면 지원하였다. 정부의 집중적이고 중첩된 검토작업 결과, 5월 8일 일본정부에 35개조 수정항목으로 구성된 요구사항이 전달될 수 있었다. 국민감정을 의식하면서도 이성적으로 대처한 정부의 대응은 어찌 보면 적절한 태도였다고 볼 수 있다.

정부가 요구한 35개조 사항은 후소샤 교과서에서 25개 항목, 나머지 7종 교과서에서 10개 항목이었다. 후소샤 교과서에서는 일본을 미화하기 위해 한국을 깎아내린 서술(예 : 임나일본부설), 두 나라 사이에 발생한 사건의 책임을 한국측에 떠넘긴 서술(예 : 강화도사건), 식민지 지배를 반성하기보다는 두둔하는 서술, 일본이 한국에 입힌 피해사실을 축소 내지 은폐한 서술(예 : 왜구 침탈, 일본군 성노예), 일본 위주의 국가주의에 입각하여 다른 나라와의 관계를 전쟁사 중심으로 서술한 경우(예 : 가야와의 교류, 조선통신사), 인종주의 시각을 강하게 드러낸 서술(예 : 러일전쟁) 등의 수정을 요구하였다. 나머지 7종 교과서에서도 일본군 성노예문제를 삭제한 경우나 식민지지배 사실을 현행 교과서보다 $\frac{1}{3}$ 정도 축소한 경우, 소제목이나 기술 내용에서 '침략'을 '진출'로 표현한 경우 등의 문제점을 지적하였다.

한국정부는 다른 한편에서 일본 '총리의 사과 담화'도 교과서 재수정이 전제되지 않는 한 받아들이지 않기로 결정하였다. 정부의 비판적 태도는 일본총리의 야스쿠니신사 참배 문제가 쟁점으로 부각되었던 8월 중순 이후에도 일관되고 있다는 점에서 원칙적인 자세라고 볼 수 있다. 뿐만 아니라 정부 대책반에서는 중장기 대책의 하나로 일본의 역사왜곡 문제가 다시 발생하는 것을 방지하고 역사의 진실을 국제사회에 알리기 위해 '우리 역사 바로알기 센터'를 설치하며, 총리실 등 산하에 일본 역사교과서 왜곡시정 및 한국관 홍보를 위한 상설기구를 2002년까지 설치하고, 공무원시험에서 국사과목을 강화하는 방안 등에 대해서도 논의하였다. 센터의 건립과 홍보관의 상설화, 국사교육의 강화는 모두 1982년에도 나왔던 대응방법의 하나지만, 여전히 그것의 중요성과 필요성은 변하지 않고 있기 때문에 반드시 실행에 옮겨져야 할 사안이었다.

정부의 '때늦은 강경대응'을 밀어준 곳은 국회였다. 국회는 4월 17일 통일외교통상위원회, 교육위원회 등을 열어 이에 대한 정부 대책을 논의하였고, 5월 3일 통일외교통상위원회에서는 간담회를 열고 일본 역사교과서 왜곡에 대해 강경하게 대처할 것을 정부측에 주문하였다. 1982년 교과서파동 때와 마찬가지로 국회가 정부에 앞서 강경한 입장을 주문하고 있는 것이다.

하지만 이번 국회는 정부를 비판하고 대책을 논의하는 데 그치지 않았다. 일부 국회의원들은 일본에 가서 농성을 하고, 한일의원연맹의 모임을 취소하거나, 일본 법원에 소송을 제기하는 등 적극적인 활동을 펼쳤다(9월 4일 소송을 취하하였다). 5월 29일에는 일제의 침략 사실을 왜곡하거나 미화하는 망언을 한 인물들의 국내 입국을 금지하는 내용의 출입국관리법 개정안을 국회에 제출하기도 하였다. 일본의 역사왜곡을 비판하는 활동적인 모습은 1982년 11대 국회 등에서는 볼 수 없었던 것으로 긍정적으로 평가하고 싶다. 그렇지만, 계획적이고 준비된 선택이 아닌 경우도 있었다는 점에서 정치적 판단이 앞선 즉흥적인 측면이 있었음도 부인할 수 없다.

국회는 5월 12일 일본역사교과서왜곡시정 특별위원회를 결성하고, 앞으로 효율적인 활동을 위해 특별위원회를 대외협력소위원회, 법률지원소위원회, 국사정립소위원회로 나누어 지속적으로 활동할 의지를 천명하였다. 집권 민주당도 일본역사교과서왜곡대책 특별위원회를 구성하였다. 1982년 국회와 집권 민정당의 움직임에 대비되는 2001년도 국회와 집권 민주당의 활동방식인 것이다.

국회의 특별위원회는 8월까지 모두 네 차례 회의를 열고, 정부측과 함께 대책을 숙의하였다. 그렇지만 입법기관으로서의 국회 기능에 충실하기 위해서는 제출된 출입국관리법 개정을 확정하고, 정부와 시민단체 움직임에 제도적이고 재정적인 지원을 할 수 있는 조치를 취하는 것이 최소한의 행동이라고 할 수 있다. 그렇지 않은 국회의원들의 움직임은 정치적 제스처에 불과한 행동이라고 말할 수 있겠다.

일본정부는 7월 9일 한국정부의 수정 요구를 거부한다는 공식입장을 외교문서로 통보하였다. '새로운 역사교과서를 만드는 모임' 측에서 7월 2일에 5개 조항을 자발적으로 정정하기는 했지만, 일본정부는 역사왜곡의 핵심 내용이라고 할 수 있는 일본제국주의의 침략과 식민지지배에 대해서는 한 발짝도 물러나지 않았다.

한국정부는 7월 12일 공식적인 대응조치를 발표하였다. 국방부는 국군 합참의장의 방일 취소, 9월로 예정되었던 일본 함정의 인천항 입항 거부를 공식 발표하였다. 대책반에서는 자문위원단과의 연석회의를 통해, 음반·방송·영화·애니메이션·비디오·게임 등 6개 분야에 대한 제4차 문화 개방을 무기한 연기하고, 8월 남아프리카공화국 더반에서 열리는 세계인종차별철폐회의에 각료급을 파견하여 일본의 역사왜곡을 공식 비판하겠다고 밝혔다. 그렇지만 각 정부 부처별로 발표된 일본에 대한 보복조치는 한국정부 스스로가 퇴로를 차단하는 선택이라는 비판이 국내에서 제기되기도 하였다. 비판자들은 우리 정부가 수정요구사항을 관철시킬 힘과 의지가 있는지, 정부가 제기한 보복조치가 과연 얼마나 실효성이 있는지에 대해 의문을 제기하였던 것이다.

그 단적인 실수가 학생들의 교육교류를 차단한 것이었다. 일본정부의 공식발표를 전후한 시기부터 국내의 각 교육기관에서 경쟁적으로 이루어진 교육중단 조치에 따라 590개의 초·중등학교 가운데 178개교(30.1%)에서 교류보류 및 중지를 결정했으며, 166개교(28.1%)가 일본 역사교과서의 왜곡시정과 후소샤 교과서의 불채택을 지원하는 활동을 벌였다. 우리 사회의 미래를 이끌 학생들은 한일관계의 실체를 직접 체험할 필요가 있다. 그런 의미에서 2001년 일본의 역사왜곡 파동만큼 생생한 교육현장은 없다. 일본학생과 만나 과거사 문제를 놓고 논쟁을 벌이는 과정에서 지금까지 자신이 듣지도, 생각하지도 못했던 일본학생들의 생각과 비판을 들을 수 있다면 그것만으로도 성공한 교류라고 보아야 한다. 열려진 시야가 필요한 것이다.

8월 15일, '새로운 역사교과서를 만드는 모임' 측이 주장한 채택률 10%는 그들만의 '희망사항'으로 끝났다. 그들은 간부진을 개편하면서 4년 후에 '복수'하겠다고 공식 기자회견에서 밝혔다. 9월 11일 일본 문부과학성은 후소샤의 역사교과서가 0.039% 채택되었다고 최종 발표하였다.

일본정부가 한국정부의 수정 요구사항을 거부했고, 역사왜곡을 주도한 '새로운 역사교과서를 만드는 모임' 측이 4년 후에 '리벤지(복수)하겠다'고 공공연하게 떠벌리고 있는 현실은 또 한번의 역사왜곡 파동을 예고하고 있다.

따라서 우리의 대응도 원칙과 장기적인 전망을 가질 필요가 있다. 임시 대책기구로 편성된 대책반은 상설기구로 바뀌어야 한다. 상설기구에는 전문적 식견과 경험이 축적된 외교·행정관료가 배치되어야 한다. 상설기구는 교과서를 둘러싼 각 나라의 동향을 꾸준히 점검하면서 교과서에 관한 한 한국과 외국 사이의 외교관계를 조절할 수 있는 역할을 해야 한다.

　그런데 이번 역사왜곡 파동에서 드러난 것처럼 정부가 직접 나서서 일본의 행위를 분석·비판하는 것은 여러 가지 측면에서 국가의 부담으로 돌아오게 되어 있다. 그래서 교과서문제를 전문적으로 연구·분석하고, 교과서와 관련된 세계 각국의 각종 정보를 수집하며, 통일 이후를 대비한 교과서를 연구하는 전담 민간기구를 설치할 필요가 있다. 1982년과 이번 역사왜곡 파동에서 제기된 대안이었지만, 아직 실현되지 못하고 있는 교과서센터의 설치가 바로 그것이다. 독일의 게오르크 에커르트 연구소, 일본의 (재)국제교육정보센터는 그 길라잡이 역할을 하기에 충분하다. 문제는 순간의 국면을 모면하기 위한 정치적 발언이 아니라 역사적 소명의식을 갖고 이것을 실행에 옮기는 것이다. 예산 부족과 인력에 문제가 있다면 한국교육개발원 산하에 있는 '한국관시정연구실'을 확대 개편하는 것도 한 방법일 것이다. 중요한 것은 진지하고 꾸준한 관심을 통해 역사적 진실을 전달하려는 노력이고, 그에 따른 결실이기 때문이다.

신주백(성균관대학교 강사)

북한의 대응

일본의 교과서왜곡이 현실적인 문제로 대두되는 나라들은 과거 일본의 침략을 받았던 나라들이다. 그 중에서도 남북한과 중국이 대표적이다. 그런데 이 세 나라 중에서도 북한은 현재 수교를 추진하는 중이어서 더욱 현실적인 문제로 다가설 수밖에 없다. 양국의 수교협상에서 가장 큰 현안이 바로 과거사청산 문제이기 때문이다. 북한은 과거 일제의 부당한 침략과 조선지배에 대하여 사과와 보상을 받아야 한다는 강경한 입장을 가지고 있으며, 그것을 양보할 의사가 전혀 없어 보인다.

북한은 수교협상 과정에서 자신들을 교전국으로 인정할 것을 주장하고 있다. 즉 일본의 식민지지배와 전쟁과 관련하여 전승국에 대한 법적 배상의 책임을 요구하고 있는 것이다. 따라서 일본이 식민지배와 침략을 부정하고 그것을 '진출'과 '아시아 해방전쟁'으로 미화하려는 시도에 대해 강력 반발하고 있다.

이번 사태와 관련하여 북한은 2001년 3월 이후 거의 매일 『노동신문』과 『민주조선』 등의 언론매체를 통하여 정부와 외무성의 입장과 각종 사회단체들의 항의성명과 해설기사를 발표하고 있다. 북한측이 발표하고 있는 성명들의 기본적인 내용을 살펴보면, 먼저 국제적인 배경으로 미국과 일본이 군사동맹을 기본축으로 하여 북한을 적대시하고 고립화시키려는 전략을 추진하고 있다는 점을 비난하고 있다. 미국이 일본을 전면에 내세워 손쉽게 동아시아에 대한 주도권을 확보하려고 일본의 미온적인 과거청산에 대한 태도를 암묵적으로 지지하고 있다는 인식이다. 그리고 외교적인 측면에서 북한은 일본의 과거청산이 없는 한 수교회담이 진전될 수 없음을 천명하고 있다. 한편으로 고이즈미 일본 총리의 야스쿠니신사 참배로 대표되는 일본의 우경화를 군국주의 부활획책으로 규정하고, 이를 침략과 범죄의 역사를 재현하려는 움직임으로 규탄하고 있다.

북한의 성명들이 남한의 경우와 비교하여 특별한 점은 일본과의 과거사 문제가 남한의 경우 교과서문제에 국한되어 나타나는 경향을 보여주는 반면, 북한의 경우는 전반적이고 총체적인 차원에서 문제제기되고 있다는 점이다. 이 점은 일본의 교과서문제가 미일군사동맹에 대한 견제의 필요성과 수교협상에서의 유리한 고지 선점 등의 문제와 직접 관련되어 있기 때문일 것이다. 그렇지만, 남한이 일본과의 수교협상에서 제대로 진행시키지 못했던 문제들을 북한이 원칙적인 입장을 견지하며 교과서문제와 통일적으로 사고하고 있는 점은 앞으로의 한일관계를 풀어나가는 데 매우 중요한 시사점을 던져준다. 예를 들면 「민족고전학학회」에서는 일본당국이 검정에서 통과시킨 역사교과서에서 우리나라의 민족고전을 약탈·소각한 죄에 대하여 한마디 언급조차 하지 않는 것을 비난하며 이와 관련된 문제에 대해 타협하지 않을 것을 천명하고 있는 것이다.

북한은 이와 같은 일본에 대한 항의·규탄성명과 함께 외교적인 노력도 기울이고 있다. 특히 2001년 8월 14일 제네바에서 열린 유엔인권소위원회에 직접 참여하여 '일본군 위안부' 문제 등이 국제법을 위반한 범죄라는 책임을 일본이 인정하고 응당한 대가를 치를 것을 주장했다. 또한 오늘날까지 세계 여러 지역에서 전시 성노예행위와 같은 혹심한 여성권리유린행위들이 근절되지 않고 있는 것은 과거에 감행된 성노예행위들에 대한 철저한 처벌과 청산이 이루어지지 않은 데 기인한다며 일본의 '일본군 위안부' 문제를 대표적인 사례로 지적했다. 그리고 북한은 제3세계 민중들을 중심으로 국제적 관심을 환기하는 작업도 게을리하지 않고 있다. 북한의 언론매체에는 그들과의 연대성명이 꾸준히 발표되고 있다.

한편, 6·15공동선언 이후 민간교류가 활발히 진행될 수 있는 여건조성과 더불어 이번 사태는 남북한의 과거사에 대한 공동의 인식을 확보하는 데 중요한 역할을 하였다. 남과 북 민간교류에서는 대부분 항의성명이 채택, 발표되었다. 3월 1일에는 역사왜곡을 규탄하고 사죄를 요구하는 남북 역사학자들의 공동성명이 채택되었다. 남북역사학자들은 공동으로 자료 전시회를 개최하기도 했다. 전시회에는 「한국병합시말」「일한합병조약」「한국병합에 관한 전보문」 등 일본이 극비로 취급하던 자료들과 각종 사진자료, 출판물자료들이 전시되었다. 또 3월 11일에는 남북 노동자들을 대표하여 '조선직업총동맹'과 '전국민주노동조합총연맹', '한국노동조합 총연맹' 사이에도 항의 성명이 채택되었다. 3월 28일에는 남북 종교인들을 대표하여 북측의 '조선종교인협의회' 대표들과 남측의 '종교인평화회의' 대표들 간에 일제시기 신사참배 등의 강압적 지배를 규탄하고 교과서 왜곡에 항의하는 공동성명을 채택했다. 6월 15일에는 6·15공동선언발표 1주년 기념 민족통일대토론회에 참가한 남, 북, 해외동포 대표단이 항의 성명을 공동으로 채택했다. 그리고 8월 14일부터 민족통일대축전에 참가한 대표들은 16일부터 '일제의 만행 및 역사왜곡책동 공동사진전시회'를 개최하고 남, 북, 해외 참가자들 명의로 일본의 범죄행위를 용납하지 않으려는 7천만 온겨레의 확고한 의지를 담은 공동 결의문을 발표했다.

북한은 남북 간의 공동행동과 더불어 일본의 건전한 시민세력들과 연대하려는 움직임도 보여주었다. 남한의 일본교과서바로잡기 운동본부가 일본의 시민단체들, 그리고 아시아 민중들과의 연대를 강화하기 위해 일본의 시민단체들과 공동으로 제안한 '아시아연대 긴급회의'에 적극 참여를 시도한 것이다. 연대회의는 6월 9일부터 11일까지 동경에서 진행되었다. 그런데 일본정부의 입국불허 조치로 북한의 대표들('종군위안부' 및 태평양전쟁피해자보상대책위원회 대표단)은 참석을 저지당하고 말았다. 북한은 이에 대해 장문의 항의서한을 보내고, 특별한 이유도 없이 무작정 거절한 것은 국제적 도의와 윤리에 위반되는 극히 몰상식하고 졸렬한 행위라며 일본의 부당한 조치를 규탄했다. 이외에도 북한은 지난 8월 일제의 강제연행범죄와 관련한 증언집회에 참가할 예정이었지만 일본정부는 또다시 대표단의 입국을 불허하였다. 이처럼 일본의 방해로 성사되지는 않았지만, 북한은 일본의 시민단체들과의 연대실현을 위한 노력을 꾸준히 전개하고 있다.

　앞으로 남북 그리고 아시아연대의 장에서 북한과의 연대는 이후 대응에서 아주 중요한 역할을 할 것이다. 특히 한일 간 관계를 재정립하는 문제와 조일수교회담의 의미 있는 진전을 위해서도 꼭 필요한 일이므로 교류의 폭을 넓혀나가야 할 것이다. (북한 역사학계의 공식입장은 부록 참조)

이신철(역사문제연구소 선임연구원)

중국 등 동아시아국가의 대응

　중국정부는 '새로운 역사교과서를 만드는 모임'에서 집필한 역사교과서가 검정을 통과할 가능성이 높아진 2001년 2월 말경부터 비판적인 의견을 내놓기 시작하였다. 2월 27일 장쩌민 국가 주석은 '양국의 우호관계가 잘못되지 않게 각별한 배려를 바란다'는 내용을 일본정부에 전달하기도 하였다. 탕자쉬엔 외교부장 등도 전면에 나서서 일본의 역사왜곡을 공공연하게 비판하였다. 같은 시기 한국정부의 태도와는 너무나 대조적인 모습이라고 할 수 있다. 중국정부의 적극적인 비판은 '제국주의 청산'을 기본으로 했던 1972년 중일수교 정신에 위배된다는 것과 1982년 일본정부가 교과서 검정기준으로 설정한 '근린제국조항'에 맞지 않는다는 데 근거를 두고 있다.

　그러나 일본정부는 4월 3일 한국과 중국정부의 비판을 무시하고 '새로운 역사교과서를 만드는 모임' 측이 집필한 교과서의 검정을 통과시켰다. 5월 8일 한국정부에서 35개조 수정요구사항을 발표한 데 뒤이어, 중국정부도 16일 여덟 가지 수정요구사항을 일본정부에 전달하였다. 그 사항을 간략히 정리하면 아래와 같다.

반일운동	1920년대 중국인의 반대운동을 '배일운동'이라 말하며, 중국인의 저항에 의해 일제의 침략과 팽창이 좌절된 것을 은폐하고 있다.
만주국	만주에서의 식민지 통치를 미화하며 만주국을 발판으로 중국 본토를 침략한 사실과 731부대에서의 생체실험 등을 은폐하고 있다.
남경대학살	일본군이 남경을 점령한 후 계획적으로 중국 민간인과 포로를 상대로 대규모 학살을 저질렀다는 사실을 은폐하고 있다.
전쟁 장기화	중국인의 항일전쟁을 '정권을 탈취하는 전략' 등으로 모욕하고, '일본도 전쟁목적을 상실'하였다고 서술함으로써 침략전쟁의 본질을 은폐하고 있다.
노구교사건	우발적 사건으로 묘사하여 전면적으로 중국을 침략할 의도가 있었다는 사실을 숨기고 있다.
대동아회의	1943년 이 회의에 참석한 사람들이 아시아를 대표하고 있는 것처럼 묘사하여, 일본의 아시아침략이 아시아 각 민족의 지지를 얻고 있었던 듯한 허상을 독자에게 주고 있다.
대동아공영권	일본침략자는 일본어교육과 신사참배 강요에 그치지 않고 '공존공영'이라는 이름 아래 잔혹하게 식민지를 지배한 사실을 은폐하고 있다.
극동재판	역사적 사실을 제대로 보지 않고 독자들로 하여금 극동국제군사재판의 합법성과 권위 및 공정성에 의문을 갖게 하고 있다.

일본정부는 7월 9일 한국정부의 수정요구사항과 함께 중국정부의 수정요구사항도 공식 거부하였다. 장쩌민 국가주석은 10일 일본 여3당 간사장을 만난 자리에서 '역사는 인위적으로 바꿀 수 없다'며 '이 문제에 불을 붙이면 커다란 풍파가 일어날 가능성이 있다'고 경고하였다. 중국정부도 한국정부처럼 고이즈미 일본 총리의 방문을 거부하였다. 그렇지만 우리 정부와 달리 현재까지 다른 보복조치를 취하고 있지는 않다. 우리 정부처럼 대책반 등의 특별 대책기구를 두고 있는 것 같지도 않다. 중국정부로서는 2008년 북경올림픽 유치에 일본의 협조가 필요했고, 국제통화기금(IMF) 가입, 미국의 중국 견제에 대응할 외교전략 등으로 인해 일본의 협

조가 필요한 상황이기 때문이다.

일본의 역사왜곡에 대해 구체적인 수정을 요구한 나라는 한국과 중국뿐
이었다. 그렇지만 일본의 군사대국화를 향한 역사왜곡에 대해 다른 동아
시아인들도 비판적인 입장을 갖고 있었다. 대만 외교부는 도쿄 주재 대표
부를 통해 '역사가 왜곡되어서는 안 된다' 는 입장을 공식 전달하였고, 4월
에는 60여 명의 학자들이 역사왜곡을 비판하는 공동성명을 발표하기도 하
였다. 홍콩에서도 일본의 역사왜곡에 항의하는 서명운동이 벌어졌다. 6월
10일부터 12일까지 도쿄에서는 한국 · 중국 · 대만 · 필리핀 · 인도네시
아 · 말레이지아 등 6개국 시민단체 회원 1,000여 명이 모여 '아시아연대
회의' 를 열고 인간띠잇기 등의 행사를 통해 일본의 역사왜곡에 항의하는
집회가 열리기도 하였다.

신주백(성균관대학교 강사)

IV

일본의 역사왜곡,
어떻게 극복할 것인가

유네스코의 활동과 사례

유네스코는 제2차 세계대전 직후인 1946년, 교육 · 과학 · 문화 및 커뮤니케이션 분야의 진흥과 국제협력을 통하여 인류복지와 국제평화에 기여하기 위해 UN체제의 전문기구로 발족되었다.

"전쟁은 인간의 마음속에서 생기는 것이므로 평화의 방벽을 세워야 할 곳도 인간의 마음속이다"라는 구절은 1945년 채택된 유네스코 헌장 전문에 나오는 문장으로서, 유네스코의 설립배경과 이념을 적절히 설명하고 있다.

이러한 본연의 역할을 추진함에 있어서, 유네스코는 국가 간 상호이해와 문명 간 대화가 무엇보다도 효과적인 도구로서 기능할 수 있고, 이 과정에서 역사가 중요한 역할을 수행하게 됨에 주목하여왔다. 이러한 시각은 역사인식을 이웃 국가 또는 민족 사이에서 발생하는 다양한 우여곡절의 결과물이라고 생각하는 데 근거한 것이라 할 수 있다. 이에 따라 유네스코는 세계평화 구현과 인류공영을 촉진하는 방법의 하나로 회원국들끼리 역사인식의 갈등을 해소하기 위해 노력할 것을 권고하고 있다. 뿐만 아니라 이러한 노력의 구체적인 방법으로, 역사교과서 개정을 위한 가장 바람직한 형태로서 '국제기구를 통한 다자간 협의'를 제시하고 다양한 지침서 및 관련국제회의 문서를 통하여 권장하고 있다.

이러한 권고들과 관련된 중요활동들을 연대별로 간략하게 기술하면 다음과 같다.

1946년 제1차 유네스코 총회에서는 "국제이해 향상을 위한 교과서 및 교육자료 개선을 위한 프로그램"을 추진하기로 하여, 1949년 동일한 제목의 핸드북을 출판하였다. 이 작업은 국제이해 향상의 관점에서 교과서 개정을 위한 기준을 최초로 제시하였다는 점에 의미를 부여할 수 있다. 1974년 제18차 총회에서는 "국제이해, 협력, 평화 교육 및 인권과 기본적 자유에 관한 교육 권고안"을 채택하여 지금까지도 국제이해 교육을 위한 중요한 준거로 활용하고 있다. 1978년 제20차 총회에서는 새로운 인류사 편찬사업을 추진하기로 결정하고, 제3세계의 요청에 부응하여 아프리카 역사, 라틴아메리카 역사, 카리브 역사, 중앙아시아 역사 편찬사업을 추진하였다. 1992년에는 독일 게오르크 에커르트 국제교과서 개정연구소와 공동으로 "유네스코 국제교과서 연구네트워크"를 설립하였다. 1994년 제44차 국제교육회의에서는 교과서와 교과과정 체제 및 개정이 평화문화 발전에 장기적 전략으로서 중요한 역할을 수행한다는 점을 강조한 "평화, 인권과 민주주의를 위한 교육 선언"과 "통합적 행동지침"을 결의하여, 제28차 유네스코 총회(1995)에서 이 행동지침을 채택한 바 있다. 뿐만 아니라, 제29차(1997), 제30차(1999) 총회에서도 계속하여 역사 및 지리교과서 개정에 관한 결의안을 채택하고 있다. 1999년에는 게오르크 에커르트 연구소와 공동으로 "교과서 연구 및 개정에 관한 유네스코 지침서"를 발간하였으며, 유럽의회 등과 함께 "역사의 비무장화 : 남동유럽 역사교과서 전형과 선입견 퇴치를 위한 국제회의"를 개최하였다. 2000년에는 "세계 평화문화의 해"를 계기로 "역사와 평화문화사업"을 추진하여 평화문화 진작을 위한 전세계 역사가 네트워크를 구축하였다.

이러한 활동들과 함께, 유네스코가 국가 간 역사갈등 해결에 개입한 구체적인 사례로는 독일과 폴란드의 협력활동을 들 수 있다.

20세기 초부터 폴란드와 독일 역사학자들은 양국 관계를 될 수 있는 한 악화시키기 위해 상당한 노력을 하였고, 그 결과 양국 관계는 극단적인 증오상태에 있었다. 초기 대립은 국경에 관한 것으로, 폴란드는 국경유지를 위해 가능한 모든 일을 하였으며, 독일은 국경을 그들 이익에 합치하도록 개정하기 위하여 노력하였다. 따라서 폴란드 역사학자들에게 주어진 임무는, 폴란드 측의 정당성을 밝혀 폴란드인들의 선조인 슬라브족들이 당시 독일인 조상인 게르만족 이전에 논쟁이 되고 있는 영토에서 살았다는 주장을 입증하는 일이었다. 그러한 결과로 제시된 '가설'들은 현 영토에 대한 주장을 정당화하는 근거로서 정치학자들에 의하여 심하게 악용되었다.

1972년 당시 이러한 상황을 개선하기 위한 노력으로 브란트(Brandt, 독일) 정부와 쉴(Scheel, 폴란드) 정부 그리고 양국 유네스코 국가위원회는 270여 명의 양국 학자, 정치가들이 참여하는 '역사와 지리 교과서 개정을 위한 폴란드-독일 위원회'를 창립하였다.

이 위원회가 주로 다룬 안건은 첫째, 역사에 대한 사고의 근간으로서 민족주의적 '우리'로부터 벗어나는 것과 둘째, 역사적 해석의 정치적 기능화(자신의 사회를 적대적 이데올로기에서 보호하기 위한 증오심 강조) 중지 등으로, 1976년 권고안을 채택하였으며 1987년 활동을 종료하였다.

위원회 활동은 어느 정도 예견된 것이기는 했지만 정치적 상황으로 인하여 끊임없는 한계에 부딪히게 되었다. 권고안의 약 60%가 할애된 20세기 부분에 대한 합의가 그 중 하나였다. 또 하나의 예는 13세기에서 15세기경 폴란드와 튜턴족 사이의 관계와 연관되어 있었다. 13세기부터 독일에서 온 이주민들은 과학기술적 문명적인 진보뿐만 아니라 새로운 법률적 장치들을 갖고서 폴란드 영토에 정착하였고, 폴란드 통치자들은 이들 이주민들이 영토 발전과 부의 축적을 가속화시키는 데 도움이 된다는 판단으로 자연스럽게 폴란드 내부에 수용하였다. 그러나 수세기 후 역사학자들은 이러한 사건은 '폴란드의 게르만화'를 위한 조직적이고 계획된 행동으로, 13·4세기에 이미 존재하였던 민족적 반목에 바탕을 둔 정치적 과정이었다는 근거 없는 주장을 함으로써 합의를 어렵게 하였다.

우여곡절을 거친 끝에 '권고안'이 발간된 후에도 프랑스·독일의 합의와는 달리 폴란드·독일의 경우는 여전히 순탄하지만은 않았다. 즉 독일의 경우, 연방을 구성하는 지역 중에서도 사회민주당 통치지역에서는 학교에서의 권고안 사용이 추천되었으나 기독교민주당과 기독교사회연합 통치지역에서는 추천되지 않았고, 폴란드의 경우는 교과서 개정에 부정적이었으며 사회통합에 도움을 주는 잠재적인 적들이 제거되기를 원치 않았다. 그럼에도 불구하고 교과서위원회를 통해 역사가들이 정치가들에게 상대국에 대한 부정적인 슬로건을 제공해주는 일은 멈출 수 있었으며 이를 통하여 양국 관계개선에 공헌하게 되었다.

현재 폴란드·독일 양국 교과서에서 상대방에 대한 그릇된 기술은 없어졌으나, 여전히 독일교과서에서 폴란드 역사는 거의 찾아볼 수 없으며, 폴란드 교과서에서는 단지 독일이 폴란드 역사의 일부분으로 등장하거나 '우리들'이 '그들'보다 더 좋은 경우에만 소개되고 있다. 이러한 경향은 교과서가 국가적인 것으로 남아 있는 한 불가피할 것이다. '우리들'이라는 관념에 강하게 속박되는 것이 바람직하지 않음은 물론이다.

지금까지 역사교육, 역사교과서와 관련한 유네스코의 활동과 사례에 대하여 간략하게 살펴보았다. 마지막으로 이러한 활동과 사례들이 교과서 바로잡기에 임하는 우리들에게 제공하는 함의들을 유럽의 교과서 전문가들이 제시하는 의견을 중심으로 결론에 대신하여 소개한다.

첫째, '정치적, 군사적 역사'에 치우치지 말고 문화교류 등 상호관심사가 될 만한 주제들을 논의 대상으로 삼아야겠다.

둘째, '침략·희생·15년전쟁' 등의 개념화(용어)에 너무 집착하지 말고 그와 같은 복잡한 역사과정을 사실대로 설명하는 데 중점을 두어야겠다.

셋째, 민족사와 세계사 중 어느 하나가 다른 것보다 더 나은 것이라고 생각하지 말고 모두 나름대로 필요한 것이라는 실용적 태도를 가져야겠다.

넷째, 역사교육의 목적을 국가정체성을 위한 투쟁보다는 국가 간 분쟁을 피하기 위한 교훈에 두어야겠다.

다섯째, 역사교육에서 정부의 역할을 감소시켜야겠다.

여섯째, 한쪽은 다른 쪽에 대한 비교사적 지식을 앎으로써 극명하게 나타나는 역사인식의 차이를 존중하여야겠다.

전성민(유네스코 한국위원회 과학팀장)

독일의 과거청산과 시민사회

무엇이 문제인가

독일과 일본은 지난 20세기 역사에 어두운 '과거'를 남겼다. 그들이 일으킨 제2차 세계대전은 현대사 최대의 비극이었다. 수천만 명의 민간인과 군인이 사망 또는 부상하였으며 엄청난 물질적 파괴와 경제적 손실을 초래했다. 특히 600만에 달하는 유태인과 집시 등에 대한 대학살의 전모가 낱낱이 드러났을 때 온 인류는 경악하였다.

이러한 역사 때문에 일본과 독일 시민사회가 현재 그들의 '과거'를 어떻게 바라보고 있는지, 그리고 거기에 어떤 변화 조짐이 나타나고 있는지는 세계 시민사회의 촉각을 곤두서게 한다. 최근 왜곡된 역사교과서의 검정 통과와 고이즈미 총리의 야스쿠니신사 참배 등에서 엿보이는 일본사회의 이상 기류에 대해 한국을 비롯한 동아시아 국가들이 긴장하는 것은 바로 그들의 어두운 '과거'가 재현될지 모른다는 우려 때문이다.

같은 전범국가면서도 독일은 일본과 달리 우리에게 모범적인 과거청산의 전형으로 보여져왔다. 물론 두 나라는 역사발전과 문화전통, 국제정치적, 지정학적 측면에서 많은 차이점을 가지고 있다. 그러므로 단순 비교를 통한 극단적 대비는 역사 왜곡의 위험을 내포한다. 하지만 '과거'를 바라보는 그들의 시각이 어떻게 다른가에 관한 면밀한 비교, 관찰은 냉전 이후 유럽과 동아시아질서의 평화적 재편이라는 현재적 의미에서 유익할 뿐 아니라 대단히 중요하다. '과거'를 바라보는 눈은 현재를 규정하며 나아가 미래를 여는 열쇠기 때문이다.

전범재판과 숙청

독일의 과거청산에서 1940~50년대는 떠들썩한 전범재판과 숙청 그리고 이에 대한 독일사회의 침묵으로 특징지어진다. 나치시대에 대한 비판적 조명과 진지한 내적 청산은 1960년대 와서야 본격적으로 시작되었다.

1945년 5월 8일, 종전과 함께 독일을 점령한 연합국(미국·영국·프랑스·소련)은 탈군국주의화, 민주화와 함께 탈나치화를 점령정책의 핵심과제로 설정하였다. 무엇보다 철저한 탈나치화는 나치 이데올로기에 오염되었던 독일사회를 민주화하기 위한 필수적인 전제조건이었다. 이를 위해 뉘른베르크 국제 전범재판과 후속재판, 그리고 행정기관을 비롯한 사회 각 분야에 대한 대대적인 숙청이 집행되었다.

국제여론의 뜨거운 관심 속에 진행된 재판은 단순한 전쟁책임을 넘어서 각종 반인륜적, 비인도적 범죄(crimes against humanity)를 처벌대상으로 삼았다. 이는 역사상 획기적인 일로 높이 평가할 만하다. 하지만 재판결과는 자세히 보면 실망스러운 것이다. '주요 전범'으로 기소된 주요 내각각료, 나치당 지도부, 친위대, 돌격대, 비밀경찰, 국가정보국 멤버들, 군 최고 지휘부 등 24명 가운데 12명은 사형선고를 받았으며 사형은 신속히 집행되었다. 나치 단체들과 관련자들에 대한 후속재판이 뒤를 이었지만 이는 미온적으로 추진되었다. 12개 재판에 총 185명이 기소되는 데 그쳤으며 그 가운데 24명은 사형, 20명은 무기형, 98명은 기타 징역형을 언도받았으나 35명은 무죄로 석방되었다. 물론 그 후에도 3개 서방 점령지역에서 이루어진 재판에서 총 5,133명의 독일인이 기소되어 668명이 사형선고를 받았다. 하지만 종전 직전에 나치당원이 5백만 이상이었으며 그 외에 수많은 나치 산하단체와 조직원이 존재했다는 점, 그리고 그들이 저지른 범죄의 규모와 잔혹성을 고려할 때 이러한 결과는 예상에 크게 못 미치는 것이었다.

물론 연합국은 사법적 조치와 동시에 행정기관을 비롯한 사회 각 분야에 대한 대대적인 숙청도 집행하였다. 그러나 나치 관련자들에 대한 대량 숙청이 행정마비 사태를 가져오자 초기에 적용하던 엄격한 숙청기준이 점차 대폭 완화되었다.

〈한겨레 그림판〉 2001. 3. 29

숙청기준의 완화 적용에서 나타난 자의성과 불공평성은 많은 불만과 저항을 야기시켰다. 1946년 3월 이를 시정하기 위해 제정된 '나치와 군국주의로부터의 해방을 위한 법'과 그에 의거하여 설립된 '나치 심사청'도 이 문제를 해결하지 못했다. 18세 이상 독일인 모두를 잠재적 나치분자로 규정, 그 여부를 심사받도록 명령함을 통해 외관상 객관적이고 철저한 탈나치화가 추진되었다. 하지만 결과는 오히려 부정적이었다. 우선 잠재적 죄인으로 몰린 많은 독일인들은 열렬한 나치 추종자가 아니었던 경우에도 과거를 덮어두고 싶어하는 침묵의 정서를 갖게 되었다. 그리고 심사 결과는 궁극적으로 대다수 독일인에게 면죄부를 주었다.

1947년경부터 뚜렷해진 미소 간 냉전이 1950년 한국전쟁에서 절정에 이르면서 나치청산 문제는 뒷전으로 밀려났다. 서방점령 지역을 공산주의에 대한 방파제로 삼기로 한 미국은 서유럽 집단안보체제 그리고 경제통합체를 구축하는 데 독일을 핵심으로 삼았고, 이때부터 나치재판은 신속하게 종결되었다.

물론 나치로부터 탄압을 받았거나 저항운동에 참여했던 반체제 세력은 보다 철저한 나치 과거청산과 새로운 출발을 원했다. 종전 전후에 전국에서 자발적으로 조직되었던 반파쇼 위원회가 그 대표적 사례다. 이들은 '밑으로부터' 철저한 나치청산을 주도하려 하였지만 군정 당국에 의해 견제되다가 결국 금지, 해체되었다.

실패한 탈나치화와 '침묵'으로 도피한 독일사회

1949년 정부수립 후 아데나워 정부가 연합국으로부터 탈나치화 작업을 계승한 후에도 상황은 마찬가지였다. 새 정부가 추진한 두 가지 통합 정책, 즉 대내적으로는 전쟁에 연루된 다양한 사회집단의 재통합, 대외적으로는 서방세계로의 통합을 추구하는 과정에서 탈나치화에 대한 관심은 뒷전으로 밀려났다. 그리고 나치체제에서 활동하였던 각 분야 전문가들이 사면, 복권을 거쳐 다시 독일사회 전면에 등장하였다. 곧이어 전개된 냉전과 반공 기류는 이 경향을 더욱 촉진하였다.

이처럼 우리에게 모범적 과거청산의 전형으로 알려진 독일의 경우 시민사회가 처음부터 과거에 대한 철저한 반성과 도덕적 입장을 내세웠던 것은 아니다. 전후 국제질서 재편이 독일사회 자체의 역사적 반성과 자발적 청산을 뒷전으로 밀어냄으로써 본질적인 과거청산은 이루어질 수 없었다. 정략적으로 제한된 탈나치화는 오히려 독일사회 전반을 '침묵의 공동체'로 만드는 데 기여하였다. 뜨거워진 동서냉전 시대에 강력한 동맹국을 필요로 한 서방 연합국의 국제정치적 고려와 이를 적극적으로 수용한 서독의 서방통합 전략이 맞물려서 이루어진 결과였다. 여기에 과거를 묻어두고 싶은 대다수 독일인들의 정서가 한몫을 다했다는 것은 부정할 수 없는 사실이다.

전체적으로 보아 연합국과 아데나워 정부가 추진한 탈나치화는 나치 핵심세력이 곧바로 전후 독일사회에 다시 정착하는 것을 막는 데는 부분적으로 성공하였다. 하지만 연합국의 국내사정, 그리고 전후 국제질서 재편과정에 의해 영향받은 탈나치화는 일관성 있는 철저한 과거청산을 달성할 수 없었다.

탈나치화를 제도적, 인적 청산이라는 기준으로 평가한다면 소련점령 지역(동독)은 서방 지역에 비해 성공적이었다고 평가된다. 전범재판 결과, 유죄판결 건수는 서방 3개 점령 지역의 것을 합친 것의 몇 배나 되는 규모였다. 그리고 정부기관, 경제, 교육, 학문 분야에서 나치시대의 주요 책임자들은 광범위하게 숙청되었다. 종전 당시 70% 이상 나치 당적을 가지고 있던 교사들은 대폭 교체되어 1948년 초등학교 교사의 거의 76%가 신임 교사였을 정도다. 제도개혁을 통해 나치 핵심세력의 물적 기반도 철저히 제거되었다. 냉전시대 아데나워 정권이 상당수 친나치 세력을 사면 복권하였던 것과 같은 일도 동독 지역에서는 일어나지 않았다(동독 공산당이 정부 수립 초기에 정치기반을 다지기 위해 일부 구나치 당원들을 영입했지만 이를 은폐해왔다는 사실들이 최근 밝혀지고 있어서 주목을 끈다).

청산되지 않은 과거는 그대로 사라지지 않았다. 패전의 잿더미 위에서 신속한 재건에는 성공했지만 나치의 그림자가 독일사회 곳곳에서 개혁과 민주화에 걸림돌이 되고 있다는 사실이 전후세대에 의해 점차 인식되기 시작했다. 1960년대의 일이다.

1960년대 개혁운동과 과거청산

정치적으로나 법적으로, 또한 도덕적으로 불충분하게 이루어진 과거청산은 1960년대 서구를 휩쓸었던 사회개혁운동 과정에 다시 중요한 문제로 떠올랐다. 구체적 계기는 1959년 돌출한 일련의 반유태적 행위와 1961년 아이히만 재판이었다. 나치 잔재로 판명된 극우파들에 의해 유태인 묘지가 훼손되고 나치 상징인 하켄 크로이츠가 그려지는 사태가 급증했을 때 국제여론과 독일사회는 경악하였다. 유태인 대학살을 주도했던 아이히만은 종전 후 아르헨티나에서 도피생활중 이스라엘 비밀경찰에 의해 체포되었다. 그가 이스라엘로 이송되어 재판받았을 때 국제여론은 뜨거운 관심을 보였다. 재판과정에서 독일인들은 다 청산되었다고 믿었던 어두운 '과거'가 사실은 아직도 청산되지 않은 채 가까이에 서 있다는 사실을 점차 깨닫기 시작하였다.

당시 불붙기 시작한 과거에 대한 새로운 관심은 1960년대의 개혁운동 과정에 폭넓게 확산, 심화되었다. 서독 재무장, 전몰장병 추모일 제정, 베트남전쟁 참여 문제 등으로 상징되는 현실정치의 보수화와 복고주의에 저항하기 시작한 전후세대는 그 뿌리가 불충분하게 이루어진 과거청산에 있다는 것을 깨닫게 되었다. 사회 각계에 과거를 가진 인물들이 아무 일도 없었던 듯이 다시 자리잡고 있다는 사실이 동독과 사회비판 세력에 의해 잇달아 폭로되었다. 당시 출판된 『나치시대 인명사전』은 지식인, 학생들을 충격과 참을 수 없는 분노에 빠트렸다. 한번 불충분하게 청산된 과거는 쉽게 회복될 수 없다는 사실을 깨닫게 되면서 그들의 분노는 커갔다. 독일 학생운동이 보여준 격렬함은 그 표현이었다. 망명에서 돌아온 지식인들을 중심으로 이루어진 비판적 사회분석 작업은 이들에게 저항을 위해 중요한 이론적 근거를 제공하였다. 이제 그들에게 나치 과거는 부모 세대가 느꼈던 바와 같이 기억에서 지우고 싶은 과거가 아니라 현실문제의 뿌리였다. 따라서 철저히 청산되어야 할 대상이었다.

1960년대 복고주의에 대한 비판적 사회정서와 개혁운동에 힘입어 집권한 사민당은 독일 시민사회의 역사의식 변화에 일대 전기를 마련하였다. 바르샤바 게토(유태인 거주 구역)에 있는 유태인 위령비 앞에 무릎꿇은 빌리 브란트 수상을 통해 상징되는 정치·도덕적 과거청산 자세는 1982년에 이르는 사민당 집권기 동안 사회 곳곳에 뿌리 내렸다.

언론은 연중 빈번한 나치 관련 기념일마다 특집과 기록영화 제작 등을 통해 '과거'를 생생히 상기시켜주었다. 각급 학교, 시민대학 등 다양한 교육기관에서 나치 시기는 특별히 비중 있게 다루어졌다. 정당과 지방자치 정부들은 여야를 막론하고 나치 범죄에 대한 기억을 환기시키는 각종 사업을 직·간접적으로 추진하였다. 그리고 역사학계는 이러한 다양한 기억문화 형성에서 중추적 역할을 수행하였다. 특히 소장 역사학자들의 비판적 역사학 이론은 현재까지도 지속되고 있는 시민사회의 자성적 역사문화 형성에 크게 기여하였다.

시민사회의 역사의식

1980년대 보수정권이 집권하자 몇몇 보수적 역사가들이 중심이 되어 비판적 역사상을 수정하려는 시도가 있었다. 나치 과거를 상대화함으로써 독일사의 부정적 측면을 희석시키고 이를 통해 민족적 자의식을 회복, 고양하려는 신보수주의 정부는 이를 적극 지원하였다. 하지만 전후세대가 주를 이루게 된 진보적 지식인 사회는 이러한 의도에 강력히 저항하였다.

1989년 독일 재통일 이후 다시 새로운 민족적 정체성 찾기 움직임이 활발히 일고 있다. 그럼에도 불구하고 1960년대 이후 형성된 시민사회의 자성적 역사문화에 아직 심각한 변화의 조짐은 발견되지 않고 있다. 한 사례로서, '평범한 독일인들 전체'가 유태인 대학살에 '책임이 있다'는 과도한 테제를 내세운 한 미국 청년 골드하겐의 박사 논문이 전세계에 파문을 일으켰을 때 독일 지식사회가 보인 반응은 주목할 만하다. 논문의 독일어판 출판을 기념으로 독일을 방문한 골드하겐은 몇몇 대도시에서 홀로코스트 (유태인 대학살) 분야 권위자들과 공개 토론을 벌였다. 청중들은 전문 역사가들의 논리정연하고 신랄한 비판에 대해서는 차가운 침묵으로 일관한 반면, 궁지에 몰려 자신의 테제를 방어하려 애쓰는 젊은 청년에게는 뜨거운 박수를 보냈다. 물론 청중들은 골드하겐 테제가 지닌 숱한 학문적 결점을 알고 있었지만, 통일 이후 강대국으로 부상하고 있는 독일이 그들의 '과거'를 냉철히 돌아보도록 자극하는 그의 테제와 그 현재적 의미를 높이 평가했던 것이다.

1999년 말 독일정부는 나치에 의해 강제 동원되었던 외국인 노동자들에 대한 배상을 위해 100억 마르크(약 5조 원) 규모의 보상재단 설립을 결정하였다. 이제까지 독일정부에 의해 나치 정권 피해자들에게 지불된 배상금 총액이 대략 1400억 마르크 정도라는 사실을 고려한다면 이는 현재 독일의 과거청산 자세가 어느 정도인가를 충분히 가능하게 해준다.

물론 이러한 과거청산과 천문학적 액수의 배상에 불만을 가진 사회세력이 없는 것은 아니다. 이미 종전 반세기가 훨씬 지난 오늘날 많은 평범한 독일인들이 나치시대에 대한 어두운 기억을 잊고 싶어하는 경향을 보인다는 것도 사실이다. 그리고 아직도 독일 하면 나치와 히틀러, 유태인 대학살을 떠올리는 국제여론에 대해 반감을 가지는 청소년들이 일부 있다는 것도 사실이다. 하지만 이들은 아직 소수에 불과하다. 그리고 현재 세계 다른 어느 분야에도 독일 과거사에 대해서처럼 철저하게 도덕적인 잣대가 적용되지 않고 있는 것이 – 유감스럽지만 – 사실이라면 '이제 그만하면 충분하지 않는가?' 라고 되묻는 소수의 정서는 어느 정도 이해될 수도 있다.

물론 시민사회는 늘 경계심을 가져야 한다. 오늘날 독일의 젊은 세대를 향해 "전후세대인 여러분은 과거 조상들이 저지른 참혹한 범죄에 대해 아무런 책임이 없습니다. 하지만 그 과거로부터 어떤 미래가 이루어지는가에 대해서는 바로 여러분이 책임져야 합니다. 따라서 여러분은 과거를 향한 눈을 감아서는 안 됩니다"라고 호소한 전 서독 대통령 리하르트 폰 바이체커의 역사의식은 이 점에서 의미심장하다. 이처럼 자기 나라의 '과거'를 어떤 시대 어느 역사보다 비판적으로 성찰하는 '도덕적 민감성' (위르겐 코카)을 특징으로 하는 시민사회의 역사문화는 아직 독일사회에 유효한 듯하며 우리와 일본사회에 시사하는 바가 크다고 하겠다.

이진모(한남대학교 사학과 교수)

평화와 인권을 옹호한 일본의 교과서운동

─ 이에나가(家永) 교과서 소송

　'이에나가 교과서 소송'이란 1965년부터 시작된 제1차 소송(손해배상), 1967년부터 시작된 제2차 소송(검정처분 취소), 1984년부터 1997년까지 13년 간 진행된 제3차 소송(손해배상) 등 32년 간의 교과서 재판을 말한다. 소송은 동경교육대학에서 일본사를 가르치던 이에나가 사부로(家永三郎)라는 교수를 주축으로 학자와 시민들이 양심과 원칙을 지키며 일본정부를 상대로 벌인 끈질기고 치열한 싸움이었다.

　이에나가 교수는 1952년 이래 고등학교용 교과서로 『신일본사(新日本史)』를 단독으로 집필해왔다. 1960년 「고등학교 학습지도요령」을 개정하여 검정을 강화한 일본정부는 새로운 검정 방침에 따라 교과서를 개정한 이에나가 교수의 신청을 1963년에 불합격시켰다. 하지만 이에나가 교수는 여기에 굴하지 않고 다시 교과서를 수정하여 검정을 신청했다. 그런데 문부성은 300여 군데의 수정을 전제로 조건부 합격이란 결론을 내렸다. 이에나가 교수는 문부성의 '수정의견'이 위헌·위법이라고 주장하며 1965년 6월 국가를 상대로 손해배상을 청구하는 민사소송을 제기했다. 이것이 제1차 교과서 소송이다. 하지만 1993년 3월 최고재판소는 원고측의 전면 패소를 선고하였다(일명 可部判決).

일본의 교과서 검정은 4년마다 있다. 이에나가 교수는 1964년에 검정에서 수정할 수밖에 없었던 부분을 부활시켜 검정을 신청하였다. 하지만 이번에도 '역사를 지탱하는 사람들', '일·소 중립조약' 등 여섯 군데 서술이 문부성으로부터 인정받지 못하여 불합격 처분을 받았다. 이에나가 교수는 문부성의 이러한 조치에 불복하여 1967년 6월 '불합격 처분 취소'를 요구하는 행정소송을 제기하였다. 이것이 제2차 교과서 소송이다.

제2차 소송의 첫 판결은 1970년 7월 동경지방재판소에서 있었다. 결과는 이에나가측의 완전한 승리였다(일명 杉本判決). 더 나아가 이번 판결은 교육이론과 법이론에 대해 명쾌한 결론을 내려줌으로써 이후 교과서운동에 커다란 영향을 주었다. 재판에서는 ① '국가의 교육권'과 '국민의 교육권' 가운데 어떤 것이 헌법정신에 맞는 것인가, ② 역사교육이 국가에 의해 국민을 교화시키는 수단으로 되어야 하는가 아니면 '진리교육'이 되어야 하는가, ③ 검정이란 이름 아래 학설을 포함하는 교과서 집필자의 사상까지 심사하는 것은 올바른 검정기준인가 아닌가라는 쟁점 가운데 모두 후자의 의견이 지지를 얻었다. 이에 불만을 품은 일본정부가 최고재판소에 상고하자, 최고재판소에서는 원판결을 파기하고 사건을 고등재판소로 돌려보냈다. 1989년 6월 동경고등재판소는 원고측 소송을 각하시켰다(일명 丹野判決). 1980년대 들어 교과서 검정이 강화되어가던 분위기 속에서 초반의 승리를 지켜내지 못하고 제2차 소송에서도 이에나가측은 완패한 것이다.

한편, 1982년 6월부터 9월 사이에 일본교과서의 역사왜곡은 한국과 중국을 비롯한 아시아 여러 나라로부터 큰 반발을 초래하면서 국제적 관심을 불러일으켰다. 이때 일본정부는 "인근 아시아 제국과의 관계에 관한 근현대 역사적 사실에는 국제이해와 국제협조의 견지"에서 배려한다는 '근린제국 조항'을 검정의 새로운 기준으로 설정하였고, 검정과정에서 '침략'이란 용어를 체크하지 않는다고 내외에 언약하였다.

하지만 그것은 거짓말이었다. 1983년 이에나가는 교과서 개정검정을 문부성에 신청하였는데, 검정의견은 이전과 바뀐 것이 없었다. 그래서 이에나가는 1980년 검정 때 사상심사 성격이 농후한 10개 항목을 선정하여 검정이 위법·위헌이므로 국가에 배상을 청구하는 소송을 제기하였다. 10개 항목 가운데는 '일본의 침략이라는 용어', '남경대학살', '일청전쟁에서 조선인민의 반일저항', '731부대' 등이 있었다. 이것이 제3차 교과서 소송이다. 최종 판결은 1997년 8월에 내려졌다(일명 大野判決). 이번 판결에서는 검정제도가 합헌이며, '731부대'에 관한 전문을 삭제하라는 '수정의견' 등 네 항목에 대한 문부성의 지시는 재량권을 벗어난 행위이므로 국가는 원고측에 40만 엔을 지불하라고 선고하였다. 원고측이 부분적으로 승소한 것이다.

그런데 이에나가의 교과서 소송, 특히 제3차 소송은 한국인의 이목을 끌기에 충분했다. 1982년과 1986년 역사왜곡 파동처럼 일본에도 역사를 왜곡하려는 사람들만이 아니라 양심적인 역사인식을 갖고 행동하려는 세력이 있다는 것을 보여주었기 때문이다.

하지만 한국인들은 제3차 소송 최종 판결에서 문부성 검정제도가 헌법정신에 위배되지 않는다는 재판부의 합헌 결정이 갖는 정치적 의미를 제대로 주목하지 않았다. 또한 제3차 소송 때 원고측이 불법이라고 제기한 10개항의 판결 하나하나를 구체적으로 살펴보지 않았다. 특히 우리와 밀접히 관련되는 내용인 청일전쟁에 관해 전혀 주목하지 않았다. 즉 재판부는 청일전쟁에서 '조선인민의 반일저항이 자주 일어'났다는 표현을 삭제하라는 문부성의 지시는 위법이 아니라고 판결하였던 것이다.

결국 되도록 자신들의 침략사를 은폐하려는 문부성의 의도는 2001년도 역사왜곡 파동에서 노골적으로 드러났다. 더구나 검정제도를 합법이라고 인정해준 재판부 판결은 일본 보수세력이 사회의 우경화 흐름에 편승하여 신청한 교과서가 검정을 통과하는 데 결정적인 발판이 되었다.

이에나가의 32년 간에 걸친 교과서 소송에도 불구하고 검정제도가 헌법에 위배되지 않는다는 일본정부의 논리는 극복되지 못한 채 문부성의 재량권 남용만을 명확히 부각시켰을 뿐이었다. 그렇지만 일본에서의 교과서 검정은 문부성이 극히 세부적인 내용까지 간섭하며 전체적인 서술기조를 혼란스럽게 하는 방식이 억제되는 등 간략화되었다. 더구나 국가 이익이라는 관점에서 일본의 식민지 지배와 전쟁책임, 전쟁범죄를 교과서에서 은폐 왜곡해왔던 그 동안의 검정자세가 약화되었다.

이에나가 교과서 소송은 그 혼자만이 32년 간 싸웠던 것이 아니었다. 제1차 소송이 제기된 직후인 1965년 9월 '교과서 검정 소송을 지원하는 역

〈한겨레 그림판〉 2001. 2. 22

사학 관계자회'가 조직된 것을 비롯하여 다른 전공 분야 연구자와 변호사 등이 가담한 '교과서 검정 소송을 지원하는 전국 연락회'라는 단체도 결성되었다. 특히 교과서 소송 10주년이 되는 1975년부터는 이에나가 교과서의 전체상, 교육적 배려론, 천황·국가, 전쟁, 민중사, 여성사, 사상·문화, 다른 교과와의 비교 등 8개 분야의 그룹이 결성되었다. 이들 그룹은 검정과 재판 과정에서 제기된 구체적이고 개별적인 사실을 해명하는 데 역점을 두는 한편, 교과서 소송의 정당성을 확보하기 위해 다양한 이론을 정립하였다. 그리고 일부 연구자는 재판정에 증인으로 출두하여 쟁점이 되는 역사적 사실에 대해 수준 높은 내용을 증언하였다. 그리하여 강의실보다 법정에서의 역사 공부가 더 재미있고 효과적이라는 말까지 나올 정도였다.

이에나가 교과서 소송은 우리들로 하여금 역사교과서 서술과 역사교육에 대해 많은 것을 생각하게 한다.

첫째, 문부성은 학생들로 하여금 국민으로서의 기초적인 교양을 쌓게 하는 것이 역사교육이므로 교과서 서술도 학설상의 통설에 근거하는 것이 공정한 자세라고 재판과정에서 주장하였다. 하지만 이러한 '교육적 배려'는 국가 권력이 학설을 일방적으로 판정하는 행위를 정당화시키고 특정한 사실을 기술하도록 '수정요구'할 수 있는 통제 논리로 이용되는 경우가 많았다. 예를 들어 일본정부는 남경대학살이나 731부대의 잔학행위와 같은 역사적 사실에 대해 통설이 없다는 이유로 교과서에 기술되지 못하게 하였던 것이다. 2001년도 역사왜곡 파동 때도 한국정부에서 35개 항목에 대해 수정을 요구하자, 일본정부는 이 논리에 근거하여 '학설 상황에 비추어 명백한 오류라고 할 수 없'다고 답변하였다. 결국 우리 입장에서 볼 때 이러한 통제 논리는 일본 침략을 정당화시켜주는 이론인 것이다.

둘째, 문부성의 이러한 대응논리는 일본의 전통적인 역사교육관을 계승한 것이었기 때문에 위험한 인식이다. 일본은 1945년 제2차 세계대전이 끝날 때까지 국가 권력, 곧 천황에 대한 국민의 충성심과 애국심을 높이려는 교화 수단으로서 역사교과서와 교육을 활용하였다. 그러면서 동시에 아시아의 다른 민족에 대한 자신들의 우월성과 지배의 정당성을 선전하는 수단으로서 역사교과서와 교육을 이용하였다. 우리는 이처럼 독선적이고 파괴적이며 자기나라 중심적인 역사관을 흔히 황국사관이라고 말한다. 2001년에 문제가 된 '새로운 역사교과서를 만드는 모임' 측의 교과서는 바로 이러한 황국사관을 계승한 것이다. 이에나가 교과서 소송은 검정제도를 통해 다시 부활하고 있는 황국사관을 저지하고, 개인과 모든 민족의 인권이란 인류적 가치를 존중하려는 양심적 행동이었다.

셋째, 이에나가 교과서 소송이 진행되는 와중에 일본의 인문학은 많은 성과를 거두었다. 즉 헌법론 측면에서는 법학에, 교과서와 역사교육 측면에서는 교육학에, 일본사의 내용적 측면에서는 역사학에, 그리고 소송 지원활동의 경험이라는 측면에서는 시민운동에 많은 성과와 과제를 가져다 주었다. 특히 일본 역사학계는 일제의 식민지 지배와 15년 간의 아시아·태평양전쟁에 관련된 이론적이고 실증적인 연구에서 괄목할 성과를 거두었다. 이렇게 축적된 양심세력의 경험과 역량은 2001년도 일본 우익의 중학교 역사교과서 채택률을 1% 이하로 낮출 수 있게 하는 원동력이 되었다.

지식인운동과 시민운동이 연대하여 32년 간 진행한 이에나가 교과서 소송 과정과 그 정신을 우리는 타산지석으로 삼아야 할 것이다. 이것은 특히 일본의 역사왜곡 문제와 우리의 국사교과서 문제에 임하는 자세와 사고방식에 많은 시사점을 제공해준다.

신주백(성균관대학교 강사)

1990년대 일본사회의 진보적 대응

'새로운 역사교과서를 만드는 모임' 을 반격한 조직과 운동

제2차 세계대전 후 일본에서의 제3차 교과서공격은 1996년에 표면화되었다. 다음해부터 사용될 7개 교과서 회사의 중학교 역사교과서 견본본(見本本)에 조선인 등의 '종군위안부' 가 기술된 것이 명백해지자, '종군위안부 관련 기술을 삭제하라' 고 외치는 우익의 가두 선전차 수백 대가 각 교과서 회사를 포위하였다.

1997년 1월에는 니시오 간지, 후지오카 노부카쓰 등이 '새로운 역사교과서를 만드는 모임' 을 결성하여 종래 교과서를 '자학사관' 이라 비판하고, 교과서에서 종군위안부 관련 기술을 삭제할 것을 요구하면서 '자유주의사관' 의 역사교과서 만드는 운동을 시작하였다.

산케이신문은 '새역모' 운동을 전면적으로 지원하고, 1999년 6월에는 '소학교 사회과교과서 통신부' 를 7회 연재하였으며, 10월에는 '중학교 사회과교과서 통신부' 를 12회 연재하여 종래의 교과서 기술을 이상한 이유로 비방하기 시작하였다. 연재 내용은 학문적으로도 교육적으로도 근거가 결핍된 조잡하기 이를 데 없는 것이었지만, 그것을 책자로 정리하여 여러

곳에 배포하고 '새역모' 교과서의 사전 선전에 활용하기 시작하였다. 동시에 니시오 간지는 '새역모' 교과서의 지침서라고 선전하며 『국민의 역사』를 산케이신문사에서 발행하였다. 그리고 2000년 4월에는 '중학교 역사교과서'와 '중학교 공민교과서'를 산케이신문사 계열인 후소샤(扶桑社)에서 발행하여 문부성에 검정을 신청하였다.

이러한 운동에 대응하여 1997년 1월, 150명의 역사학자·역사교육자 등이 호소하여 '역사의 사실(事實)을 살펴보는 모임'을 결성하고 5회에 걸쳐 강연회를 개최하였다. 그리고 11월에는 그 성과를 『종군위안부와 역사인식』(新興出版社)으로 정리하여 출판하였다. 또한 1997년 3월에는 교육과 교과서의 자유와 자립을 지키기 위한 '교과서에 진실과 자유를' 연락회를 결성하고, 2000년 5월에는 『철저 비판 '국민의 역사'』(大月書店)를 출판하였다.

그리고 이에나가(家永) 교과서 소송이 끝나고 '교과서 소송을 지원하는 전국 연락회'가 해산된 후 1998년 6월 '어린이와 교과서 전국네트워크 21'이 결성되어 제3차 교과서공격에 반격하는 운동의 중심이 되었다. 사무국장 타와라 요시후미(俵義文)의 저서 『다큐멘터리 '위안부' 문제와 교과서공격』(高文研, 1997년 6월), 『교과서공격의 심층』(學習の友社, 1997년 7월), 『철저 검증, 위험한 교과서』(學習の友社, 2001년 2월)는 반격을 확대하는 무기가 되었다. 또 2001년 5월에는 10엔짜리 팸플릿 「이것이 위험한 교과서다!」를 발행하여 25만 부를 판매하였다. 6월 21일 아사히신문에는 1면 전부를 사용하여 '교과서가 위기다!'라는 의견광고를 내고, 3000명의 찬동자 이름을 게재하였다. 아사히신문은 1000만 엔의 광고료를 반액으로 할인해주었다. 또한 요미우리신문, 마이니치신문, 교육신문뿐만 아니라 지방신문으로부터도 게재 의뢰가 와서 여기에 응하였다.

한편 1949년 창립되어 1955년과 1980년 교과서공격에 반격한 경험이 있는 역사교육자협의회는 월간 기관지 『역사지리교육』 지면에서 교과서 문제를 다루고, 1999년 9월부터 「'새로운 역사교과서를 만드는 모임' 비판」을 3회 연재하였다. 그와 동시에 산케이신문의 '교과서 통신부'를 비판한 『교과서공격의 거짓을 자르다』(靑木書店)를 편집하여 2000년 3월에 출판하였다. 또 전국민주주의교육연구회 · 지리교육연구회와 공동으로 '사회과교과서 심포지엄'을 3회에 걸쳐 개최하고, '새역모'의 역사 · 공민교과서(백표지본)의 오류와 위험성을 지적하였다. 그리고 이 성과를 『이런 교과서를 어린이들에게 줄 것입니까』(大月書店)로 정리하여 2001년 6월에 출판하였다. 또 1933년에 창립한 역사학연구회는 그 전문성을 살려 '새역모' 역사교과서의 58군데 오류를 지적한 문서를 작성하여 전국 교육위원회에 송부하였다.

이와 같은 각종 운동조직은 운동의 모체로서 출판물을 활용하면서 제3차 교과서공격에 대한 반격 집회를 전국적으로 벌여나갔다. '전국 네트워크'가 파악하고 있는 것에 따르면 2001년 1월에 32회, 2월에 49회, 3월에 38회, 4월에 70회, 5월에 116회, 6월에 138회로 실제로 500회가 훨씬 넘는, 일일이 열거할 수 없을 정도로 많은 집회가 열렸다. 이 과정에서 '전국 네트워크'는 각 도도부현(都道府縣, 지방행정구역)에 지역 네트워크를 확대하였다. 이러한 집회 과정에서 이전에 있었던 민주적인 조직만이 아닌, 새로운 활동으로 시작된 여러 시민운동이 증가하고 있다.

예를 들어 2001년 6월 9일 도쿄의 일본교육회관 홀에서 개최된 '어린이들에게 줄 수 없다! 이런 위험한 교과서 6 · 9 집회'는 다음 19단체가 '6 · 9 집회 실행위원회'를 조직하여, 일본교직원조합과 더불어 '어린이들에게 줄 수 없다! 위험한 교과서 전국 네트워크'와 공동으로 개최한 것이었다. 이 집회에는 한국의 일본교과서바로잡기운동본부 · 전국역사교사모임으로부터 대표가 참가하여 연대를 공고히 하였다.

▶ '교과서에 진실과 자유를' 연락회 ▶일본출판노동조합연합회

▶어린이와 교과서 전국 네트워크 ▶일본전쟁책임자료센터

▶사회과교과서 문제 간담회 간사[世話人]모임

▶일본민간교육연구단체연락회

▶ '전쟁과 여성에 대한 폭력' 일본 네트워크 ▶피스보트(peace boat)

▶전국민주주의교육연구회 ▶평화를 실현하는 기독교인 네트워크

▶타카시마 교과서 소송을 지원하는 모임 ▶역사과학협의회

▶중국현대사연구회 ▶역사학연구회

▶지리교육연구회 ▶역사교육자협의회

▶2001 평화를 위한 증언집회 실행위원회 ▶역사의 사실을 살펴보는 모임

▶일본사연구회

'새역모' 교과서 불채택 운동의 성과 – 도치기현(木縣) 시모쓰가 (下都賀) 지구 예로부터

'새역모' 교과서는 2001년 8월 15일 현재, 전국 542 채택지구의 성과가 나왔으나 공립학교에서는 채택되지 않았다. 그 외에 도쿄도와 에히메(愛媛)현의 일부 양호학교(장애인학교)를 비롯한 몇몇 사립학교에서 채택되었지만 그 실재 수는 전체 150만 명의 0.039%에 불과했다.

2001년 6월 23일 서울에서 개최된 심포지엄 '일본 역사왜곡과 한일 교과서 바로잡기 운동'에서 불채택 운동의 결과는 일본 전후 민주주의의 중간 결산일 것이라고 지적한 바 있다. 이러한 관점에서 도치기현 시모쓰가 지구 예로부터 이번 불채택 운동의 성과를 총괄해보고자 한다.

7월 11일 도쿄로부터 65km 북쪽에 있는 도치기현 시모쓰가 지구 채택협의회(2市 8町 30개 학교)는 공립중학교로서 처음으로 '새역모' 역사교과

서(후소샤)를 채택하기로 결정하였다. 이 사실이 신문, 텔레비전으로 보도 되자 이틀 후 지역에서 이를 저지하기 위한 시민운동이 시작되었으며 전 국으로부터 항의가 빗발쳤고, 2주 후에는 결국 채택 결정이 취소되어 도 쿄서적에서 나온 교과서로 변경되었다. 도치기현 시모쓰가 채택지구에서 일단 결정된 후소샤판 교과서 채택을 바꿀 수 있었던 힘은 무엇이었을까.

(1) 도치기현은 자민당=문부과학성의 교육행정이 철저히 시행되고 있 는 이른바 '교육 정상화 현'으로 보수적인 도치기현 교직원협의회가 교직 원의 98%를 조직하고 있는 곳이다. 그동안 눈에 띄는 시민운동도 없었다. 7월 11일의 채택협의회에서 위원 23명의 무기명 결선 투표 결과 후소샤 12표, 도쿄서적 11표로 '새역모'=후소샤 교과서가 결정되었다. 조사위원 회에서 높은 평가를 받았던 니혼분교출판·도쿄서적·교이쿠출판의 교과 서가 낮은 평가를 받았던 후소샤 교과서에 역전당한 것으로 이러한 결정 은 입밖에 내지 않기로 약속되어 있었다.

그런데 이 비밀모임의 결정이 어떻게 매스컴에 노출되었을까. 전 도치 기시 교육장으로 '새역모' 지부 대표로 일하는 사람은 교육위원들에게 자 주 니시오 간지의 『국민의 역사』 등을 송부하여 사전공작을 행하고, 조사 위원회에서 높은 평가를 받았던 교과서를 뒤엎고 억지로 후소샤 교과서로 결정시켰다. 이와 같은 채택협의회의 비민주적인 결정에 대하여 적어도 반수의 위원들은 납득할 수 없었다. 16일에는 후지오카초(藤岡町) 교육위 원회가, 17일에는 오히라초(大平町) 교육위원회가 만장일치로 후소샤판 교과서를 부결하였다. 25일에는 시모쓰가 지구 채택협의회가 다시 협의하 여 문제의 교과서를 채택하지 않을 것을 결정하였다. 2주 만에 채택이 역 전된 것이다.

일본 헌법의 평화와 민주주의는 국민의 감시가 있다면 보수적인 교육위원 가운데서도 건재할 수 있음을 보여준 것이다. 역으로 '새역모'의 운동은 국민 비판에 직면하여 보수적인 정계·교육계의 보스를 조직하는 상명하달 방식의 약점을 노정하였다.

(2) 시모쓰가 지구 채택협의회 결정은 7월 11일 도쿄신문 석간에서 보도되었지만, 도치기현에는 배포되지 않았다. 12일 조간에서 아사히신문 등이 '새역모 교과서 도치기현 공립중학교, 채택 방침'이라고 보도하였으며, 텔레비전에서도 뉴스로 방영되었다.

매스컴의 보도는 '새역모' 교과서 비판에서 1980년대와 비교하여 약간 소극적인 듯하지만 착실한 취재 활동을 계속하였다. 2000년 4월부터 2001년 3월까지의 검정기간중에는 검정제도와 자유발행·자유채택 제도 사이에서 '새역모' 교과서를 어떻게 비판할까 갈피를 잡지 못하였다. 검정제도 자체에 반대하는 입장에서는 불합격시키라는 주장은 할 수 없었다. 아

〈한국일보 만평〉 2001. 7. 31

사히신문 등에서는 사회부 · 정치부 · 학예부가 각각 독자적으로 취재 활동을 계속하였다. 국민의 관심이 급속히 높아지는 가운데 착실한 취재가 서서히 지면에 반영되었다.

(3) '어린이와 교과서 전국 네트워크 21'로부터 연락받은 전일본교직원조합 도치기지부 · 도치기현 역사교육자협의회 등이 13일 도치기시에서 '시모쓰가 지구 역사교육을 지키는 모임'을 결성하고, 도치기시 · 고야마시(小山市) · 이와부네초(岩舟町) 교육위원회 등에 항의행동을 개시하였다.

그 후 전국으로부터 팩스 · 전화 · 메일 · 서명 등으로 항의가 쇄도하였으며, 도치기시에서는 팩스가 용지부족으로 일시적으로 불통이 될 정도였다. 인터넷 시대 시민운동의 위력을 발휘한 것이다. 학부모와 시민들은 어린이들 교과서가 교사 의견을 무시하고 비밀리에 결정된 것에 대하여 불만과 불신을 폭발한 것이다.

'새역모' 교과서를 비판하는 집회는 전국 네트워크가 장악한 가운데 1월부터 6월까지 반년 간 400회를 훨씬 넘게 이루어졌는데, 실제 수는 그 2배에 이를지도 모르겠다. 하나의 문제로 단기간에 이처럼 많은 집회가 개최된 것은 제2차 세계대전 이후 처음 있는 일이다. 그 가운데 10년 이상 교육위원회를 계속하여 방청해온 여성들이나 이웃에 있는 시와 구의 교육위원회를 방청하러 가서 발언을 구하는 남성들처럼, '풀뿌리 민주주의를 보여주는 듯한 여성과 남성'들의 성실한 활약을 전국 각지에서 볼 수 있었다. 일본의 전후 민주주의와 풀뿌리 민주주의가 전국에서 뿌리를 내린 것이 증명된 것이다. 반대로 6월 4일 후소샤의 '시판본' 판매는 얄궂게도 위험한 교과서의 실태를 스스로 선전하는 결과가 되고 말았다.

(4) '새역모' 교과서는 여름방학에 개최되는 어린이들의 일한교류와 일중우호 행사에 지장을 주었다. 학생들의 상호방문이나 축구 교류시합 등, 중지 또는 연기된 일한교류 사업은 홋카이도(北海道)·미야기(宮城)·사이타마(埼玉)·지바(千葉)·이시카와(石川)·기후(岐阜)·아이치(愛知)·교토(京都)·오카야마(岡山)·후쿠오카(福岡)·사가(佐賀)·나가사키(長崎)·가고시마(鹿兒島) 등 전국에 달하였다. 6월에 '새역모' 교과서를 불채택하기로 결정한 사가현의 어떤 구에서는 민간단체를 사이에 두고 소학교 30명의 교류를 부활시키기도 하였다.

교과서 채택도 교류사업도 그 결정권은 지방의 교육위원회가 장악하고 있다. 21세기라고 하는 시대는 '국제평화주의'가 추상적인 이념이나 국가의 정치적 위상이 아닌 자신들 지역의 과제라는 것을 명백히 하였다. 헌법의 평화주의와 교과서 침략기술의 유무가 지역으로 결부되는 시대가 된 것이다. 1955년부터 시작된 세계 민주주의·자유주의 발전을 지향하는 자매 도시운동이 그 진가를 되묻는 시대가 되었다. 이와 같은 과제를 짊어진 교육위원회는 민의를 반영한 공선제(公選制)가 어울린다는 것이 명확해졌다(현재 일본의 교육위원회는 공선제가 아니다).

(5) 불채택 운동이 이와 같은 성과를 거두는 것이 가능했던 것은 '새역모' 교과서가 지나치게 역사의 사실을 무시하고, 게다가 기술 논리가 일관되지 않고 시대 흐름에 역행하는 입장을 고집하고 있기 때문이다. 그리고 이 실태를 되도록 빨리 국민들 앞에 명백히 하기 위한 다양한 조직들이 각각 독자적으로 운동을 전개하면서 상호 협력하고 있기 때문이다.

그러나 '새역모' 운동의 최고 목표는 10%=15만 부 채택이었지만, 최저 목표는 '종군위안부' 기술의 삭제다. 자민당과 문부과학성의 압력으로 '종군위안부' 기술은 현저히 후퇴하였다. 기술을 후퇴하지 않은 교과서는

'새역모' 교과서와 대비되어, 결국 양쪽 모두 불채택될 가능성이 높아져 '새역모' 의 최저목표가 달성된 것이다. 따라서 후퇴한 기술을 부활시키는 운동이 남아 있다. 교과서는 그것을 사용하여 수업을 하는 교사가 직접 선택하는 학교 채택제가 적합하다.

역사의 진실이 학생의 발달 단계에 어울리는 모습으로 교과서에 반영되지 않으면, 국제화 시대 청소년의 건전한 발달은 보장되지 않는다. 평화와 민주주의의 실현을 지향하는 교과서운동은 이제 일본과 한국이 협력하여 이어나가야 하는 시대가 된 것이다.

미야하라 다케오(宮原武夫, 전 지바대학 교육학부 교수,
역사교육자협의회 · 일한역사교육자교류위원회 위원장)

역사교과서 왜곡사건에 대한
아시아연대 가능성을 향해

일본의 교과서문제를 해결하기 위해서는 어떤 해결책이 있을까? 그 해결책의 하나로 아시아연대 가능성이 모색되고 있다. 먼저 그동안 아시아연대활동을 통해 성공적인 사례를 이끌어온 '일본군 위안부' 문제 해결운동을 통해 그 가능성을 살펴본 후, 현재 진행되고 있는 교과서문제에 관한 아시아연대의 현황과 향후 과제를 살펴보기로 하자.

'일본군 위안부' 문제를 통해 본 아시아연대

한국정신대문제대책협의회(이하 정대협)는 운동단체로서 출발한 초기부터 아시아 피해국이 연대하여 일본과 싸우기 위한 공동전선을 모색해왔다. 그 결과 아시아 피해국가들과 5차에 걸친 아시아연대회의를 한국, 일본, 필리핀에서 개최하였으며, 공동의 전략과 대응을 고민하였다.

정대협과 가장 긴밀한 파트너십을 갖고 활동한 단체들은 일본의 시민운동 단체들이었다. 1990년 11월 정대협 창립 이후 일본의 시민단체들 즉, '일본의 매매춘을 생각하는 회', '기독교교풍회'와 'YWCA' 등이 정대협의 윤정옥 교수를 초청하여 강연회를 개최하면서 '일본군 위안부' 문제를 지원하는 단체들이 속속 생겨나기 시작했다. 1992년부터는 17개 여성단체들이 '행동네트워크'를 조직하여 정대협과 연대하여 강연회, 연구회, 영화 상영 등 홍보 활동을 하고, 평화운동 시민단체들과 함께 전쟁책임을 일본 국회에서 결의할 것을 요구하는 서명운동을 펼치는 등 다양한 활동을 전개해왔다.

이렇게 정대협과 연대가 가능한 일본의 시민단체들이 많을 때는 100여 개가 될 정도로 활발하게 움직였지만, 1995년 일본정부의 책임을 은폐하기 위해 생겨난 일본의 '국민기금'으로 인해 일본내 운동단체들이 분열되어 현재는 약 20~30여 단체만이 활동하고 있다. 그러나 이들은 일본의 대표적인 양심세력으로 평화시민단체, 전후보상단체들과 연계하여 그 보루를 든든히 지키고 있다.

한편, 일본 시민단체와의 연대활동은 곧바로 아시아 피해국 관련단체와의 연대로 이어졌다. 북한 · 대만 · 중국 · 필리핀 · 인도네시아 등 아시아 피해국들과 가해국의 양심적인 여성, 인권 단체들이 함께 활동하고 있는 '아시아연대회의'는 1992년에 처음 시작되었다. 이 회의는 현재까지 아시아 피해국들이 서로의 정보와 활동을 교류하며 함께 운동을 전개해나가는, '일본군 위안부' 문제 해결운동의 중요한 연결고리 역할을 하고 있다.

제1차 아시아연대회의 이후 아시아 피해국 간의 연대활동은 그 어느 것보다 중요한 과제가 되었다. 제2차 아시아연대회의는 1993년 10월 일본에서 열렸는데, 한국 · 북한 · 일본 · 대만 · 필리핀 · 말레이지아 · 중국 · 베트남 · 인도네시아 등 9개국이 참가하여 각국의 '위안부' 문제 해결운동에 대한 경험을 공유하고 향후 과제를 모색했다. 2년 뒤 열린 제3차 아시아연대회의(1995. 26~28, 서울)와 제4차 아시아연대회의(1996. 3. 27~30, 필리핀)는 아시아 피해국들 공동 과제인 일본 국민기금에 어떻게 대응할 것인가가 주제였다. 일본정부가 법적인 책임을 회피하기 위해서 만든 국민기금에 대해 각국에서 어떻게 그 허상을 폭로하고, 일본정부의 법적 책임을 추궁할 것인가가 주요한 과제였던 것이다.

아시아연대활동이란 아시아 피해국 공통의 과제를 어떻게 풀어나갈 것인가가 가장 핵심적인 내용이다. 아시아연대활동의 가장 성공적인 사례가 바로 2000년 12월 일본 동경에서 열린 '2000년 일본군 성노예전범 국제

일본의 국민기금이란?

평화를 위한 아시아여성국민기금(이하 국민기금)은 1995년 일본의 전후 50주년 기념 프로젝트의 하나로 추진되어 1996년 본격화되었다. 국민기금은 초대 이사장에 일본 참의원 의장을 지냈던 하라 분베, 그 후 무라야마 일본 전 수상이 이사장직을 수행하고 있으며 운영위원에는 와다 하루키 같은 친한파도 일부 포함되어 있다. 국민기금의 재원은 일본국민의 모금과 일본정부의 의료지원비 명목의 기금으로 이루어져 있다.

한국을 비롯하여 대만 등은 국가와 시민이 연대하여 국민기금을 반대하고 있다. 그 이유는 일본정부가 그 동안 아시아 피해국과 시민단체들이 주장해온 '일본군 위안부' 제도에 대한 법적 책임을 회피하고 있기 때문이다. 일본정부는 국가차원의 배상금으로 지원하는 것이 아니라, 국민기금에 의료지원금이라는 명목으로 기금을 지원하는 우회적인 방식으로 이 문제를 처리하려고 한다는 비판을 받고 있다. 1997년 한국의 강력한 반대에도 불구하고 일본의 국민기금 측은 기습적으로 일부 피해자들을 찾아가 기금을 지급하여 물의를 일으킨 바 있다. 한국정신대문제대책협의회는 국민기금으로 인한 피해를 막기 위해 1996~1998년까지 범국민 모금을 두 차례 진행하였고, 1998년 한국정부는 국민기금에 버금가는 지원액을 피해자들에게 지원하였다.

법정'이다. 국제인권법정인 2000년 법정은 아시아 10개국이 공동주최하였고, 일본의 전 국왕인 히로히토와 일본정부에 대해 유죄판결을 내린 상징적인 민간법정이었다. 약 70여 명의 피해자들을 비롯해 아시아 각국과 세계 각국에서 500여 명 등 총 1000여 명이 참석한 이 법정은 '피해자 할머니에게 명예와 정의를'이라는 슬로건으로 50년 간 역사의 이면에 묻혀졌던 일본군 성노예 문제의 역사적 진실과 정의를 바로 세워내기 위한 중요한 계기를 마련한 것이다.

교과서 왜곡 관련 아시아긴급집회

일본교과서의 역사왜곡사건이 터지면서 한국과 일본의 시민사회는 숨가쁘게 돌아갔다. 한국에서는 '일본교과서바로잡기 운동본부'가 상설화되면서 조직적인 운동이 시작되었고, 개별적인 시민단체들도 각자의 영역에서 활발히 움직이고 있었다. 예를 들면 정대협은 2001년 4월 일본 교과서에 '일본군 위안부' 문제가 삭제, 축소된 것에 대해 일본 문부과학성을 항의방문하고 일본 시민단체들에게 교과서문제와 관련한 아시아연대회의를 제안하였다. 이것은 이미 5차례에 걸친 아시아연대집회를 통해 아시아 네트워크를 활용할 수 있는 가능성을 파악했기 때문이었다.

정대협의 제안으로 이루어진 아시아긴급집회는 두 달도 안 되는 짧은 준비기간 속에서도 일본 시민단체들의 헌신적인 노력에 의해 6월 9~11일 "더 이상 왜곡된 교과서를 허락할 수 없다"는 주제를 가지고 동경에서 열렸다. 아시아긴급집회에는 한국과 일본·중국·대만 등 7개국 약 500여 명이 참여하였고, 동아시아 평화를 위협하는 일본의 역사교과서 왜곡에 대해 강력히 규탄하고 향후 연대의 틀을 모색하였다. 애석하게도 북한은 일본정부의 입국거부로 인해 불참할 수밖에 없었다.

역사왜곡에 항의하는 외국인들(2001. 3. 24 일본 동경)

아시아연대긴급집회의 가장 중심적인 내용은, 아시아 각국에서 참여한 대표단들의 일본 교과서문제에 대한 발제와 토론이었다. 그것을 바탕으로 참가자들이 4개 분과로 나뉘어 행동계획을 만들어냈고 긴 토론 끝에 불채택운동, 서명운동, 아시아지역연대 등의 몇 가지 행동지침과 합의점을 이끌어냈다. 6월 11일에 발표된 아시아연대회의 성명서는 이를 기초로 만들어졌으며 교과서문제에 대한 아시아 각국의 활동지침이 되었다.

집회에서 가장 돋보인 프로그램은 참가자들이 일본의 문부과학성을 둘러싸고 벌인 인간띠잇기 행사였다. 문부과학성 주변에는 일본의 우익차량 40여 대가 주변을 맴돌면서 행사를 방해하였으나 아시아 피해국과 일본의 참가자 500여 명은 인간띠로 일본 문부과학성을 에워싸고 동아시아 평화를 위협하는 일본교과서 왜곡에 대해 커다란 압력을 행사하였다.

역사교과서 왜곡을 반대하는 인간띠잇기에 참여한 일본시민들(2001. 6. 11 일본 문부과학성)

각계각층의 아시아연대

〈역사학자들 간의 연대〉

일본의 중학교 역사교과서가 4월 일본 문부과학성의 검정을 통과하면서 아시아 피해국들, 특히 한국과 북한 · 중국 · 대만 등은 강력한 항의를 표시해왔다. 각국에서 역사학자들의 성명서와 연구성과들이 계속적으로 발표되었다. 특히 남북과 중국, 일본을 포괄하는 동아시아지역 역사학자들의 활동이 두드러졌다. 대표적인 동아시아 학술대회로는 지난 2001년 5월 29일 전주에서 개막된 '동학농민혁명 국제학술대회'와 7월 10일 베이징에서 열린 남북 · 중 · 일 역사학자대회, 3 · 1절 82주년을 맞이하여 평양에서 열린 남북역사학자대회라 할 수 있다. 세 대회 모두 역사교과서 왜곡을 중대한 반인도적 범죄행위이며 아시아민중의 염원을 짓밟은 행위로 규탄하였다. 그리고 역사교과서 왜곡은 일본의 우익화 경향을 수반한 군국주의화 경향이라는 데 의견을 같이하고 이에 대한 공동대응의 필요성을 역설하였다.

〈시민단체 간의 연대〉

한국의 시민단체들은 주도적으로 아시아연대활동을 적극 이끌어냈다. 6월 12일을 '일본교과서를 바로잡는 국제행동의 날' 로 선포하고 세계 73 개국 125개 도시의 한인사회가 주축이 되어 일본의 역사왜곡에 항의하고 수정을 촉구하는 시위를 전개하였다. 세계각처에 흩어져 있는 한인사회와 세계시민사회가 함께 일본교과서를 바로잡기 위한 동시행동을 진행한 것이다. 이러한 국제캠페인은 일회성 행사로 그친 것이 아니라 향후 지속적인 운동으로 발전할 가능성을 보여주었다. 그 좋은 예로 미주지역에서 교과서대책위가 구성되어 일본의 UN상임이사국 가입저지 10만인 서명운동 등을 전개할 예정이다.

이뿐 아니라 다양한 직능별 단체 간의 연대활동도 눈에 띈다. 진보적인 변호사들의 모임인 한국의 '민주사회를 위한 변호사 모임' 과 일본의 '자유법조단' 은 7월 24일 공동성명을 통해 일본 중학교 역사교과서 채택거부를 촉구하였다. 또 7월 10일에는 한·중·일 3국 언론인들이 서울에서 언론포럼을 갖고 '동북아 평화와 연대를 위해' 라는 성명서를 채택하여 삼국 언론인들이 올바른 역사인식 공유에 기여할 것을 다짐했다.

이번 역사교과서 문제에 대해서 남과 북의 단체들은 이견이 없었다. 8월 15일 민족통일대축전에 참가단 남북 양측은 8월 16일 오후 인민문화궁전에서 '일제 만행 및 역사왜곡 책동 공동사진전시회' 를 개최하고 역사교과서 왜곡 등에 대한 5개항의 공동결의문을 발표하여 일제 식민지 침탈에 대한 사죄와 보상, 그리고 진상규명사업을 적극적으로 펼쳐나갈 것을 결의했다.

〈국회, 정부 간의 연대〉

정부나 국회의원들 간의 아시아연대 움직임도 활발하다. 한국정부는 한
국과 중국의 공조의사를 밝혔고 이미 유엔인권위원회나 유네스코 등 국제
기구에서 일본의 교과서문제와 관련하여 북한과 더불어 긴밀한 공조체제
를 유지하고 있다. 그 결과 8월 15일 유엔인권소위원회에서 정확한 역사
인식과 사실을 기술할 것을 촉구하는 결의안을 만장일치로 채택하게 하는
성과를 이룩하기도 했다. 국회 차원에서는 '한-대만 기독교 의원연맹',
'한-호주 기독의원 연맹' 등을 통해 일본의 군국주의 부활과 역사교과서
왜곡에 대해 지속적인 공동대응을 모색하고 있다.

더욱 공고한 연대를 향하여

　지금까지 일본교과서 문제에 대한 아시아연대활동의 사례를 살펴보았다. 아직까지 교과서문제에 관련한 아시아연대활동은 초보적인 단계라 할 수 있다. 현재 2001년 6월 아시아긴급집회 후속모임이 진행되어 보다 범아시아적인 연대활동의 틀로 가져갈 계획이어서 주목할 만하다. 교과서 아시아네트워크는 '일본군 위안부' 문제, 전후보상문제, 평화문제 등과 관련된 다양한 단체들이 그물망을 형성하여 동아시아 평화구축을 위한 네트워크를 구성한다는 점에서 매우 중요하다.

　이제 더 필요한 것은 학계, 시민단체, 정부 등 각계각층에서 다양하게 전개된 연대활동이 보다 조직적으로 연계되어야 한다는 점이다. '따로 또 함께'라는 슬로건대로 각자의 영역에서 최선을 다하면서 각 영역에서 소화할 수 없는 부분들을 함께 채워나가는 노력이 절실히 필요하다. 아시아 연대활동의 중심활동은 정보의 네트워크라 할 수 있다. 각 나라에서 진행되고 있는 상황을 함께 공유하고, 일본의 교과서문제에 대한 공동 전선을 형성해 최대한의 효과를 만들어내는 일이 남아 있는 것이다.

양미강(한국정신대문제대책협의회 총무)

교과서문제를 계기로 21세기
올바른 한일관계를 모색하자

일본교과서 왜곡문제는 그 자체가 독립적인 문제라고 하기는 힘들다. 일본사회 내부적으로는 일본사회의 전반적인 우경화라는 큰 틀 속에서 진행되는 핵심적인 사항이며, 그리고 대외적으로는 21세기 화해협력을 바탕으로 한 평화로운 아시아 질서의 재편과 관련된 문제기 때문이다. 따라서 동아시아 대부분 국가들이 공통으로 갖는 과제기는 하지만, 우리의 경우 '과거청산' 문제와 밀접하게 연관되어 있다고 할 것이다.

사실 1998년 김대중 대통령이 일본을 방문하면서 선언한 '한일파트너십 공동선언'이 발표될 때만 해도 일본과의 과거청산은 그 끝이 보이는 듯했다. 그러나 그것이 한낱 정치적 선언에 불과하였음을 이번 사태는 명확히 보여주고 있다. 오히려 그 일방적 선언– 올바른 과거청산 없이, 또 국민적 동의가 제대로 구해지지 않았다는 측면에서–은 교과서문제 발생 초기에 우리 쪽이 적극 대응하는 것을 방해하는 요소였다. 일본 문부과학성이 문제의 '위험한 교과서'를 검정 통과시킬 것이 예견되었을 때, 몇몇 시민단체에서 정부에 관심을 가지고 대응할 것을 촉구한 바 있었다. 그러나 정부측에서는 적극 나서지 않았다. 심지어 일본에서 검정통과가 발표된 다음에도 적극적이고 현실적인 자세를 보이지 않았다. 김대중 대통령이 "교과서문제는 '한일파트너십 공동선언'에 어긋난다"고 발언하면서 '대책반'이 구성되는 등 정부의 행보가 빨라졌다.

이 같은 사정은 한일 간 과거사에 대한 정확한 인식과 청산에 기반하지 않은 정치지도자들 간의 합의는 오히려 바람직한 한일관계 정립에 걸림돌이 될 수 있음을 보여주는 명확한 사례이다. 그런데 김대중 대통령의 '선언'보다 더 한일 간 과거청산을 가로막고 있는 것이 바로 1965년 조인된 '한일기본협정'이다.

한일 간 정치적 야합을 통하여 체결된 일련의 조약들(흔히 한일협정이라고 하는)은 협정 체결 40년이 가까워오는 지금까지도 일본과의 올바른 과거청산을 방해하는 핵심적 요소로 건재해 있다. 박정희 정권은 「청구권 · 경제협력에 관한 협정」을 통하여 일본 식민지배로 인한 피해자들의 개인보상의 길을 원천적으로 봉쇄하는 잘못을 저질렀다. 협정 제2조 1항은 "양 체약국은

〈동아일보 만평〉 2001. 4. 12

양 체약국 및 그 국민(법인을 포함함)의 재산, 권리 및 이익과 양 체약국 및 그 국민 간의 청구권에 관한 문제가 1951년 9월 8일 샌프란시스코시에서 서명된 일본국과의 평화조약 제4조 (A)에 규정된 것을 포함하여, 완전히 그리고 최종적으로 해결되었다는 것을 확인한다"고 규정하고 있다. 이 조항을 일본은 현재 미국과 일본에서 소송을 진행중인 '일본군 위안부' 할머니들이나 피징용자들의 사과와 보상요구를 받아들이지 않는 중요한 방패로 삼고 있다. 이에 대해(개인의 보상청구권에 대한) 정부측 태도는 애매하기 그지없고, 문제 해결을 민간에 맡겨두고 있는 상황이다.

이뿐만 아니라 1965년 한일협정시 「문화재 · 문화협력에 관한 협정」 합의의사록에 기록된 한국측 발언은 민족적 자존심을 땅에 떨어뜨리는 굴욕적인 내용을 담고 있다. 한국측 대표는 "일본국민의 소유로서 한국에 연유하는 문화재가 한국측에 기증되도록 희망한다는 뜻"을 말했고, 일본측은 "일본국민이 소유하는 이러한 문화재를 자발적으로 한국측에 기증함은 한 · 일 양국간 문화협력 증진에 기여하게 될 것이므로 정부로서는 이를 권장할 것"이라고 답변했다. 이 의사록에는 일본이 식민지시기 자행한 문화재 강탈에 대한 내용은 언급조차 되지 않고 있다. 뿐만 아니라 그러한 문화재조차 일본인들의 소유임을 인정해주고 있다.

1965년 한일협정은 이러한 굴욕적인 사안뿐만 아니라 어업협정을 통하여 독도에 대한 영유권 문제를 불확실하게 처리하는 오류도 범하고 있다. 문제는 이승만 정권이 일본에게 '해양주권 선언'을 통해 발효시킨 평화선을 일본이 무력화시킨 것이었다. 일본은 이 문제를 청구권과 연관시키고, 재일한국인들에 대한 강경책을 제시하며 압력을 가했다. 평화선 수정문제는 이미 4 · 19 이후 장면 총리에 의해 한일관계의 '암적존재'로 표현되어 청구권 수용과 평화선 수정을 맞바꿀 수 있다고 언급된 바 있었다. 박정희는 이 발언에 대한 지지를 다시 확인했다. 당시 중앙정보부장 김종필은 평화선은 국제법에 근거를 둔 것이 아니며, 만일 국제사법재판소에 제소된다면 우리에게 불리할 것이라며 평화선 수정을 지지했다. 결국 박정희 정부는 경제난을 극복하기 위한 자금을 청구권 형식으로 얻어내기 위해 평화선을 양보하고 만 것이다. 이 양보는 김대중정부의 한일어업협정에까지 이어졌다. 오히려 이 협정에서는 한 걸음 더 나아가 독도 부근을 공동수역으로 설정해버렸다. 정부는 영토문제와 어업문제는 별개라는 설득력 약한 논리를 들고 나왔다. 일본정부가 영토문제를 제기할 수 있는 중요한 매개가 될 것이라는 것은 불을 보듯 뻔한 사실인데도 말이다.

이처럼 한일협정 이후 한일관계는 과거청산문제도, 독도문제도, 그리고 재일동포들의 권익문제도, 어느 것 하나 제대로 협의되고 결정된 것이 없게 되었다. 그 모든 문제들은 우리 스스로 식민지배라는 과거사에 대한 인식을 철저하게 가지지 못한 탓에, 일본에 대한 정확한 사과를 요구하지 못했기 때문에 발생한 것이었다.

그에 따른 결과는 일본교과서에 과거 식민지배를 정당화하고 심지어 침략을 미화하는 현실로 나타났다. 현 시점에서라도 당연히 한일관계는 전반적으로 재검토되어야 한다. 섣부른 과거청산론과 파트너십이 모래 위에 지은 집과 같음을 현실은 보여주고 있는 것이다.

사실 이 문제는 조일수교문제와도 깊은 연관이 있다. 일본에 대한 배상을 교전국으로서 요구하고 있는 북한의 주장에 대한 방어막으로 일본정부가 들고 나오는 것이 바로 한일기본협정이며, 또 지금의 한일관계라는 사실은 의미심장하다.

이번 교과서 왜곡사태의 본질이 일본의 우경화에 있고, 그것이 '전쟁을 할 수 있는 나라' 일본을 지향하고 있다는 사실은 명백하다. 그렇다면 우리가 그것을 반대하는 것은 동아시아평화 나아가 세계평화를 만들어내는 것의 일환이다. 일본이 군대를 갖는 보통국가가 되기를 원하는 것을 무조건 막을 수는 없다. 그러나 개인 보상을 포함한 과거사에 대한 진정한 반성과 사과가 없는 한 우리에게는 충분한 명분과 의무가 있다. 21세기 바람직한 동아시아 질서를 만들어가는 데 일본의 사과와 반성은 필수조건이다. 바로 지금이 한일관계 전반을 재검토하는, 정부와 국민들의 '용기'가 필요한 때다.

이신철(역사문제연구소 선임연구원)

평화선이란?

1952년 1월 18일 이승만 정부의 「해양주권 선언」에 의해 한국의 주권이 미치는 수역경계선으로 선포된 선. 이 경계선에는 독도 근해가 포함되어 있다(지도 참조).

1951년 9월 8일 조인된 샌프란시스코 강화조약 제9조는 일본이 공해에 있어서의 어업 규제 또는 제한 및 어업 보존과 발전을 규정하는 협정 체결을 희망하는 연합국과 조속한 시일 내에 교섭을 개시하도록 규정했다. 또 제21조에는 한국도 그 권리를 누릴 수 있다고 규정하고 있다. 이 규정에 따라 일본은 1951년 11월

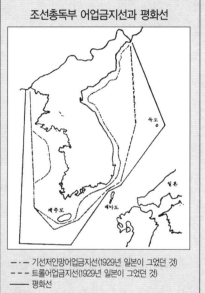

조선총독부 어업금지선과 평화선

– · – 기선저인망어업금지선(1929년 일본이 그었던 것)
– – – 트롤어업금지선(1929년 일본이 그었던 것)
—— 평화선

출전 : 이재오, 『한일관계사의 인식 I』
학민사, 1984, 116쪽.

부터 일본 외무성에서 미국과 캐나다와의 어업회담을 시작하고 1952년 5월 9일 협정을 체결했다. 그런데 같은 시기 같은 장소에서 진행된 한일예비회담에서 한국측이 어업협상을 제의하자 일본은 준비미비를 구실로 시간만 끌었다. 일본측은 1945년 9월

27일 맥아더에 의해 일본의 군사경계선인 동시에 한국의 수역경계선으로 그어진 맥아더 라인이 자신들에게 불리하기 때문에 그것이 철폐되기를 기대하고 있었던 것이다. 이에 이승만 정부는 일본이 어업회담을 거절한 지 2주 만인 1952년 1월 18일 평화선을 선포했다. 이 선언은 일본뿐만 아니라, 미국·대만·영국 등의 반대가 있었지만, 전시라는 점을 고려하여 유엔군 사령관 클라크가 1952년 9월 '공산게릴라의 침투와 밀수 단속'을 명목으로 평화선과 거의 동일한 클라크 라인을 발표함으로써 묵인되는 결과를 가져왔다. 이승만 정부는 곧바로 관련법령을 제정·공포하여 평화선을 고수하고자 하였다.

일본교과서바로잡기 운동본부의 성과와 남은 과제들

성과

    일본교과서바로잡기 운동본부의 성과는 조직적인 측면과 활동적인 측면으로 나누어 살펴볼 수 있다. 먼저 조직적인 측면에서 살펴보면, 첫번째로 시민운동 차원의 상설적인 대응기구를 만들었다는 것 자체를 큰 성과로 들 수 있다. 두 번째로 84개 단체에 이르는 방대한 조직구성에 성공했다는 것, 세 번째로 각 산하 조직들의 활동역량을 일정하게 운동본부로 모아냈다는 점 등을 들 수 있다.

    다음으로 활동적인 측면에서 보면, 무엇보다 일본교과서 왜곡에 대한 국민적 관심을 제고시키고 대응방향을 설정하는 역할을 해냈다는 점을 높이 평가할 수 있다. 특히 일회성 투쟁이나 반일감정(또는 투쟁)으로 흐를 수 있는 운동방향을 일본의 우경화와 역사왜곡에 초점을 맞추어 이끌어가는 데 성공한 것은 무엇보다 큰 성과라고 할 것이다. 두 번째로 한일 교과서위원회를 중심으로 학술적 대응기반을 마련한 것 또한 장기적인 투쟁 과정에서 무엇보다 중요한 성과로 꼽을 수 있을 것이다. 세 번째로 국회 및 행정 자치 기구들의 참여를 이끌어낸 점을 들 수 있다. 특히 일본의 각 자매기관들에게 협조공문 발송요청을 한 것과 그것이 일정하게 현실화되었다는 것은 큰 성과다. 실제로 이 활동은 일본의 불채택 운동에 적지 않은 영향력을 행사하였고, 교과서공격 진영에서는 이것이 부당한 압력이라며 거칠게 항의했다. 네 번째로 정부 대책반에 대한 협조와 견제기능을 일정하게 수행했다고 할 수 있다. 다섯 번째로 아시아연대 가능성을 확인했다는 점도 이후 투쟁방향과 관련하여 매우 중요한 활동 성과로 꼽을 수 있다.

일찍이 이번 교과서왜곡 사건처럼 대응 초기부터 일본과의 연대활동이 이루어진 적은 없었다. 한일 시민단체는 일본 문부과학성의 교과서 검정과정에서부터 연대를 이루고 공동투쟁을 전개해왔다. 또한 연대운동의 구체적 성과로 교과서운동의 실질적인 파트너가 될 일본의 '교과서네트워크'가 형성되었고, 다른 아시아 각국에서도 네트워크 결성 움직임이 진행되고

〈한국일보 만평〉 2001. 4. 1

있다. 무엇보다 이번 연대활동의 가시적 성과로 들 수 있는 것은 일본의 신문광고를 통해 일본사회에 직접 호소를 시도했다는 점이다. 이를 통해 일본시민들에게 한국내 여론과 감정을 알리고, 일본 시민단체들과의 연대를 확인하고 강화할 수 있었다. 일본 시민단체가 한국신문에 광고를 한 점도 이런 맥락에서 훌륭한 교류가 되었다. 마지막으로 사이버 공간을 적극 활용한 홍보전과 일본 관련기관들에 항의메일 보내기 등의 활동을 통하여 젊은 세대들의 공감대를 형성하였다는 점도 큰 성과로 꼽을 수 있다.

이밖에 관련 도서 발행을 준비하고 있는 것과 '새역모'를 지원하는 기업들에 대한 불매운동 등의 투쟁방법 개발 또한 훌륭한 성과로 평가할 수 있다. 발간 예정인 자료집과 논문집은 앞으로 장기투쟁의 밑거름이 되어줄 중요한 자양분 역할을 충분히 해낼 수 있을 것이다. 또한 논의단계에 머무르고 있지만 '새역모'를 지원하는 기업들에 대한 불매운동은 현실적으로 그들을 타격할 수 있는 힘이 잠재된 투쟁방법으로 평가할 수 있다. 장기적인 운동 속에서 적극 고려할 수 있는 방법이다.

앞으로의 과제

일본교과서바로잡기 운동본부의 활동은 그 기간이나 역량에 비해 적지 않은 성과를 남긴 것이 분명하다. 하지만 아직 싸움은 끝이 나지 않았고, 그 끝이 보이지 않는 것도 사실이다. 남은 과제들이 산적해 있는 것이다. 당장 2002년도 고등학교 교과서 검정절차가 기다리고 있고, 이미 '새역모'의 교과서를 능가(?)하는 위험한 수준의 교과서가 제출되어 있다고 알려져 있다. 뿐만 아니라 '새역모' 사무국장은 4년 후의 '복수'를 공언했다. 한편 일본총리 고이즈미의 야스쿠니신사 공식참배로 상징되는 일본사회의 우경화는 더욱 가속화되고 있다. 이러한 여러 상황은 운동의 장기성을 요구

2001년 9월 27일부터 세 차례에 걸쳐 일본 아사히신문에 게재된 일본교과서바로잡기 운동본부 광고. 이 광고는 시민들의 자발적 모금으로 이루어졌다.

하고 있다. 따라서 아주 치밀한 분석과 준비가 필요하다. 일본의 교과서왜곡에 본질적으로 대응하기 위해서는 왜곡교과서의 철학적, 역사적 배경을 분석하는 것이 필요하다. 당연히 전문연구자들의 장기적인 연구가 수행되어야 할 것이다. 현재 개별적이고 분산적으로 진행되고 있는 이런 활동들을 운동본부가 한곳으로 묶어내고 심화시켜나가야 할 것이다.

한편 이러한 일본의 교과서왜곡과 그 가능성에 대한 대응의 한편에는 한국 국사교과서의 역사서술에 대한 분석과 개선이 중요한 사업으로 대두되고 있다. 사실 일본의 교과서왜곡과 국사교과서 개선은 같은 차원의 문제는 아니다. 하지만, 한국사회가 일본의 왜곡에 올바르게 대응하기 위해서는 그만한 내적 기반이 마련되어야 하는 것 또한 사실이다. 일본의 중학교 교과서가 8종인 데 반하여 한국의 중학교 교과서는 국정을 벗어나고 있지 못한 상황은, 일본이 한국을 조롱하는 중요한 도구가 되고 있다는 사실을 간과해서는 안 되는 것이다. 이번 기회에 한국 교과서의 역사서술에 대한 전반적인 분석과 제도적 개선 논의를 사회적 관심으로 유도하고 그

대안을 모색하는 계기로 삼아야 하다.

그리고 이런 사업들을 진행하기 위해서는 전국민의 지속적인 관심을 유도하는 작업도 게을리할 수 없다. 자료의 수집 분석, 순회강연, 출판 등의 일상활동을 통한 홍보와 교육, 학교 현장에서 학생들과 이야기할 수 있는 부교재 개발, 정부 차원의 중장기 대책에 대한 지속적인 요구와 활동 감시, 국제여론 환기, 일본의 건전한 시민세력들과의 연대강화 등이 산적해 있는 과제들이다.

이신철(일본교과서바로잡기 운동본부 사무처장)

일본교과서바로잡기 운동본부란?

◆ 결성경과

일본교과서바로잡기 운동본부는 '일본 역사교과서 개악저지 운동본부'로부터 출발하였다. '일본 역사교과서 개악저지 운동본부'는 2001년 '새로운 역사교과서를 만드는 모임' 측의 중학교 교과서 검정신청으로 교과서왜곡이 표면화되기 시작한 2001년 3월 일본 문부과학성의 교과서검정이 올바로 이루어질 수 있도록 한다는 목표 아래 결성되었다.

'일본 역사교과서 개악저지 운동본부'는 2001년 4월 3일 일본 문부과학성의 '위험한 교과서' 검정통과 확정 이후 더욱 장기적인 전망과 운동조직의 필요성을 절감하고 4월 23일 조직을 상설연대기구인 '일본교과서바로잡기 운동본부'로 확대 개편하였다.

운동본부의 결성취지는 다음 세 가지다.

1. 장기적인 전망하의 지속적이고 적극적인 대응 2. 대중조직, 학술조직과의 폭넓은 협력과 연대 3. 우리의 잘못된 과거사에 대한 진지한 성찰

◆ 목적

일본의 역사교과서 개악 시도는 비단 어제오늘의 일이 아니다. 이는 근본적으로 일본 사회 내의 과거사에 대한 올바른 역사인식의 부재와 사회의 전반적 우경화에 근본적인

원인이 있다. 또한 그러한 일본정부와 사회에 대해 우리 정부와 사회가 취하고 있는 소극적인 태도 또한 사태의 한 원인이 되고 있다. 우리는 바로 이런 문제 인식하에 지금 전사회적으로 일고 있는 국민적 공분을 이성적이고 역사적인 문제제기로 바꾸어 한일 관계 나아가 21세기 아시아 질서를 올바로 창출하기 위한 출발로 삼고자 한다. 더이상 교과서 문제가 반일 감정에 의해 자극될 문제거나 언론에 의해 한두 차례 오르내릴 문제가 아닌, 한일 간 과거사에 대한 역사인식이자 동시에 자라나는 세대들에 대한 미래의 문제이기에 상설 연대기구 결성을 통해 한시적 활동에서 나아가 다시는 이러한 일들이 반복되지 않도록 지속적이고 적극적인 대응을 하는 것에 그 목적이 있다.

◆ **조직구성**

대표자회의
집행위원회

사무처 (전화 968~7248 / 팩스 965~8879)

기획위원회	조직위원회	대외협력위원회	한일교과서위원회	● 공동 대표 : 김윤옥(정대협), 이남순(한국노총), 이수호 (전교조), 서중석(역문연) ● 집행위원장 : 김민철(민족문제연구소 연구실장) ● 사무처장 : 이신철(역사문제연구소 사무국장) ● 조직위원회 : 최철호(전교조 대외협력실장) ● 대외협력위 : 양미강(정대협 총무) ● 한일교과서위원회 : 정태헌(역사문제연구소 부소장)

일본교과서바로잡기 운동본부 2001년도 주요 활동일지

3/14 : 일본교과서개악저지 운동본부 결성 기자회견

3/24 : 아시아행동의 날, '위험한 교과서' 검증통과 반대 한일 연대시위

4/23 : 제1차 대표자회의 / 운동본부 결성선포

5/11 : 요미우리신문사설 반박성명(5월 9일자 반역사적인 사설을 비판한다)

5/16 : 일본정부에 보내는 재수정 요구를 일본대사관에 전달(일본정부는 한국정부의
　　　 요구에 따라 역사교과서를 전면 재수정하래! – 한국국민의 공개서한)

6/8 : 일본정부의 '아시아연대회의' 북한대표단 입국 불허에 항의하는 긴급 기자회
　　　 견 및 일본대사관 앞 항의시위

6/9~11 : '아시아연대회의' 참가 – 각국 보고, 분임토의, 행동계획 채택, 외무성 항의방
　　　 문, 중의원 간담회, 문부과학성 앞 인간띠잇기 시위, 아시아연대회의 긴급집회

6/12 : 일본교과서바로잡기 세계행동의 날(한국, 일본을 비롯한 73개국 125개 도시
　　　 에서 항의 시위)

6/23 : 제1차심포지엄 「일본의 역사왜곡과 한 · 일 교과서 바로잡기운동」(주관–역사
　　　 문제연구소)

6/29 : 지방자치단체에 불채택운동을 위한 협조공문 발송(약 600곳)

7/9 : '일본정부의 왜곡교과서 재수정 거부 규탄 및 행동계획 발표' 기자회견

7/16 : '일본국민에게 직접 호소하기 위한 신문광고 비용마련 모금캠페인'

7/18 : 타와라 요시후미 저, 『위험한 교과서』(역사넷) 번역 출판

8/2 : 니카타현(新潟縣) 교사 · 기자 · 생협관계자 10여 명과 교류회

8/3~9 : 미도파백화점과 함께하는 일본교과서바로잡기 국민모금운동(주관 – 우리
　　　 역사바로알기시민연대)

8/6~13 : '옥션과 함께 하는 태극기 사랑' 후원

8/10 : 제2차 심포지엄 「역사교육정상화를 위한 새로운 교육과정과 교과서제도 모
　　　 색」(주관 – 역사교육연구회, 역사문제연구소, 전국역사교사모임)

8/13 : '고이즈미 일본총리의 야스쿠니신사 공식참배를 규탄' 하는 성명

8/22 : '새로운 역사교과서를 만드는 모임 홋카이도지부의 망언' 에 대한 논평

9/27 : 아시히신문에 '불채택 성과 지지 및 고이즈미 야스쿠니신사 공식참배 등 일
　　　 본의 군국주의화 반대' 광고 게재

국사교과서 무엇이 문제인가?

　전국민의 분노를 불러일으킨 일본의 교과서 왜곡사건은 한일 간 과거사를 둘러싼 투쟁이 아직도 종식되지 않았음을 보여주었다. 그런데 이번 교과서왜곡에 대한 우리의 대응은 과거에 비해 한층 성숙된 모습을 보여주었다. 그 중 중요한 변화의 하나는 일본의 교과서왜곡을 계기로 우리 교과서(교과서제도를 포함한)에 대한 반성이 심도 있게 제기되었다는 점이다. 물론 일본의 교과서왜곡과 우리의 교과서 수정은 별개의 문제임이 틀림없다. 일본이 이러한 움직임을 악용할 소지도 있다. 그렇다고 문제를 더이상 덮어둘 수도 없는 상황이다. 한일 간 과거사에 대한 올바른 기록 이상으로 우리의 기억을 가다듬고 제대로 가르치는 것도 중요하기 때문이다.

　사실 우리에게 국사교과서가 문제되어온 것이 지난 하루이틀의 일은 아니다. 이미 오래전부터 많은 교육자들 사이에서 광범위하게 논의되어오던 터였다. 특히 7차 교육과정을 둘러싼 논쟁은 그 어느 때보다 치열하게 전개되고 있다. 그런데 이런 논의과정에서 가장 이견이 적은 부분은 국사교과서제도가 가지고 있는 문제다. 그 중에서도 현행 국정교과서제도(공식 명칭은 '1종교과서제도'지만 사실상의 국정교과서제도)가 갖는 문제점에 대해서는 많은 공감대가 형성되어 있다고 할 수 있다. 국정제에 큰 문제의식이 없던 일반인의 경우에도 이번에 문제가 된 일본교과서가 8종이라는 사실이 새삼스럽게 다가오는 순간, 뭔가에 뒤통수를 맞은 듯한 기분을 느끼게 된다.

국정교과서제도가 갖는 가장 큰 문제는 역사해석의 국가독점이다. 다양한 역사해석의 원천적 봉쇄는 국사교과서를 한낱 정권의 통치이념을 전달하고 재생산하는 도구로 전락시키고 마는 것이다. 박정희 독재정권의 집권을 합리화하고 그들이 내세운 성장제일주의와 반공의 충실한 설명서로서 기능하기 시작한 국사교과서는 이후 정권들에 이어지면서 국가정책의 홍보지로서의 역할을 충실히 진행시켜왔다. 혹자는 7차 교육과정의 '성과'로서「근현대사」가 비록 선택과목이 되었지만, 교과서가 검정제로 바뀐 것을 들기도 한다. 그러나 이것 또한 현상 뒤에 가려진 이면을 보지 못한 결과다. 현재 우리 정부는 검정교과서 집필기준(준거안)을 제시하고 있다. 그것은 지나치게 '친절'해서 아주 세부적인 항목까지 제시해놓고 기술해야 할 내용 방향도 설명하고 있다. 약간 과장되게 말한다면 조사만 붙이면 교과서가 완성될 정도라는 비난을 면치 못하는 것이다. 이러한 사실들을 고려한다면, 자연스레 당면한 국사교과서제도의 문제는 국정제 폐지와 준거안 폐지 또는 약화라는 결론에 도달하게 된다.

두 번째로 제기할 수 있는 문제는 교과서가 지나치게 이념적 편향을 드러내고 있다는 점이다. 물론 이 점은 국가가 역사해석을 독점하고 있기 때문에 나타나는 현상이기도 하다. 국가가 권력을 지탱하는 정당성의 한 축으로 삼고 있는 이념적 우월성을 설득하는 도구로 국사교과서를 활용하고 있는 것이다. 북한에 대한 부정적 기술이나 해방공간에서의 좌익과 관련된 사실 왜곡은 정권의 정당성을 확인시키는 데 필수적인 요소가 되었다. 더욱 심각한 문제는 일제시기에 대한 절름발이 역사기록이다. 북한에 대한 이념적 공세는 일제시기 사회주의자들의 민족해방운동에 대한 기록 부재로 나타났다. 또한 반공을 내세워 집권세력이 된 친일파들에게 주어졌던 면죄부는 일제시기 역사기술에까지 이어졌다. 우리 교과서에 사회주의자들의 독립운동과 친일파 역사가 사라진 것이다.

이러한 문제점은 당연히 근현대사 교육에 대한 부실로 이어질 수밖에 없었다. 현재 자신이 위치하고 있는 바를 역사적이고 객관적으로 파악할 수 있는 능력을 기르는 것이 역사교육의 효용성 중 하나라면 무엇보다 근현대사 교육은 필수적인 것이다. 그럼에도 불구하고 근현대사 교육이 파행을 겪을 수밖에 없는 것은 바로 이런 교과서 서술의 기형성에 기인한다. 그것은 또한 친일문제나 좌익경력으로부터 자유롭지 못했던, 그리고 부당한 권력찬탈의 주역이었던 박정희 자신과 그 권력이 갖는 태생적 한계를 그대로 이어받았던 그 이후 정권의 문제기도 하다.

현행 국사교과서의 세 번째 문제는 세계화시대에 걸맞지 않는 '민족제일주의' 다. 이 문제는 단적으로 '국사' 라는 명칭에서 보여진다. '국사' 를 세계사 속에 객관화시킨다면 당연히 과목명은 '한국사' 가 되어야 마땅할 것이다. 이런 현상은 우리 민족을 다른 세계와의 관계 속에서 바라보기보다는 몇몇 특정 유물이나 문화적 유산을 내세워 민족의 독창성과 우수성만을 강조하는 과거지향적인 역사관에서 벗어나지 못한 영향이라고 할 수 있다. 당연히 '국사' 는 '세계사' 와 동떨어진 하나의 우수한 독립체계로 교육되고 있는 것이다. 세계화 시대에는 명실공히 평화와 공존의 역사를 가르쳐야 한다. 공존은 상호이해와 상호인정을 기반으로 하는 것이다. 그것이 국가 간 관계일지라도 마찬가지다. 민족우월성만을 내세운 교육으로는 일본에 의한 식민지시기를 설명할 길이 없다. 또 그 극복 논리도 힘의 논리에서 크게 벗어날 수 없다. 우리가 일본의 교과서왜곡에 분노하는 것은 바로 그 힘의 논리와 일본민족제일주의를 경계하기 때문이 아닌가.

이밖에 한국사 교육이 가지고 있는 문제는 너무나 많다. 한국사가 사회과에 통합되어 있는 현실도 자국사에 대한 제대로 된 교육경험이 일천한 우리에게는 부적절한 것이다. 세계사와 한국사 중 하나의 과목만을 배울 것을 강요하는 학교현장의 문제점도 매우 심각한 것이다. 내용적으로는 교과서에서 제외된 민주화운동에 대한 서술이나, 문화사적인 계통을 전혀 갖추지 못한 문화관련 서술도 시급히 고쳐져야 할 부분이다. 암기식 서술을 극복하는 것도 더이상 미룰 수 없는 과제다. 그런데 이 모든 것을 바로 잡는 것은 교과서 국정제도와 준거안 폐지에서 시작될 수밖에 없다. 21세기 세계인을 지향하면서 한국사 교육의 정상화를 더이상 늦출 수는 없는 것이다.

이신철(일본교과서바로잡기 운동본부 사무처장)

권혁태, 「교과서 문제를 통해 본 일본사회의 내면 읽기」, 『역사비평』 55호 (2001 여름)

권혁태, 「일본, 우경화를 읽는다」, 『시민의 신문』 2001. 7. 23

권혁태, 「평화, 인간 그리고 일본」, 『당대비평』 2001 봄, 삼인

김민철, 「전쟁을 부추기는 위험한 교과서」, 『내일을 여는 역사』 2001 여름호, 신 서원

김승렬, 「나치의 인종말살 전쟁과 ‘평범한’ 독일 군인의 역할 : ‘나치군부 범죄 전시회’를 둘러싼 독일의 논쟁」, 『역사비평』 56호(2001 가을)

노명환, 「서독의 탈나치화와 ‘새로운 독일’의 방향 1945~1963」, 『외대사학』 8집 (1998)

민족문제연구소, 『한일협정을 다시 본다』, 아세아문화사, 1995

서중석, 「국사교과서 현대사 서술, 문제 많다」, 『역사비평』 56호(2001 가을)

신주백, 「시론 : 일본의 역사왜곡, 원칙과 장기적인 전망을 갖고 대응하자」, 『역 사문제연구소회보』 34, 2001. 7

신주백, 「일본의 역사왜곡에 대한 한국사회의 대응(1965~2001) - 새로운 희망 을 찾아서」, 『한국근현대사연구』 17. 2001. 6

유네스코 한국위원회 편, 『21세기 역사교육과 역사교과서 - 한·일 역사교과서 문제해결의 새로운 대안』, 오름, 1998

이장희, 『한일기본조약의 재검토와 동북아 질서』, 아사연, 1996

이재오, 『한·일관계사의 인식 I - 한일회담과 그 반대운동』, 학민사, 1984

이진모, 「나치의 유태인 학살과 ‘평범한 독일인’들의 역할 - 골드하겐 테제를 둘러싼 논쟁」, 『역사비평』 42호(1998 봄)

일본역사교과서 왜곡대책반의 각종 자료

장수한, 「뉘른베르크 전범재판과 서독의 자본주의」, 『역사비평』 26호(1994 가을)

정재정, 「사법부의 심판을 받은 교과서 검정」, 『일본의 논리』, 현음사, 1998

제9차 국제역사교과서 학술회의 자료집, 「각국의 역사교과서에 비친 과거청산

문제」 (서울, 2000. 5. 23~24)

최승완, 「소련 점령지역 / 동독에서의 나치 과거 청산작업에 대한 비판적 검토」,
『역사학보』, 169집(2001)

타나타 히로시 외 지음, 이규수 옮김, 『기억과 망각. 독일과 일본, 그 두 개의 전
후』, 삼인, 2000

타와라 요시후미(일본교과서바로잡기 운동본부 역), 『철저검증 위험한 교과서』,
역사넷, 2001. 7

君島和彦, 「歷史學は敎科書裁判から何をんだか」, 『敎育』 621, 1997. 12

『産經新聞』, 2001. 9. 12

西尾幹二, 『國民の 歷史』, 産經新聞社, 1999

永原慶二, 「家永敎科書訴訟の32年」, 『歷史學硏究』 706, 1998. 1

中村政則, 「日本への回歸, 第四の波」, 『每日新聞』 1997. 2. 4

Edgar Wolfrum, *Geschichtspolitik in der Bundesrepublik Deutschland. Der Weg
zur bundesrepublikanischen Erinnerung 1948~1990*, Darmstadt, 1999

Felix Phillipp Lutz, *Das Geschichtsbewußtsein der Deutschen. Grundlagen
der politischen Kultur in Ost und West*, Köln, 2000

Klaus-Dietmar Henke, "Die Trennung vom Nationalsozialismus. Selbstzerst
örung, politische Säuberung, Entnazifizierung, Strafverfolgung", Klaus-
Dietmar Henke/Hans Woller (Hrsg.), *Politische Säuberung in Europa.
Die Abrechnung mit Faschismus und Kollaboration nach dem Zweiten
Weltkrieg, München*, 1991, pp. 21~83

Pingel, Falk, 『UNESCO Guidebook on Textbook Research and Textbook
Revision』, Paris : UNESCO, 1999

Rainer Eckert, Alexander von Plato, Jörn Schütrumpf (Hrsg.), *Wendezeiten-
Zeitwende. Zur Entnazifizierung und Entstalinisierung*, Hamburg, 1991

일본 역사교과서 한국 수정요구 의견과 일본 검토결과

기존 7개출판사 교과서 한국 수정요구 의견과 일본 검토결과

주제명	한국 수정요구 의견	일본 검토결과
고대, 한일관계 (도쿄서적, 오사카서적, 교이쿠출판, 니혼서적, 니혼분교출판, 시미즈서원)	고조선의 존재를 간과하고, 한반도의 첫 통일국가를 고구려로 기술하며, 한의 영향을 받은 것으로 설명	일본 학계에서는 고구려의 성립이 한에서 어떠한 형태로든 영향을 받았다고 하는 것이 널리 인정되어 있어 이러한 학설상황에 비추어 명백한 오류라고는 할 수 없고 제도상 정정을 요구할 수 없음. 또한 제도상 '고조선'에 대하여 기술하도록 요구할 수 없음.
	연표상의 시기가 부정확	일본 학계에서 조선은 기원전 1000년경에 청동기시대로 들어간다고 하는 것이 널리 인정되어 있으나 연표의 기술은 기원전 400년경에 신석기시대에서 소국분립으로 이행한 것처럼 기술되어 있기 때문에 학설상황에 비추어 적절하지 않고 오류로 생각되며 정정할 필요가 있음. 또한 본문에는 기원전 1000년경으로부터 농경이 성하게 되어 청동기를 사용하게 되었다는 기술이 있음.
	한의 지배영역을 과장하여 한반도 전체가 한의 지배를 받은 것으로 오해의 여지가 있음	한이 세력을 미친 한반도 지역에 대하여 본문의 기술, 또는 본문의 기술 및 관련지도를 보아 한반도 전체가 한의 지배를 받았다는 오해의 여지는 없어 명백한 오류라고 할 수 없고 제도상 정정을 요구할 수 없음.
임나일본부설 (도쿄서적, 오사카서적, 니혼서적, 니혼분교출판, 시미즈서원, 데이코쿠서원)	허구의 임나일본부설에 근거하여 사실과 다르게 설명	일본 학계에서 '임나일본부'의 존재는 지지되지 않고 있으나 한반도 남부의 가야제국에 대하여 왜에 어떠한 형태의 영향력이 있었다는 것은 널리 인정되어 있음. 본 기술은 '임나일본부'를 명기하고 있지 않아 학설상황에 비추어 명백한 오류라고 할 수 없고 제도상 정정을 요구할 수 없음.

주제명	한국 수정요구 의견	일본 검토결과
왜구 (시미즈서원, 데이코쿠서원)	왜구의 해적행위를 주로 무역에 종사하다가 가끔 저지르는 약탈행위로 왜곡, 미화	일본 학계에서는 왜구에 관해 왜구와 평화적 교역자가 동일 실체의 양면이었다고 하는 설과 통상을 목적으로 한 일본의 선박이 무역이 잘 되지 않았을 때 '약탈행위'를 한 것을 왜구에 포함시키는 설도 있음. 이러한 학설상황에 비추어 명백한 오류라고 할 수 없고 제도상 정정을 요구할 수 없음.
	제주도를 왜구의 거점으로 설명	일본 학계에서는 왜구에 제주도 도민이 포함되고 제주도가 대마도와 함께 활동거점이었다는 것이 널리 인정되어 있어 이러한 학설상황에 비추어 명백한 오류라고 할 수 없고 제도상 정정을 요구할 수 없음.
	왜구에 조선인과 중국인을 포함, '왜구=일본인'이란 기존 역사인식을 불식시키려 함	일본 학계에서는 전기 왜구에 조선인도 포함되어 있었던 것, 후기 왜구가 중국인을 주체로 한 것이었다는 점은 널리 인정되어 있어 이러한 학설상황에 비추어 명백한 오류라고 할 수 없고 제도상 정정을 요구할 수 없음.
임진왜란 (도쿄적, 오사카서적, 교이쿠출판, 시미즈서원, 데이코쿠서원, 니혼분교출판)	전쟁발발의 책임을 조선측에 전가	모든 기술이 도요토미 히데요시가 요구하고 요구가 거절되자 군을 보냈다는 경위로 되어 있으며 전쟁발발의 책임이 조선측에 있다고는 기술되어 있지 않아 명백한 오류라고 할 수 없고 제도상 정정을 요구할 수 없음.
	침략성을 은폐하기 위한 표현	일본 학계에서는 「문록·경장의 역」「조선출병」「조선침략」 등의 호칭이 널리 인정되어 있어 이러한 학설상황에 비추어 명백한 오류라고 할 수 없어 제도상 정정을 요구할 수 없음. 또한 2개 출판사는 표제에 「조선침략」이라고 기술하고 있음.

주제명	한국 수정요구 의견	일본 검토결과
정한론 (도쿄서적, 교이 쿠출판, 데이코 쿠서원, 니혼분 교출판)	조선의 거부가 기존의 선린외교관계를 무시한 채 국교회복을 강요하 는 일본측의 태도에서 비롯했음을 설명하지 않고, 정한론의 발생원 인을 조선측에 전가	일본 학계에서는 명치신정부와 조선과의 교섭 결렬의 이유는 신정부가 송부한 문서가 막부시 대의 형식과 상이했기 때문에 조선측이 수리를 거부했다는 것은 널리 인정되어 있어 이러한 학설상황에 비추어 명백한 오류라고 할 수 없 고 제도상 정정을 요구할 수 없음. 또한 일본측이 먼저 행동을 취했다는 것은 기 술되어 있음.
	당시의 조공관계에 대 해 설명하지 않고 조선 을 중국의 속국으로 표 현하고 있음	일본 학계에서는 당시 조선이 중국과 책봉, 조 공관계에 있었다는 것이 널리 인정되어 있음. 역사적 사실을 어떻게 기술할지는 집필자의 판 단에 맡겨져 있어 명백한 오류라고는 할 수 없 으며 제도상 정정을 요구할 수는 없음. 또한, 제도상 조공관계 설명을 기술하도록 요구 할 수 없음.
강화도 사건 (데이코쿠서원, 교이쿠출판)	조선의 포격을 유도한 일본측의 저의를 은폐, 강화도사건의 원인을 조선측에 전가하고 있 음	수정요구 대상 부분에 대해서는 "사건의 경위 에 관한 기술이 불충분하고, 오해의 여지가 있 는 표현"이라는 검정의견에 의거, "무단으로 측 량을 하고 있었다"라는 기술을 추가함으로써, 일본측의 시위행동이 포격의 원인이었다는 점 을 이해할 수 있도록, 이미 검정의견에 의거하 여 수정되어 있음.
	'조일수호조규'의 '조선 은 독립국' 조항은 청을 견제하고자 한 것이었 음을 설명하지 않음	제도상, 일조수호조규 조항의 배경 및 의도에 대해 기술하도록 요구하는 것은 불가능함.
동학농민운동 (시미즈서원, 오 사카서적)	농민의 저항을 '반란'으 로 표현, '항쟁'이나 '농민운동'이라는 용어 가 보다 객관적	일본 학계에서는, '동학농민운동'에 대해 '농민 전쟁', '반란', '반항', '혁명적 폭동', '민란' 등, 연구자마다 각기 다른 표현을 사용하여 설 명하고 있음. 이와 같은 관련 학설 상황에 비추 어 명백한 오류라고는 할 수 없으며 제도상 정 정을 요구할 수 없음.

주제명	한국 수정요구 의견	일본 검토결과
	'조선지배'라는 표현은 일본이 당시 조선을 완전 장악하고 있었던 것처럼 오해의 소지가 있음	본문의 기술 내용은, "일본은 조선을 지배할 계기를 포착, 결국은 중국으로의 진출도 엿볼 수 있게 되었다"는 것으로, "조선을 완전히 장악했다"고는 기술되어 있지 않음. 또한, 다음 절인 "한국병합과 조선사람들"에서 한국의 식민지화와 일본의 지배에 대해 기술되어 있으므로, 이를 감안할 때 명백한 오류라고는 할 수 없으며 제도상 정정을 요구할 수 없음.
	왜군파병을 청병파병에 대한 단순 대응조치로 기술하여 일본의 계획적 파병을 은폐	일본 학계에서는 일본군의 조선출병과 청나라 군과의 개전에 대해, 계획적인 파병이었다고 보는 학설과 이를 부인하는 학설 등이 존재함. 이와같은 학설 상황에 비추어 사실관계만을 기술한 것에 대해 명백한 오류라고는 할 수 없으며 제도상 정정을 요구할 수 없음.
한국 강제병합 (니혼분교출판)	한국 강제병합의 원인을 안중근의 이토 사살에서 비롯된 것으로 기술함으로써 일본의 계획성을 은폐	수정요구의 대상이 된 기술에 대해, "이토 히로부미 암살이 한국병합의 직접적인 원인인 것처럼 오해할 우려가 있는 표현"이라는 검정의견에 의거, "이에"라고 하는 직접적인 원인인 듯한 문언이 삭제됨으로써, 이미 검정의견에 의거하여 수정이 이루어졌음.
황민화정책(도쿄서적, 니혼분교출판)	지원병제도의 강제성을 은폐하고, 조선인의 자발적 전쟁참여라는 잘못된 이미지를 심어줄 우려가 있음	사진과 같은 페이지의 본문에서는 "지원병제도를 실시, 조선 사람들도 전쟁에 동원했다"라고 이미 기술됨.

주제명	한국 수정요구 의견	일본 검토결과
	황민화정책의 구체적 기술 미흡, 신사참배·일본어교육 강요 등 구체적 내용 기술 필요	이 페이지에는 이미 "식민지인 대만이나 조선에서는 병사의 모집이 시작되어, 궁성(동경의 皇居) 및 신사를 향해 절을 하도록 한다든지, 고유의 성명을 일본식으로 바꾸도록 하고 있었다(창씨개명)"라는 식으로, 황민화정책의 구체적인 기술이 있음. 또한, 이미 한국병합 부분에서, 사진과 함께 "일본어를 강제하고, 민족의 자각을 없앰으로써 일본에 동화시키려 했다"고 기술하고 있음. 이미 이상과 같은 기술이 존재하며, 구체적으로 어떠한 내용을 기술할지는 집필자의 판단에 위임되어 있어, 제도상 더이상의 기술을 요구할 수는 없음.
강제징용, 군대위안부(도쿄서적, 오사카서적)	일본군이 자행한 가혹행위의 상징인 군대위안부 문제를 고의로 누락시켜 잔혹행위의 실체를 은폐. 최근 유엔인권위에 보고된 바 있는 Coomaraswamy의 「전시 군 성노예 문제에 관한 특별보고서」 및 McDougall의 「전시 조직적 강간, 성노예, 노예적 취급 관행에 관한 특별보고서」에서도 군대위안부를 반인륜적 전쟁범죄 행위로 규탄. 일본정부도 1993. 8 군대위안부 관련 '관방장관 담화'에서 일본군이 위안소 설치 및 운영에 직간접적으로 관여했음과 모집, 이송, 관리가 감언, 강압 등에 의해 총체적으로 본인들 의사에 반해 이루어졌음을 인정	일본의 교과서 검정제도상, '학습지도요령'의 범위 내에서 구체적으로 어떠한 역사적 사실을 선택하여, 그것을 어떠한 형식으로 기술할 것인지는 집필자의 판단에 위임되어 있음. 따라서 제도상 '위안부'에 대해 기술하도록 요구할 수는 없음.

후소샤 교과서 한국 수정요구 의견과 일본 검토결과

주제명	한국 수정요구 의견	일본 검토결과
임나일본부설	'임나일본부설'은 한국과 일본의 50년 간의 연구결과 인정할 수 없는 학설	일본 학계에서는, '임나일본부설'의 존재를 지지하고 있지 않으나, 한반도 남부의 가야제국에 대해 어떠한 형태로든 왜의 영향력이 있었다는 것은 폭넓게 인정하고 있음. 이 기술은 '임나일본부'를 명기하고 있지 않고, 또한 '거점을 둔 것으로 여겨진다'고 하여 단정적 표현을 피하고 있음. 학설상황에 비추어 명백한 오류라고는 할 수 없으며, 제도상 정정을 요구할 수 없음.
	명백한 오류 – 신라의 지원요청으로 고구려군이 왜군을 격퇴(광개토왕비문)	일본 학계에서는, 고구려의 남하에 대해 신라와 백제가 왜에 구원을 요청하였다고 보는 견해도 있으나, 광개토왕 비문에는 신라가 왜에 구원을 요청하였다고 기록되어 있지 않고, 역으로 신라가 고구려왕에 귀의한 것으로 명기되어 있음. 이러한 상황에 비추어 본 기술은 적절하지 않고 오류로 생각되며, 정정할 필요가 있음. –자체 정정 신청중(2001년 7월 2일 현재)
	상설적인 주둔을 전제한 내용으로 명백한 오류	일본 학계에서는, 4~5세기에 왜가 한반도에서 백제와 연합하여 고구려와 싸웠다는 것이 폭넓게 인정되고 있음. 또한, '지반으로 하였다'는 기술이 '상설적인 주둔'을 의미하지는 않음. 학설상황에 비추어 명백한 오류라고는 할 수 없어 제도상 정정을 요구할 수 없음.
	점령국인 일본이 피점령지인 임나로부터 철수한 것을 전제로 한 기술 – 주둔, 철퇴의 기록이 없기 때문에 오류이며, 삭제 필요	일본 학계에서는, 가야 제국의 멸망에 의해 한반도 남부에 대한 왜의 영향력이 약화되었다는 것은 폭넓게 인정되고 있음. 이를 '임나로부터 철퇴하여'라고 표현한 것은 학설상황에 비추어 명백한 오류라고는 할 수 없으며, 제도상 정정을 요구할 수 없음.

주제명	한국 수정요구 의견	일본 검토결과
4세기 후반 삼국 관계	역사적 사실의 오류 - 4세기 후반은 고구려가 신라를 지원한 관계	일본 학계에서는, 4세기 말부터 5세기 초에 신라가 고구려에 인질을 보낸 것, 고구려가 신라의 왕위 계승에 간섭한 것 등에 비추어, 신라가 고구려에 종속되어 있었다는 것은 폭넓게 인정되고 있음. 이를 '신라 및 백제를 압박하고 있다'라고 표현한 것은 학설상황에 비추어 명백한 오류라고는 할 수 없으며, 제도상 정정을 요구할 수 없음.
6세기 삼국 및 국제관계	근거 없는 주장 - 당시 고구려는 북위와 직접 대결한 적도 있음	일본 학계에서는, 고구려가 북위에 자주 조공을 보내고, 북위가 고구려를 책봉했다는 사실로부터 북위를 고구려의 종주국이라고 하는 것을 폭넓게 인정하고 있음. 이를 '지원국 북위'로 표현한 것은 학설상황에 비추어 명백한 오류라고는 할 수 없으며, 제도상 정정을 요구할 수 없음.
	명백한 오류 - 신라와 백제가 연합하여 고구려의 남하에 공동 대응	일본 학계에서는, 복잡하게 변화하는 4세기 중기부터 6세기 초기에 걸친 삼국 및 동아시아의 기본적인 관계를 북조-고구려-신라, 남조-백제-왜라고 하는 도식으로 보는 설이 폭넓게 인정되고 있음. 이러한 학설상황에 비추어, 6세기 초기 삼국관계의 기본적인 틀에 관한 기술로서는 명백한 오류라고 할 수 없으며, 제도상 정정을 요구할 수 없음.

주제명	한국 수정요구 의견	일본 검토결과
삼국의 조공설	일본서기만을 근거로 한 기술(한국과 중국의 사서에는 없는 내용). 6세기 이후의 삼국이 일본보다 정치 · 문화적 우위에 있었다는 것이 한 · 일 학계의 통설	일본 학계에서는, 일본서기의 기술 및 이 시기의 백제와 신라가 왜를 '敬仰'하는 것 같은 외교관계를 지니고 있었다는 중국 사료 등에 따라 실질적으로 조공적인 방법을 취하고 있었다는 것을 폭넓게 인정하고 있음. 또한 일본서기의 기술은 어느 정도 신빙성이 있는 것으로 평가되고 있음. 백제와 신라가 왜와 조공관계에 있었다는 기술은 이러한 학설상황에 비추어 명백한 오류라고는 할 수 없으며, 제도상 정정을 요구할 수 없음. 또한 백제 · 신라와 왜의 외교상의 조공관계 문제와 (삼국이) 일본보다 정치적 · 문화적 우위에 있었는지 여부 문제는 차원이 다른 문제이며, 이러한 관점에 따라 정정을 요구할 수는 없음.
왜구	왜구의 발생 원인에 관한 설명이 누락	'왜구의 발생원인'에 대하여 제도상 기술하도록 요구할 수는 없음.
	'왜구=일본인'이라는 기존의 역사인식을 불식시키기 위해 왜구에 조선인과 중국인을 포함하여 기술	일본 학계에서는, 전기 왜구에 조선인도 포함되어 있었다는 점, 후기 왜구가 중국인을 주체로 한 것이라는 점을 폭넓게 인정하고 있음. 이러한 학설상황에 비추어 명백한 오류라고는 할 수 없으며, 제도상 정정을 요구할 수 없음.
조선 국호	'조선'이라는 국호를 대신하여 일제강점기에 사용된 부적절한 용어인 '이씨조선'을 사용	일본 학계에서는, 최근 '조선왕조'를 사용하는 경향도 있으나 이성계(태조)가 세운 왕조를 '이씨조선' 등으로 부르기도 하고 있음. 이러한 학설상황에 비추어 명백한 오류라고는 할 수 없으며, 제도상 정정을 요구할 수 없음.
임진왜란	침략을 '출병'이라고 기술. 일방적으로 침략사실을 은폐	일본 학계에서는, '문록 · 경장의 역', '조선출병', '조선침략' 등의 호칭이 폭넓게 인정되고 있음. 이러한 학설상황에 비추어 명백한 오류라고는 할 수 없으며, 제도상 정정을 요구할 수 없음.

주제명	한국 수정요구 의견	일본 검토결과
	임진왜란의 원인을 명의 정복, 히데요시의 개인적 망상만으로 기술	일본 학계에서는, 도요토미 히데요시가 동아시아를 정복하는 구상을 갖고 있었음을 폭넓게 인정하고 있음. 이러한 배경에 관해서는 여러 가지 추측이 있음. 이러한 학설상황에 비추어 명백한 오류라고는 할 수 없으며, 제도상 정정을 요구할 수 없음.
	전쟁기간중의 일본군에 의해 자행된 인적·물적 피해상황을 축소	이미 '조선의 국토와 사람들의 생활은 현저히 황폐해졌'고 기술되어 있는 곳이 있고, 취급하고 있는 역사적 사실을 어떻게 기술한 것인지는 집필자의 판단에 맡겨져 있는 만큼, 명백한 오류라고는 할 수 없으며, 제도상 정정을 요구할 수 없음.
조선통신사	이에야스의 국교회복 노력에 대한 설명 없이 사실만을 기술	'이에야스의 국교회복 노력'에 대해 제도상 기술하도록 요구할 수는 없음
	통신사의 파견 목적, 초빙이유 등의 설명 없이 일본장군 승계축하 사절단이었음만을 기술	일본 학계에서는, 대체적으로 장군이 바뀔 때마다 승계축하 사절단이 있었다는 것을 폭넓게 인정하고 있음. 취급하고 있는 역사적 사실을 어떻게 기술할 것인지는 집필자의 판단에 맡겨져 있는 만큼, 학설상황에 비추어 명백한 오류라고는 할 수 없으며 제도상 정정을 요구할 수 없음.
	조선이 부산의 왜관을 설치한 사실을 은폐하고 일본이 외국의 토지에 둔 행정기관인 것처럼 기술	일본 학계에서는, 왜관이 무역 등에 종사하고 있었던 점, 왜관의 운영은 소씨에 의해 행해진 점을 폭넓게 인정하고 있음. 취급하고 있는 역사적 사실을 어떻게 기술할 것인지는 집필자의 판단에 맡겨져 있는 만큼, 학설상황에 비추어 명백한 오류라고는 할 수 없으며 제도상 정정을 요구할 수 없음.

주제명	한국 수정요구 의견	일본 검토결과
조선의 서구 열강에 대한 인식과 국제적 지위	구미의 무력위협에 대한 조선의 대응을 일본의 방식과 비교하여 열등하게 평가	일본 학계에서는, 당시 조선도 대체로 중국과 동일한 이화관을 배경으로 구미의 진출에 대응하였다는 것을 폭넓게 인정하고 있음. 학설상황에 비추어 명백한 오류라고는 할 수 없으며 제도상 정정을 요구할 수 없음.
	조선을 중국의 '복속국'이라고 표현한 것은 삭제 필요	자체 정정 신청중(2001년 7월 2일 현재)
전근대 동아시아질서와 조선	전근대 동아시아의 국제관계를 왜곡 기술(당시, 책봉과 조공은 의례적인 외교형태에 지나지 않고, 중국이 조선의 내정에 간섭한 적은 거의 없었음)	자체 정정 신청중(2001년 7월 2일 현재)
	조선과 비교하여 일본은 '자주 독립국'이었던 것처럼 기술하고 있으나, 17세기까지 일본이 중화질서 속에 존재한 사실은 미기술	일본 학계에서는, 15세기초 명으로부터 책봉을 받았으나 에도시대에는 책봉, 조공관계에 있지 않았다는 것을 폭넓게 인정하고 있음. 이러한 학설상황에 비추어 명백한 오류라고는 할 수 없으며 제도상 정정을 요구할 수 없음.
일본=무가사회, 조선=문관사회론	논리적인 근거가 없으며 무가사회인 일본이 문관사회인 조선보다도 우월하다는 선입관을 주입하는 표현 – 일본의 대외 팽창·침략을 속임	일본 학계에서는, 당시 일본이 무사를 지배계급으로 하는 사회였다는 점, 아편전쟁에 충격을 받아 기민하게 대응한 점, 당시 중국·조선 모두 문관이 무관보다 우월한 사회였다는 점, 아편전쟁의 결과를 심각히 받아들이지 않았다는 점은 널리 인정되고 있음. 이러한 학설상황에 비추어 명백한 오류라고는 할 수 없으며, 또한 '…라는 생각도 있다'라는 단정을 피한 표현으로 되어 있어 제도상 정정을 요구할 수 없음.

주제명	한국 수정요구 의견	일본 검토결과
정한론	조선의 조약체결 거부 이유를 설명치 않고, 일본 입장에 치우친 기술 -일본이 기존관계를 일 방적으로 파기하려고 하였기 때문이라는 것을 설명하고 있지 않음	일본 학계에서는, 메이지 신정부와 조선의 교섭 결렬 이유는, 신정부가 송부한 문서가 막부시대의 형식과 달라서 조선측이 수리를 거부한 것이라고 널리 인정되고 있으며, 또한 거부한 이유는 이미 기술되어 있음. 이러한 학설상황에 비추어 명백한 오류라고는 할 수 없으며 제도상 정정을 요구할 수 없음.
	조선이 사이고를 살해할 가능성이 있었던 것처럼 가정	일본 학계에서는, 사이고 다카모리가 죽음을 각오하고 스스로 사절로서 조선으로 건너갈 것을 요구한 것으로 널리 인정되고 있으며 또한 기술 자체가 사이고 스스로의 생각을 나타낸 문맥 가운데 기술되어 있기 때문에 학설상황에 비추어 명백한 오류라고는 할 수 없으며, 제도상 정정을 요구할 수 없음.
강화도 사건	조선의 발포를 유도한 계획적인 사실 등 도발의 주체, 목적, 경위를 은폐	이미 일본 군함이 '시위행동'을 하였기 때문에 조선의 군대와 교전하였다고 기술되어 있음. 또한 강화도 사건의 목적 등에 관하여 제도상 기술하도록 요구할 수 없음.
조선반도 위협설	조선반도 위협설을 강조하고, 일본의 방위 명목으로 한국침략·지배를 합리화하려는 논리 - 청·일 전쟁 및 일·러 전쟁을 자위전쟁으로 합리화	일본 학계에서는, 당시 일본 정치지도자 및 사상들 사이에는 구미열강이 조선반도에 강력한 발판을 확립할 경우 일본은 독립을 위협받을 수 있다는 인식이 있었다는 것이 널리 인정되고 있음. 이러한 학설상황에 비추어 명백한 오류라고는 할 수 없으며 제도상 정정을 요구할 수 없음.

주제명	한국 수정요구 의견	일본 검토결과
일본정부의 조선 중립화안	일본정부의 일각에서 약간 논의된 것을 일본의 조선강압정책을 부정하는 의도로 기술 일본군비 증강이 조선의 강제 점거를 위한 것이었다는 것을 은폐하고, 조선 중립을 위한 것으로 왜곡	일본 학계에서는, 조선 중립화안이 갑신정변 이후 일본의 대조선정책 기조의 하나로서 존재했다는 것은 널리 인정되고 있음. 이러한 학설상황에 비추어, 또한 '…라는 생각도 있었다'는 단정을 피한 표현으로 되어 있어 명백한 오류라고는 할 수 없으며, 제도상 정정을 요구할 수 없음.
조선의 근대화와 일본과의 관계	조선에 대한 일본의 영향력을 이식하려고 한 목적을 숨기고, 군사원조로 조선독립에 기여한 것처럼 서술한 것은 사실을 속인 것임	일본 학계에서는, 당시 조선반도가 다른 세력하에 들어가는 것이 일본에 위협이 된다는 인식이 있었다는 것은 널리 인정하고 있음. 이러한 학설상황에 비추어 명백한 오류라고는 할 수 없으며, 제도상 정정을 요구할 수 없음. 더욱이 기술상 '군사원조'가 아닌 '군정개혁을 원조'한 것으로 되어 있음.
조선을 둘러싼 청·일 대립	조선을 둘러싼 청과 일본의 대립을 일면적으로 설명하고 일본이 청을 가상적국으로 한 사실을 왜곡	일본 학계에서는, 갑신정변 발발·천진조약 체결 이후의 일본에서는 청과 대결하는 것이 바람직하지 않다는 태도를 내세워왔다는 것이 널리 인정되고 있음. 이러한 학설상황에 비추어 명백한 오류라고는 할 수 없으며, 제도상 정정을 요구할 수 없음.
	김옥균 등의 개화파를 친일파로 기술	일본 학계에서는, 김옥균 등이 일본의 정치가·지식인들과 접촉하여 다양한 지원을 받았다는 등의 측면에서 '친일파'로 불리는 경우도 있음. 이러한 학설상황에 비추어 명백한 오류라고는 할 수 없으며, 제도상 정정을 요구할 수 없음.

주제명	한국 수정요구 의견	일본 검토결과
동학농민운동과 청·일전쟁	반봉건·반외세 운동을 '동학의 난' 및 '폭동'으로 표현한 것은 부적절하며, 농민운동을 종교집단 운동으로 한정한 것은 오해의 여지가 있음	일본 학계에서는, '동학농민운동'은 외국세력 및 봉건제도에 반대하는 농민운동으로 보고 있으나, 지도자가 동학관계자라는 점 등에서 동학당과의 관계를 부정할 수 있는 것은 아니라는 것으로 널리 인정되고 있음. 또한 이 운동은 '농민운동', '반란', '반항', '혁명적 폭동', '민란' 등 연구자에 따라 다양한 표현을 사용하여 설명되고 있는 부분도 있음. 이러한 학설상황에 비추어 명백한 오류라고는 할 수 없으며 제도상 정정을 요구할 수 없음.
	'한성에 육박'한 것이 아니라 전주성을 점령한 것일 뿐	농민군이 각지에서 정부군을 무찌르고 전라도 수도 전주를 해방하고, 청·일전쟁 개전 후에는 충청도 수도 공주에서 정부군과 싸웠다는 상황도 근거로 하면, 한성을 '위협하는 기세를 보였다'는 표현은 명백한 오류라고는 할 수 없으며, 제도상 정정을 요구할 수 없음.
	일본이 일·청전쟁을 유발할 목적으로 계획적으로 파병한 사실을 은폐하고, 청의 군대 파병에 대한 단순한 대응조치인 것처럼 서술	일본 학계에서는, 일본군의 조선출병과 청국군과의 개전에 대하여 계획적 파병이었다는 설과 그렇지 않았다는 설이 있음. 이러한 학설상황에 비추어 사실관계만의 기술은 명백한 오류라고는 할 수 없으며, 제도상 정정을 요구할 수 없음.
러·일전쟁	벌목장을 군사기지로 잘못 해석	일본 학계에서는 러시아의 행동을 단순한 삼림 벌채사업이 아닌 군사적 시설의 건설 또는 그 준비로서 널리 인정하고 있음. 이러한 학설상황에 비추어 명백한 오류라고는 할 수 없으며, 제도상 정정을 요구할 수 없음.

주제명	한국 수정요구 의견	일본 검토결과
	일본이 먼저 시작한 전쟁을 러시아의 무력이 한반도를 장악하여 일본의 안전이 위협받았다라고 기술	일본 학계에서는 러시아는 의화단사건 이후 만주를 지배하에 두고 다시 한반도에 대해 세력의 확대를 지향했으며, 그러한 상황에 일본이 위협을 느껴 개전에 이르게 되었다는 것은 널리 인정되고 있음. 이러한 학설상황에 비추어 명백한 오류라고는 할 수 없으며, 제도상 정정을 요구할 수 없음. 또한, 일측이 먼저 무력을 발동했다는 것은 기술되어 있음.
	만주와 한반도의 지배권 확보라는 전쟁의 목적을 은폐하여 '인종간 전쟁'으로 미화 한국의 지배권을 인정받아 억압을 받은 민족에게는 독립의 희망을 주었다는 것과는 모순된 기술	일본 학계에서는 일본이 대국 러시아에 승리한 것이 아시아 인민에게 희망을 준 면이 있다는 것과, 이 전쟁결과가 구미에 큰 충격을 준 면이 있다는 것이 널리 인정되고 있음. 이러한 학설상황에 비추어, 또한 포츠머스조약에 관해 '일본은 한국의 지배권을 러시아로 하여금 인정케 하였다'는 전쟁목적 달성에 관한 기술도 있으며, 내셔널리즘에 관한 중국 및 한국에서의 일본에 대한 저항관련 기술이 있는 점을 감안하면, 명백한 오류라고는 할 수 없으며, 제도상 정정을 요구할 수 없음.
한국 강제병합	한국병합의 과정에서 침략행위와 강제성을 은폐하고 국제적으로 인정된 합법적인 것으로 기술	일본 학계에서는, 영일동맹, 미국과의 각서, 포츠머스조약 등에 의해 영국, 미국, 러시아 3국이 '이의를 제기하지 않았다'는 점이 널리 인정되고 있음. 이러한 학설상황에 비추어 또한 검정의견에 따라 한국병합에 대해 '한국내 반대를 무력을 배경으로 억압하여 병합을 단행했다'고 기술한 점을 감안하면, 명백한 오류라고는 할 수 없으며 제도상 정정을 요구할 수 없음. 또한 '합법적인 것'이라는 기술은 없음.

주제명	한국 수정요구 의견	일본 검토결과
	의병투쟁 및 안중근 의거 등 한국내 저항 및 반발을 축소하고 극소수의 친일파를 일부러 부각시켜 기술	자체 정정 신청중(2001년 7월 2일 현재)
식민지 조선 개발론	식민지 근대화론, 식민지수혜론의 관점에서 '개발'이 마치 조선주민을 위한 것처럼 왜곡 – 수탈, 지배목적의 은폐	한국병합 후 경지정리 및 관개시설 신설 등 토지개량이 각지에서 행해지고 철도가 부설된 것은 사실이며, 또한 '식민지화한 조선에서'와 '개발'이 일본에 의한 식민지정책의 일환인 점이 기술되어 있고, 토지조사사업에 의해 농민이 경작지에서 쫓겨나는 동화정책이 진행되었다는 것 등이 기술되어 있는 점을 감안하면, 명백한 오류라고는 할 수 없고, 제도상 정정을 요구할 수 없음.
관동대지진과 조선인	관헌(군경)에 의한 살해 사실 은폐. 살해대상도 조선인이 대부분(약 7,000)이었음에도 불구하고 '사회주의자, 조선인, 중국인'과 병렬, 사건의 본질에 해당하는 조선인의 피해를 축소 기술	일본 학계에서는 관동대지진시 다수의 조선인과 중국인, 노동운동가 등이 주민 등으로 조직된 자경단 및 관헌에 의해 살해되었다는 것이 널리 인정되어 있음. 특정 역사 사실을 어떻게 기술하는가는 집필자의 판단에 맡겨져 있는 만큼, '주민 자경단 등이 사회주의자 및 조선인·중국인을 살해하는 사건이 발생했다'라는 기술은 학설상황에 비추어 명백한 오류라고는 할 수 없으며, 제도상 정정을 요구할 수 없음.
강제동원과 황민화정책	황민화정책의 내용이 분명하지 않고 조선에서의 수탈에 관한 기술이 없고 조선인을 일본국민의 일부로 보고 일본의 식민지정책의 본질을 은폐	이미 조선에서의 일본어교육·창씨개명 및 아시아제국에서의 일본어교육·신사참배 강요 등의 황민화정책이 기술되어 있고, 또한 토지조사사업 및 징용·징병·소위 '강제연행'에 대해서도 기술되어 있음. 그 외 구체적으로 어떤내용을 기술할 것인지는 집필자의 판단에 맡겨져 있으며 제도상 추가 기술을 요구할 수 없음.

주제명	한국 수정요구 의견	일본 검토결과
군대위안부	일본군에 의한 가혹행위의 상징인 군대위안부 문제를 고의로 탈락시켜 잔혹한 행위의 실태를 은폐. 최근 유엔인권위에 보고된 Comaraswamy의 '전시 군관련 노예문제에 관한 특별보고서' 및 Mcdougall의 '전시 조직적 강간, 성노예, 노예적 취급의 관행에 관한 특별보고서'에서도 군대위안부를 반인륜적 전쟁범죄행위로 규탄. 일본정부도 1993. 8 군대위안부 관련 '관방장관 담화'에서 일본군이 위안소설치에 직간접적으로 관여한 점과 모집·이송·관리가 감언, 강압 등에 의해 총체적으로 본인의 의사에 반해 이루어졌다고 인정	일본교과서 검정제도에서는 학습지도요령의 범위내에서 구체적으로 어떤 역사적 사실을 취급하고 그것을 어떻게 기술할 것인가는 집필자의 판단에 맡겨져 있음. 따라서 '위안부'에 대해서 제도상 기술하도록 요구할 수는 없음.
한국전쟁	유엔군과 중국·북한군의 전쟁으로 묘사함으로써 한국군의 실태를 무시	일본 학계에서는, 주로 한국전쟁을 수행한 것은 초기를 제외하면 미군을 중심으로 한 유엔군과 중국 인민지원군(의용군)·북한군이었다는 것은 널리 인정되어 있음. 이러한 학설상황에 비추어 명백한 오류라고는 할 수 없으며, 제도상 정정을 요구할 수 없음.
	38도선을 국경선으로 기술, 옛날부터 38도선이 경계가 되어 분단되어 있었던 것처럼 묘사	자체 정정 신청중(2001년 7월 2일 현재)

〈일본당국의 력사교과서 개악책동의 진상〉

최근 일본당국은 국제사회의 한결같은 항의규탄에도 불구하고 과거 일본이 조선과 아시아나라들에서 감행한 범죄적 침략전쟁과 야수적 만행, 강도적 행위를 심히 미화하고 외면, 은폐한 중학교용 력사교과서들을 검정 '합격'시키였다.

검정통과된 교과서는 내외의 강경한 항의에 의하여 원본의 일부 내용을 수정한 것이라고는 하나 아직도 40여 곳에 조선침략의 죄악사를 왜곡미화한 대목이 그대로 남아 있다. 그럼에도 불구하고 일본당국자들은 이제 더는 수정할 수 없다고 하면서 그것을 그대로 교육에 강행도입하려고 책동하고 있다.

일본당국의 조선력사에 대한 왜곡행위는 과거 일제가 조선인민 앞에 저지른 범행을 합리화함으로써 군국주의자들의 전철을 밟아 또다시 재침의 길에 나서려는 침략의지의 발현이며 우리 민족에 대한 참을 수 없는 모독이고 일제의 침략과 학살, 략탈의 력사를 바로 쓸 것을 요구하는 우리 인민과 세계의 공정한 여론에 대한 공공연한 도전이다.

이로부터 조선민주주의인민공화국 력사학학회는 일본당국의 력사왜곡행위를 엄중시하면서 력사위조자들이 력사의 진실과 침략의 죄악사를 얼마나 파렴치하게 왜곡하고 교활하게 미화, 은폐하였는가를 낱낱이 폭로단죄하며 력사왜곡책동의 진의도를 온 세상에 고발하려고 한다.

1. 일본의 조선지배를 력사적으로 합리화하기 위한 파렴치한 날조

검정통과된 력사교과서는 초기 조일관계사를 혹심하게 왜곡하면서 곳곳에서 파산된 지 오랜 '미마나미야케' 설을 되풀이하고 있다.

'미마나미야케' 설이란 일본이 4세기 이후 수백 년 동안 조선의 남부지역 임나(미마나)에 '일본부(미야케)'를 설치하고 지배하였다는 주장이다.

이 설은 이미 오래전에 북남력사학자들과 일본의 량심 있는 학자들의 연구결과에 의하여 완전한 날조품이라는 것이 확인되였다.

'미마나미야케' 설에 대한 항의의 목소리가 높아지자 수정본에서는 교묘하게 '일본부'란 말을 '거점'으로 바꾸어놓고 야마토정권이 '반도남부의 임나(가야)라고 하는 곳에 거점을 구축'했으며 6세기에 '임나로부터 철퇴하여 반도정책에서 실패했다'고 고쳐놓았다. 보는 바와 같이 검정된 새 교과서는 문구를 바꾸었을 뿐 '임나' 지배설을 그대로 살리였다.

이 주장을 합리화하기 위하여 교과서는 4세기 당시 아직 서부일본을 통합하지도 못한 기내 야마토정권을 통일정권으로 묘사하면서 이 정권이 조선에 출병하여 남부지역을 지배한 듯이 력사를 왜곡하였다.

4세기에 아직 서부일본을 통일하지도 못한 한개 지방정권이 바다 건너 이국땅에 와서 신라와 백제를 굴복시키고 그곳에 식민지를 설치하였다고 하는 것은 어불성설이다. 더욱이 고구려 광개토왕비문을 자의적으로 해석하면서 4~5세기에 야마토정권의 군사력이 조선남부에서 종횡무진으로 활동한 것처럼 묘사한 것은 전혀 당시의 력사적 사실과 맞지 않는 위조행위다.

력사적 사실은 이와 정반대로 그 모든 사건들이 일본의 기비지방(오늘의 오카야마현 일대)에 형성된 임나(가야), 고마(고구려), 구다라(백제), 시라기(신라) 등 조선계통 소국들과 기내 야마토정권 사이에 벌어진 일임을 보여주고 있다. '일본서기'에 나오는 '미마나미야케'란 바로 6세기경 기비지방 가야(임나)소국에 설치된 야마토정권의 림시행정기관(야마토노 미야케)이였다. 지난날 일제어용사가들은 일본의 조선지배를 력사적으로 합리화하려는 목적 밑에 일본에서 벌어진 이 사건의 무대를 조선에 옮겨놓았던 것이다.

사실이 이러함에도 불구하고 력사교과서에서 과거 식민지어용사가들에 의하여 조작된 이 허황한 '미마나미야케' 설을 렴치없이 또다시 들고나온 데는 그들이 노리는 불순한 정치적 목적이 있다. 일본당국자들은 자라나는 새 세대들에게 '임나' 설을 계속 주입함으로써 그들로 하여금 야마토민족이 천수백년 전부터 조선에 식민지를 두고 조선민족을 통치한 '우월한 민족'이며 조선민족은 일찍부터 일본의 지배를 받은 '렬등'민족이라는 것을 믿게 하려 하고 있으며 그들에게 식민주의사상, 조선재침야망을 불어넣으려 하고 있다.

이런 민족배타주의적 사상은 교과서의 이 부분에서 과거 일제가 조선과 조선민족을 멸시하여 '반도', '반도인'이라고 부르던 말마디를 그대로 골라 써가며 '반도정책'이요, '반도남부'요 한 것에서도 표현되고 있다. 지어 그들은 '백제나 신라가 야마토조정에 조공하였다'는 등 없는 사실도 거리낌없이 꾸며냈으며 미개지였던 일본에 발전된 조선문화를 전파해준 문명의 선도자들을 '귀화인'으로 모독하였는가 하면 지어 명백히 백제국명이 붙은 '백제관음상'마저도 일본것이라고 우겨대고 있다.

력사교과서는 또한 일본의 조선지배를 력사적으로 '합리화'하기 위하여 일본력사의 '우수성'을 인위적으로 강조하고 그 비교, 방증대상으로 조선력사를 꺼들어대면서 조선력사는 예속의 력사이고 조선민족은 력사적으로 '속국'의 운명에 놓여 있는 듯이 란폭하게 왜곡하였다.

조공에 대해서 말한다면 그것은 중세 아시아의 큰 나라와 작은 나라들 사이의 의례관계, 변형된 무역관계였지 근대적 의미에서의 종주국과 속국관계는 아니였다. 청나라가 조선에 대한 '종주권을 갖고 있었다'고 하면서 그 무슨 '중화질서'라는 말을 만들어내여 조선이 '중국의 력대왕조에 복속'되여 있었다고 쓴 것도 실은 사대외교의 형식을 본질로 본 고약한 력사위조다.

특히 고려가 몽골의 '속국'이였다고 쓴 것은 완전한 상식 밖의 날조행위다.

13세기 초중엽에 고려인민들은 몽골의 침략을 반대하는 근 30년 간의 반침략투쟁을 전개하여 끝내 '화친'을 이룩하고 고려정권을 보존유지할 수 있었다. 당시 유라시아의 광활한 대륙이 몽골의 지배밑에 들어가고 칭기스칸 후예들이 직접 통치하는 몽골한국들이 세워졌지만 고려만은 자기 주권을 유지하였다. 물론 일정한 기간 몽골의 다로가치들이 고려의 서북, 동북지방을 통치한 일이 있었지만 총체적으로 고려는 전

국토에서 자기의 주권을 확고히 행사하였으며 따라서 두 나라 관계는 종주국과 속국의 관계가 아니였다. 몽골통치배들까지도 고려를 '천하에서 신하로 복종하지 않는' 나라라고 말한 것은 두 나라 관계의 본질을 실토한 것이라고 볼 수 있다.

이 엄연한 력사적 사실을 부인하고 고려가 몽골의 '속국'이였다고 서술한 것은 나라의 자주권을 영예롭게 지켜 싸운 우리 민족의 자랑스러운 력사에 대한 참을 수 없는 왜곡이다.

이렇듯 일본력사교과서들에 조선력사를 수많이 꺼들면서도 조선력사의 자랑으로 되는 사실에는 전혀 눈을 감고 일본의 '우월감'을 조장시키는 데 도움이 되는 것이라면 분별없이 력사를 왜곡한 것은 일본의 조선지배설을 력사적으로 '합리화'하여 또다시 재침의 길에 나서도록 새 세대들을 오도하려는 흉계에서 출발한 것이라고밖에 달리 볼 수 없다.

2. 조선강점을 위한 침략책동을 미화분식

교과서는 일본의 조선침략과 지배를 합리화하기 위하여 지정학적 론리를 끌어들이면서 '조선반도위협'설을 들고 나왔다.

수정되기 전 교과서에 '일본을 향하여 대륙으로부터 하나의 팔뚝이 돌출되여 있다. 이것이 조선반도다. 조선반도가 일본의 적대적 대국의 지배하에 들어가면 일본을 공격하는 절호의 기지'로 되기 때문에 '배후지를 못 가진 섬나라 일본은 자국의 방위가 곤난하게 된다. 이런 의미에서 조선반도는 끊임없이 일본에 들이대고 있는 흉기로 되지 않을 수 없는 위치관계에 있다'고 쓴 것이 바로 그 한 실례로 된다.

조선을 일본의 안전을 위협하는 '흉기'라고 규정한 데 대한 항의가 높아지자 수정본에서는 '흉기'라는 표현을 삭제하였을 뿐 조선반도가 일본의 '위협'으로 된다는 '조선위협'설의 본질적 내용은 조금도 달라지지 않았다.

'조선반도위협'설은 본질에 있어서 일본은 자체안전을 위해 반드시 조선을 정복하여 자기 지배하에 두어야만 한다는 강도적인 침략론리이며 지정학적 위치가 달라

지지 않는 한 조선지배야망을 버리지 않겠다는 로골적인 재침선언이다.

력사적인 사실은 조선이 일본의 안전을 위협하는 '팔뚝'으로 되여온 것이 아니라 일본이 력대로 조선을 침략하는 칼을 쥔 팔뚝이였다는 것을 보여주고 있다.

1592~1598년 '임진왜란' 때 도요토미는 조선을 중국침략의 문호로, 교량으로 간주했으며 악명 높은 '다나카상주서'에서도 조선을 대륙침략의 교두보로 보고 중국을 지배하기 위해서는 먼저 조선을 타고 앉아야 한다고 주장하였다. 실제로 조선을 강점한 일본제국주의는 조선을 발판으로 하여 만주를 침략하였고 중국대륙으로 전쟁을 확대하였다.

그럼에도 불구하고 력사교과서에서는 조선침략을 자체의 안전을 위한 정당방위로 묘사하면서 '정한론'이나 '강화도조약', '한일합병' 등 강도적인 침략행위를 합리화하였다.

'정한론'은 19세기 중엽 사이고 다카모리를 우두머리로 한 사츠마번 출신의 일본 군국주의자들에 의하여 제창된 '조선정복론'이며 그것을 국책으로 규정하고 '정한'의 길로 줄달음치게 된 것은 해외침략으로 국내모순을 해결함과 동시에 자본주의적 시초축적의 원천을 마련하려는 일본정부의 대내정책의 필연적 결과이며 그 연장이였던 것이다.

그럼에도 불구하고 교과서는 '1873년 개국권유를 거절한 조선의 태도가 무례하다고 하여 사족들 사이에 조선에 무력을 보내여 개국을 강박하자는 정한론이 대두하였다'고 씀으로써 '정한론'이 마치도 '국교'를 맺자는 일본정부의 요구를 거절한 리조정부의 '무례'한 태도로 하여 발생한 것처럼 진실을 왜곡하였다. 이것은 참으로 도적이 매를 드는 격의 강도적 론리다.

이런 파렴치한 수법은 '운양'호 사건 서술에서도 나타나고 있다.

교과서는 '운양'호 침입사건을 '일본군함이 조선의 강화도에서 측량을 하는 등 시위행동을 하였기 때문에 조선의 군대와 교전한 사건', '포격당한 사건'이라고 모호하게 쓰고 이 사건을 계기로 '일본은 다시 조선에 국교수립을 강박하였다'고 사건의 전반내용과 목적을 심히 왜곡, 미화하였다.

알려진 바와 같이 일본군함 '운양' 호는 측량하기 위하여 강화도에 기어든 것이 아니라 군사적 도발을 일으켜 조선에 불평등조약을 강요할 구실을 마련하기 위하여 계획적으로 파견된 침략의 척후병이었다. 다른 나라 령해에서 측량하자면 응당 그 나라의 사전승인을 받는 것이 국제관례로 되어 있었음에도 불구하고 일본군국주의 자들은 그렇게 하지 않았다. 함장 이노우에는 자기 정부로부터 사전에 군사정탐임무와 강화도공격임무를 받고 왔던 것이며 바로 그렇기 때문에 즉시 물러가라는 조선측의 요구에 응하는 대신 물이 떨어졌다는 구실밑에 초지진포대에까지 계속 전진하였다. 이에 대하여 조선군대가 자위적 조치를 취하자 기다렸다는 듯이 초지진포대에 맹렬한 포사격을 가했으며 아무런 방어시설도 없거나 약한 정산도와 영종진을 습격하여 수많은 무고한 주민들을 살륙하는 만행을 감행하였다. '운양' 호 사건의 전과정은 그것이 조선측의 발포를 유도하여 사건을 확대함으로써 그것을 구실로 불평등조약을 강요하여 침략의 발판을 마련하며 '정한론'을 실천에 옮기기 위한 계획적인 군사작전의 한 고리였다는 것을 보여주었다. 그럼에도 불구하고 이 엄연한 력사적 사실을 숨기고 침략을 '측량 등 시위행동'으로, 군사적 도발과 학살만행을 '교전'으로 분식하는 것은 피해자인 조선민족의 격분을 자아내는 력사왜곡이다.

일본군국주의자들은 이런 군사적 도발과 압력을 거듭하던 끝에 1876년에는 리조정부에 '강화도조약' 체결을 강요해 나섰다.

일본은 이 조약으로 조선침략의 길을 열어놓았으며 정치, 경제, 군사의 모든 분야에서 조선을 예속시킬 수 있는 발판을 마련하게 되었다. 그러나 력사교과서는 '강화도조약'의 체결로 '오랜 동안 현안으로 되여온 조선과의 국교가 수립되였다'고만 씀으로써 이 조약의 침략적 성격과 목적을 고의적으로 숨기였다.

력사교과서는 근대적 개혁을 위한 조선인민의 투쟁력사도 완전히 왜곡하였다.

우리나라에서도 19세기 후반기에는 사회발전의 합법칙적 요구에 따라 주체적 력량에 의한 근대적 개혁운동이 진행되었다. 봉건사회의 태내에서 발생발전하고 있던 자본주의적 관계를 반영하여 개화사상이 싹터나고 개화파들이 형성되였으며 그들에 의한 부르주아 개혁운동이 벌어졌다.

그러나 력사교과서는 이와 반대로 일본이 조선의 근대화에 그 무슨 '도움'이라도 준 것처럼 왜곡서술하였다. '갑신정변'을 주도한 김옥균을 '친일파'로 규정함으로써 '갑신정변'마저도 일본의 조종하에 진행된 것처럼 만들어놓고 실패원인도 청나라 간섭에만 귀결시켰을 뿐 일본의 배신행위에 대해서 외면한 것은 그 한 실례로 된다. 력사적사실은 어떠하였는가?

일본은 정치자금해결을 위한 개화파들의 활동을 파탄시켰으며 신식군대를 양성하려던 개화파들의 시도도 수포로 돌아가게 하였을 뿐 아니라 정변당시에는 청나라 간섭군이 새 정권이 자리잡고 있던 왕궁에 침공해오는 결정적인 순간에 왕궁호위에 동원시켰던 일본수비대를 배신적으로 철수시킴으로써 정변이 진압당하게 하는 범죄행위를 감행하였다.

이것이 바로 력사교과서들에서 일본이 조선의 근대화와 독립을 도와주었다고 왜곡서술한 력사적 사실의 일단이다.

이런 왜곡행위는 갑오농민전쟁 서술에서도 나타나고 있다.

갑오농민전쟁은 '척양척왜', '보국안민'의 구호밑에 일본 침략을 반대하고 나라의 독립과 근대화, 인민의 안녕을 지향하여 궐기한 대규모적인 반봉건, 반외세 농민전쟁이였다. 농민군은 삼남의 거의 전 지역을 해방하고 충천한 기세로 한성(서울)을 향해 진격하고 있었다. 승리는 시간문제로 되였다. 그러나 이 결정적 순간에 일본침략군이 봉기군을 무참히 진압함으로써 일본은 여기서도 조선의 자주독립과 근대적 발전을 억제한 조선민족의 철천의 원쑤로서의 정체를 여지없이 드러내놓았다. 그럼에도 불구하고 도살자로서의 죄행을 감추고 갑오농민전쟁을 '동학의 란'이라고 하면서 그의 반침략, 반일적 성격을 거세하고 그 의의를 종교운동에 한정시킨 것은 조선을 식민지화하기 위한 일본의 침략행위를 정당화하고 조선의 근대화운동을 가로막은 죄행을 감싸보려는 목적에서 나온 추악한 력사위조행위다.

3. 식민지통치의 죄악을 외면, 은폐

일본 중학교 력사교과서들은 조선을 강제병탄한 일제침략의 강도적 성격을 은폐하고 조선강점이 일본의 '안전'과 당시의 국제적 사조로 보아 필요한 조치였던 듯이 왜곡서술하였으며 식민지통치의 죄악을 숨기고 그것이 조선의 근대적 발전에 기여한 것으로 미화하였다.

일제의 조선강점은 그 무엇으로써도 정당화될 수 없는 특대형 국가범죄다.

그럼에도 불구하고 교과서는 당시 '일본정부는 한국의 병합이 일본의 안전과 만주의 권익을 방위하기 위하여 필요하다고 생각하였다'고 썼으며 조선강점에 대하여 '영국, 미국, 로씨야 3국은……이의를 제기하지 않았'으며 '한국 국내에서는 일부 병합을 받아들이는 목소리도 있었다'고 하였다.

'일본의 안전'을 위하여 조선강점이 '필요'했다는 것은 작은 나라, 약한 나라를 자기 리익의 희생물로 간주하는 완전히 시대착오적인 대국주의적, 국수주의적 사고방식이며 일본군국주의자들에게 고유한 '조선반도위협'설에서 출발한 망설이다. 이 주장의 기저에는 다른민족 멸시사상과 야마토민족의 '우월성'을 선전하는 극악한 인종주의사상이 놓여 있다. '만주의 권익 보호'를 운운하는 것도 결국은 만주를 다른 대국의 침략으로부터 일본이 '보위'하여야 한다는 것인데 이것은 본질에서 '내가 살아가기 위해서는 너를 먹어야 하겠다'는 약육강식론의 로골적인 제창이다. 오늘 자주시대에 '정치대국'으로 행세하면서 유엔안보리사회 상임리사국이 되겠다고 분주히 돌아치는 일본군국주의자들의 사상의식과 륜리도덕 수준은 바로 이렇게 저렬하다.

극소수 친일매국노들이 일본의 조선강점을 지지한 것을 부각시켜 강조한 것도 바로 이런 사고방식의 산물이다. 우리는 여기서 몇 명의 친일매국노들에게 응원을 바라지 않으면 안 되는 일본당국자들의 가련한 몰골을 보게 된다. 또 영국, 미국, 로씨야 등이 '이의를 제기하지 않았'고 한 데 대하여 말한다면 로씨야는 로일전쟁에서 패하여 자기 령토까지 빼앗긴 처지에서 남의 령토가 병탄되는 데 대하여 푸념할 여지가 없었으며 영국은 '영일동맹'에 의하여, 미국은 '가츠라-타프트협약'에 의하여 벙어리가 된 처지에 있었다. 일본당국자들이 조선강점의 '정당성'을 설명하기 위하여 끄집어낸 력사적 사실들이란 이렇듯 모두가 한결같이 터무니없는 것들이다. 우리 시대 인민들은 이런 강도적 사고방식을 가진 자들을 '정치난쟁이'라고 부르는데 실로 일본군국주의자들이야말로 우리 시대의 정치난쟁이들이라고 하지 않을 수 없다.

력사교과서는 일제의 국토병탄의 진상도 악랄하게 개악하였다.

교과서에서는 '안중근이 이토 히로부미를 만주 하얼빈에서 암살'했기 때문에 '일본은 한국을 병합하여 식민지로 만들었다'고 썼는가 하면 조선인민의 반침략투쟁을 약화시키고 반일의병투쟁과 전민족적 반일애국항쟁인 3·1인민봉기를 비롯한 각이한 형태의 반일투쟁을 무참히 탄압한 만행에 대해서는 전혀 언급하지 않았다.

이토가 처단된 요인은 밝히지 않고 그 '보복'조치로 조선을 병탄한 듯이 력사를 왜곡하고 수많은 반일투사들을 무참히 살해한 사실을 감춘 것은 일제의 조선강점을 합리화하고 식민지통치가 조선인민의 큰 저항을 받음이 없이 순조롭게 진행된 듯한 인상을 조성함으로써 일본의 과거죄행을 무마시키고 반성, 속죄할 근거를 말살하려는데 그 목적이 있다.

일본당국자들의 교과서개악책동에서 가장 범죄적인 것은 죄악에 찬 식민지통치를 미화하면서 인민학살과 자원략탈, 강제련행과 같은 특대형 범죄를 전혀 언급하지 않은 것이다.

일제는 조선을 비법강점한 후 40여년 간의 식민지통치를 실시하면서 조선인민에게 노예의 운명을 강요하고 조선에서 인적, 물적자원을 무제한 략탈해갔다.

일본륙군대장 데라우치는 조선총독으로 부임하자 '조선사람은 우리 일본의 법률에 복종하든가 그렇지 않으면 죽어야 한다'는 폭언을 공공연히 내던지고 그대로 실행하였다.

조선은 말 그대로 하나의 감옥이였으며 인간생지옥이였다.

그러나 력사교과서는 이에 대해서는 일언반구도 없이 일제의 식민지통치를 미화하는 데만 급급하였다. '한국병합 후 일본은 식민지로 된 조선에서 철도, 관개시설을 정비하는 등의 개발을 진행하고 토지조사를 개시하였다'고 서술한 것은 그 한 실례로 된다.

그러나 여기서 일제가 왜 조선을 강점한 후 철도, 관개시설 등을 정비하는 등 '개발'을 하고 토지조사를 하였는가 하는 동기와 목적에 대해서는 언급하지 않았으며 그로 하여 조선인민이 겪은 피해에 대해서는 침묵을 지켰다.

력사교과서는 또한 식민지 통치기간 조선인민에게 입힌 인적, 물적 및 정신적 피해가 얼마나 가혹하였는가 하는 데 대해서도 교활한 방법으로 축소하였거나 일반적 서술로 대체하였다.

력사교과서는 태평양전쟁 시기 조선인민에게 강요된 징용과 징병이 일본인들이 겪던 것과 같은 것으로 서술하였으며 '황민화' 정책과 창씨개명도 '일본식의 성명을 부르게 하였다'는 서술로 대체함으로써 그 본질과 목적을 의도적으로 숨기였다. 이런 교활한 방법으로 조선인민의 피해상황을 극소화함으로써 결국 일본이 조선인 수백만을 희생시키고 600여만을 강제련행한 죄악의 진상을 교묘하게 감추려고 하였다.

일제가 조선에서 략탈해간 희유금속들과 철광석들, 쌀, 목화 등 농산물들과 소 등 물질적 재부는 천문학적 숫자에 달한다. 이와 함께 일제는 조선인민의 민족성을 말살하고 우리 인민을 '황국신민화' 하기 위하여 조선의 말과 글, 이름마저 완전히 없애 치우려고 하였다.

력사교과서에서 특히 엄중한 것은 일본정부와 군부에 의하여 조직적으로 감행된 '종군위안부' 문제를 고의적으로 루락시킨 것이다. 근 20만의 조선녀성들을 성노예로 만든 일본군의 범죄는 이미 력사적 사실로 명백히 밝혀졌으며 이에 대해서는 일본당국도 인정하였고 유엔 인권위원회에서도 규탄한 바 있다. 그럼에도 불구하고 이 엄중한 반인륜적 범죄를 고의적으로 숨기여 력사의 흑막 속에 덮어버리려고 한 것은 그에 대한 철면피한 책임회피며 인륜도덕과 정의에 대한 로골적인 도전이며 추호도 용서 못할 대범죄다.

4. 침략전쟁을 정당한 것으로 변호

일본의 중세, 근대의 력사는 해외침략과 략탈전쟁으로 엮어진 피의 력사이기도 하다.

중세 왜구들은 조선과 중국의 넓은 지역에 침입하여 살인과 략탈을 일삼았으며 임진(1592)년에는 20여만의 병력을 동원하여 조선의 거의 전 국토를 유린하였다. 근대 이후에는 청일전쟁에 이어 로일전쟁, 중일전쟁, 태평양전쟁을 도발하여 조선과 아시아의 광범한 지역을 강점하였다.

일본의 근대화의 완성과 자본주의발전, 물질적 부의 축적은 조선인민과 중국인민의 고혈로 이루어진 것이라고 볼 수 있다. 략탈과 살인이 왜구, 사무라이들의 생활방식이였다면 전쟁은 그 후예들인 일본군국주의자들의 생존조건이였으며 잔인성과 교활성, 략탈성은 그의 속성이였다.

력사교과서는 이 엄연한 사실을 외면하고 일본의 죄악에 찬 해외침략의 력사를 정당한 것으로 묘사하면서 그 죄과를 극소화하였거나 외면, 은폐하였다.

'임진왜란'은 그 잔인성, 야수성에 있어서 왜구의 침략을 방불케 한 략탈적침략전쟁이였다.

그럼에도 불구하고 교과서는 임진전쟁을 아시아의 전 대륙을 지배하려는 '거대한 꿈'으로, '의기왕성'해진 도요토미 히데요시의 장거처럼 묘사하였고 침략의 개시도 '조선으로의 출병', '대군을 조선에 보냈다'는 식으로 모호하게 씀으로써 침략을 분식하였으며 전쟁에서 조선인민에게 입힌 잔인한 가해사실에 대해서도 '조선의 국토와 사람들의 생활이 현저히 황폐화되였다'는 말로 굼때였다.

'임진왜란'이 조선인민에게 들씌운 재난과 불행은 인민생활이 령락되고 국토가 황폐화된 정도가 아니다. 일본 사무라이들은 조선에 침략의 발을 들여놓은 순간부터 무고한 조선사람들을 닥치는 대로 죽이고 랍치해갔으며 조상전래의 수많은 문화재들을 파괴략탈하였다.

오늘도 일본 교토와 오카야마에는 조선사람의 코를 베여가 만든 '하나츠카' (코무덤), '미미츠카' (귀무덤)라는 무덤이 있다. 여기에는 무참히 살해된 조선사람들의 구천에 사무친 원한이 어리여 있다.

조선사람을 닥치는 대로 죽이는 것도 성차지 않아 베여온 코를 가지고 '군공'을 론하였으니 조선인민에게 저지른 일본의 야수적인 침략죄행은 그 무엇으로써도 정당화될 수 없다.

일본이 근대 이후에 와서만도 청일전쟁으로부터 태평양전쟁에 이르기까지 크고 작은 전쟁을 련속 도발하고 수많은 범죄를 저질렀으나 교과서에서는 그 진상을 왜곡하고 책임을 남에게 전가시키면서 자기 죄과를 미화분식하기에 애쓰고 있다.

청일전쟁과 로일전쟁은 일본이 조선을 식민지로 독점하기 위하여 조선에 세력을 뻗치고 있던 청, 로의 세력을 몰아내고 독점적 지배기반을 쌓기 위하여 도발한 침략전쟁이였으나 교과서는 조선을 '중립국'으로 만들며 일본의 '안전'을 보장하기 위하여 일으킨 전쟁인 듯이 왜곡서술하였으며 특히 로일전쟁은 당시 '약육강식의 가혹한 세계' 속에서 '일본의 생존을 걸고' 할 수 없이 진행하지 않으면 안 된 '장대한 국민전쟁'이였던 듯이 그 침략성을 은폐하고 정당화하려고 시도하였다. 그리고 로일전쟁에서의 일본의 승리를 '세계를 변화시킨 일본의 승리'로 묘사하고 '세계의 억압민족들에게 독립에 대한 끝없는 희망'과 '용기'를 안겨준 데 그 의의가 있는 것처럼 사실을 전도하여 서술하였다.

태평양전쟁서술에서는 이런 파렴치성이 극도에 이르고 있다. 교과서는 이 전쟁이 당시 일제의 아시아지배야망이였던 '대동아공영권'을 이루기 위한 것이라고 하면서 침략전쟁을 '대동아전쟁'이라 부르고 '대동아공영권'의 목적이 아시아 '각국의 자주독립, 각국의 제휴에 의한 경제발전, 인종차별의 철폐'에 있은 듯이 왜곡하였으며 친일괴뢰들이 도쿄에 모여 발표한 '대동아회'의 공동선언(1943. 11)에 의하여 '일본의 전쟁관념이 명백해졌다'고 하였다. 그리고 한걸음 더 나아가 전쟁초기 일본이 련합국군을 타승함으로써 '오랜 기간 유럽, 미국의 식민지지배 밑에 있던 아시아 사람들에게 용기'를 주었으며 '일본군의 남방진출은 아시아제국의 독립을 촉진시킨 하나의 계기로도 되었다'고 거리낌없이 흑백을 전도하였다. 이것은 그대로 '대동아전쟁'이 백색인들의 지배로부터 황색인들을 해방하기 위한 '해방전쟁'이였다고 떠벌인 궤변의 재현이다.

태평양전쟁은 아시아 전 지역을 식민지로 만들려는 일제의 야심적인 침략전쟁이였으며 '남방진출'은 이 침략전쟁 수행에 필요한 전략물자를 해결하며 교전일방인 미국과 영국의 태평양군사거점들을 격파함으로써 동남아시아에서의 지배권을 확립하려는 데 그 목적이 있었다.

'일본군의 남방진출'로 '독립'하였다는 나라들이란 모두가 한결같이 친일괴뢰정권이 세워진 일본의 식민지였으며 '대동아공영권'이란 본질에 있어서 일제의 세력권이며 구식민주의자들에 의한 식민지통치체계였다.

일제는 '대동아신질서' 수립의 구호 밑에 아시아나라 인민들을 무차별적으로 학살하였다. 현재까지 알려진 데 의하면 그 수는 중국에서 3,500만, 웨트남에서 200만, 인도네시아에서 200만, 필리핀에서 110만, 말라이에서 120만 이상에 이른다.

이 끔찍한 살인범죄를 감추고 식민지재분할을 위한 침략전쟁을 '대동아전쟁'으로, 일제의 식민지통치권을 '공영권'으로 묘사하는 것은 실로 시비전도와 허위날조에서 파렴치성의 절정이다.

침략과 정의를 전도하면서 일본의 과거 죄행을 감추거나 정당한 것으로 왜곡하는 력사위조 행위는 조선전쟁서술에서도 로골적으로 나타나고 있다.

교과서는 인민군대의 자위적인 방어와 반공격을 '침공'이라고 단정하고 미제의 조선침략을 정당한 것으로 묘사하면서 일본의 범죄적인 전쟁가담행위를 은폐하고 일본은 '미군에 많은 물자를 공급'하였다고만 썼다. 이것은 그야말로 력사왜곡의 전형이다. 조선에서 전쟁은 1947년부터 미제의 조정과 관여 밑에 국부전쟁형태로 38

도선에서 끊임없이 벌어졌다. 미극동군사령부에 근무하였던 데이비드 콘데와 에이다대좌 등에 의하여 그 진상이 여지없이 폭로된 바와 같이 38도선에서의 '작은 전쟁'이 곧 조선전쟁의 시초였다. 조선전쟁은 전적으로 미국의 세계제패전략과 극동정책, 리승만괴뢰정권의 '북진통일'론의 산물이였으며 이 '작은 전쟁'의 연장이고 확대였다. 미제와 리승만도당이 조선전쟁을 도발하지 않을 수 없었던 필연성과 직접적 원인도 이미 우리 학계와 미국, 일본의 량심적인 학자들에 의하여 밝혀진 지 오래다. 일본은 미국의 전략적 요구에 따라 조선전쟁 도발계획과 작전지도를 만들어주었으며 전쟁에 직접 참전하여 미군을 적극 지원한 교전일방이다. '황군' 출신 장교들은 미군참모부들에서 길안내자가 되고 수많은 장교들과 사병들은 '유엔군'과 함께 지상전에 참가하였을 뿐 아니라 인천, 원산, 군산, 남포 앞바다의 소해작업을 맡아 하였으며 수많은 함선과 비행기로 군수물자를 수송하여주었다. 일본의 전 령토가 미군의 거대한 출동기지, 수리기지, 보급기지로 되었다. 때문에 일본의 전면적 협조가 없었더라면 미군은 조선에서 3개월도 견디여내지 못하였을 것이라고 '유엔군' 사령관이였던 릿지웨이도 실토한 바 있다. 오늘 일본에서는 일본군의 조선전쟁 참전사실이 공개된 비밀로 되고 있다.

그럼에도 불구하고 교과서는 이 엄연한 력사적 사실을 외면하고 철면피하게 왜곡하였다. 일본당국자들은 이러한 력사왜곡으로써 광복 후 또다시 조선인민을 반대하여 감행한 범죄행위를 숨기려 하며 모면해보려 하고 있다. 그러나 자루 속의 송곳은 감출 수 없는 법이다.

이렇듯 교과서는 일본이 력대적으로 도발한 모든 침략전쟁을 미화하고 그 성격과 의의를 터무니없이 왜곡전도함으로써 죄 많은 일본력사에 분칠을 하고 일본이 아시아의 맹주가 되여야 한다는 사상을 로골적으로 선전하고 있다.

일본 중학교 력사교과서들의 조선관계 서술에서 나타난 력사왜곡행위는 매우 엄중하다. 교과서의 력사위조는 많은 경우 그것이 편찬자의 무식이나 사료에 대한 리해상 착오에서 온 것이 아니라 일본당국의 정치적 목적을 달성하기 위한 고의적이며 의도적인 행동에 기인한 것이다. 그 의도적인 행동이란 과거 일본이 저지른 죄악을 무마, 약화시키고 치욕스러운 침략죄행에 대한 사죄와 보상을 기어코 회피하려는 것이며 자라나는 새 세대들을 침략사상으로 길들여 해외침략으로 부추기려는 것이다. 이것은 력사과학의 신성한 리념과 사명에 대한 엄중한 모독이며 이중적인 범죄행위다.

우리 공화국의 력사학자들은 력사교육의 신성한 사명을 유린하는 일본당국의 부당한 처사에 엄중히 항의하며 검정된 력사교과서를 당장 철회하고 력사주의적 원칙에 기초한 진실한 교과서를 편찬하여 후대들에게 참된 력사교육을 줄 것을 강력히 주장한다.

이와 함께 일본당국자들이 정치난쟁이식 사고방식을 버리고 죄 많은 과거력사에 대하여 성근하게 반성하며 조선인민에게 응당한 사죄와 보상을 할 것을 견결히 요구한다.

우리는 량심 있는 일본 및 세계력사가들과 언론인들이 일본에서의 력사왜곡책동과 군국주의부활을 저지시키기 위하여 힘차게 투쟁하며 당면하게는 일본의 각 현의 회들에서 왜곡된 력사교과서 채택을 거부하도록 항의의 목소리를 계속 높여나가리라는 것을 굳게 믿는다.

조선민주주의인민공화국 력사학학회

주체90(2001)년 6월 28일

평양

◆ 일본교과서바로잡기 운동본부 상임단체

일본교과서바로잡기 운동본부　　　www.japantext.net

역사문제연구소　www.kistory.or.kr

전국교직원노동조합　www.eduhope.net

한국노동조합총연맹　www.fktu.or.kr

한국정신대문제대책협의회　http://witness.peacenet.or.kr

과소비추방범국민운동본부　www.cmcaoc.or.kr

독도수호대　www.tokdo.com

민족문제연구소　www.banmin.or.kr

민족화합운동연합　www.hwahap.org

서울YMCA　www.ymca.or.kr

우리역사바로알기시민연대　www.historyworld.org

전국역사교사모임　www.okht.njoyschool.net

태평양전쟁피해자보상추진협의회　http://victim.peacenet.or.kr

한국민족예술인총연합　www.kpaf.org

한국정신대연구소　www.truetruth.org

(평화시민연대, 한국노동조합총연맹 공공서비스연맹)

◆ 일본의 관련 사이트

일본어 종합목록 검색서비스　http://webcat.nacsis.ac.jp

교과서정보자료센터　www.h2.dion.ne.jp/~kyokasho/

〈시민단체〉JCA-NET　www.jca.ax.apc.org

어린이와 교과서 전국네트워크 21(일본)　www.ne.jp/asahi/kyokasho/net21

역사교육자협의회　www.jca.apc.org/rekkyo

전일본교직원조합　www.ny.airnet.ne.jp/zenkyo/indexjp.htm

타카시마 교과서 재판소송   www.jca.apc.org/kyoukasyo_saiban/

〈교과서 공격진영 단체들〉

새로운 역사교과서를 만드는 모임   www.tsukurukai.com

산케이신문   www.sankei.co.jp

후소샤   www.fusosha.co.jp

〈교과서관련 일본정부기관〉

일본 문부과학성   www.mext.go.jp

중앙교육심의회   www.mext.go.jp/b_menu/shingi/index.htm

교과서제도에 관한 안내   www.mext.go.jp/a_menu/shotou/kyoukasho/index.htm

교육개혁 국민회의   www.kantei.go.jp/jp/kyouiku/index.html

국제인권문제   www.mofa.go.jp/mofaj/gaiko/chikyu/jinken/index.html

수상관저   www.kantei.go.jp

외무성   www.mofa.go.jp/mofaj/index.htm

◆ 기타

2차대전 피해배상청구 한인연합회(미국)   www.warcrimesjapan.org

국사편찬위원회   www.nhcc.go.kr

나눔의 집   www.nanum.org

대한민국국회   www.assembly.go.kr

또 하나의 역사관 · 마쓰시로 건축실행위원회   www.bea.hi-ho.ne.jp/matsushiro

일본의 전쟁책임자료센터   www.jca.apc.org/JWRC

정신대할머니들과 함께하는 시민모임   http://cafe.daum.net/tghalmae

한국여성단체연합   www.women21.or.kr

한국여성학회   www.midas.hanyang.ac.

한국역사연구회   www.koreanhistory.org